近世後期の朝廷運営と朝幕関係

関白鷹司政通と学問のネットワーク

金炯辰 著
Kim Hyungjin

東京大学出版会

Takatsukasa Masamichi and the Academic Network
Surrounding Japan's Imperial Court, 1800–1850

Kim Hyungjin

University of Tokyo Press, 2025
ISBN 978-4-13-026615-4

近世後期の朝廷運営と朝幕関係／目次

序章　鷹司政通と近世朝廷研究の課題

長らく統治権力を失っていた天皇の存在が幕末の政治舞台で劇的に浮上し、それから二〇年を待たずに倒幕と王政復古が実現できた理由は何か。幕末期、つまり、ペリー艦隊が日本に来航した嘉永六年（一八五三）以降の政治情勢だけでは、この日本史上の重大な変革の理由を十分に説明できない。幕末以前の時期を視野に入れ、天皇・朝廷をとりまく変化をより連続的に把握する必要がある。このような問題意識から出発する本書では、一九世紀前半における朝幕関係の展開、そして朝廷運営の変化に対する学問・思想の影響を、時の関白鷹司政通の役割に留意して分析する。かかる作業により、幕末以降の変革を可能にした重要な理由の一側面を明らかにしたい。

「幕府」や「藩」もそうであるが、研究概念としての「朝廷」の定義は、実はかなり曖昧なところがある。本書における「朝廷」とは、まずは天皇本人、そして禁裏御所に仕えて天皇の行動を支える公家たち（関白・武家伝奏・議奏など）、さらに、天皇に対する影響力をもつ天皇の直系家族（上皇・女院など）とその御所の役人らをまとめて称する概念であると、ひとまず定義しておきたい。彼らの参画と関与によって天皇が意思を形成して行動する過程を総体として表すため、「朝廷運営」の語を使用したい。「朝廷の意思決定過程」という場合は、対外的に公表される天皇の意思を形成するため天皇本人および禁裏御所の主要役人を中心に行われる意思決定のプロセスを意味することになる。明らかに天皇本人の意思や行動には関係しない朝廷構成員たちの動きは、ここには含まれない。ただし、「朝廷構成員」といった場合には、天皇家の各御所に出仕しない堂上公家や世襲親王家など、朝廷の意思決定過程に直接参画はしないものの、その身分的な立場が天皇の存在と密接に関わっている人々を含むことがある。禁裏御所内には幕府の役人が勤めているなど、厳密な意味で近世の「朝廷」は「幕府」と完全に切り分けられる概念ではない。しかし、武家伝奏と所司代との交渉過程など、近世当時の関係者たちの認識や行動のなかで、朝廷と幕府が別個の存在として取り扱われる場面が多かったことも事実である。そのため、本書でも、「朝廷」と「幕府」、そして「朝廷運営」と「朝幕関係」は、基本的には別個の概念として使用したい。

当該期の朝廷運営と朝幕関係を検討するにあたり、鷹司政通の存在に注目する理由は何か。朝廷で起こった変化について、特に学問や思想との関連性に注目することの意義は何か。近世朝廷・朝幕関係の研究は戦前から長い間の蓄積があるが(1)、ここにおいては、本書の論点に関わるものを中心にこれまでの研究史を整理し、本書全体の意義と方向性を明確にしたい。

第一節　「アンシャンレジーム」としての摂家と鷹司政通

幕末の政治舞台における天皇・朝廷の浮上は、安政五年（一八五八）の日米修好通商条約について、孝明天皇が江戸幕府の予想に反して勅許を保留、つまり事実上拒否したことを明確な画期として始まると論じられる(2)。

井上勝生氏は、天皇が政治体制の前面に登場する過程をみるなかで勅許問題をめぐる朝廷の動きに注目し、当時の太閤鷹司政通と摂関制度を朝廷の「アンシャンレジーム」として把握する視点を提起した(3)。まずは井上氏の研究によりながら、政通の経歴と条約勅許問題の展開について概括したい(4)。政通は、近世朝廷では例外的に、文政六年（一八二三）から安政三年（一八五六）まで三〇年以上の長期間にわたって関白に在職した。関白辞任後は特例として太閤の称号を許された。太閤の称号はその子息が後任の関白になった場合に許されるが、政通は、後任の関白が息子鷹司輔熙ではなく九条尚忠であったにもかかわらず太閤となった。政通は、本来は摂政・関白が兼ねるのが通例であった内覧（天皇に上奏する文書を事前にみる役）を続けるなど、引き続き朝廷の実権を握った。外交については幕府役人の開国論に共感しており、日米修好通商条約の勅許を主張した。しかし、孝明天皇は勅許拒否の意思を強く表して政通と衝突した。やがて堂上公家八八人が天皇の意思を支持する列参運動を起こし、勅許を留保する方向へと勅諚の内容が改められるようになった。天皇がさまざまな形で条約反対の意思を表したことで、平公家の反対論が沸騰する回路が開かれたと評価される。

当時の孝明天皇は、政通には自らの主張を通す性質があり、いつも天皇自身の意思が政通に抑えられると不満をもっていた。列参運動が起こる頃の政通は勅許反対に転じていたが、政通に対する天皇の反発は続いた。井上氏は、天皇を動かしたのは勅許問題を超える深い対立であるとした。近世の摂関制度は五摂家による朝廷支配と言いうるものであり、近世の天皇と公家は摂家の朝廷支配に規制・抑圧された側面があった。幕末における朝廷の浮上とは、抑圧されていた天皇が朝廷のなかの天皇権回復のために抗争し、朝廷内で天皇が浮上することによって可能になったものであると井上氏は評価する(5)。

慶応三年（一八六七）一二月九日の王政復古の大号令は「王政復古、国威挽回ノ御基被為立候間、自今摂関・幕府等廃絶」の文言を含む(6)。王政復古により日本の国威を取り戻す基盤を作るために摂政・関白と幕府を廃止するということである。幕府のことよりも先に、朝廷の摂関制度が否定すべき対象として宣言されている。まさに「アンシャンレジーム」としての位置づけである。

天皇の政治的浮上、そして王政復古による明治日本の出発は、政通と摂関制度に対するアンチテーゼとして実現できた側面がある。したがって、政通は幕末政局到来のキーパーソンともいえる存在である。以下、政通と摂関制度が「アンシャンレジーム」として位置づけられる経緯を、近世朝廷における摂家の権力と特権、そして一八世紀末以降における鷹司家の台頭を明らかにした先行研究に即して辿ってみたい。

第一に、近世の到来とともに、鷹司家を含む藤原氏の五摂家に大きな権力が与えられる朝廷運営の仕組みが成立した経緯をみたい。

山口和夫氏が明らかにした通り、戦国の内乱で衰微していた朝廷は豊臣政権と江戸幕府によって近世的な姿に再編成された。近世の朝廷は武家政権の統一的知行体系に包摂されるとともに、武家政権の諸法度によってそのあり方が規定されていた(7)。

近世朝廷における摂家と摂政・関白のあり方も幕府の意図と密接に関連していた。藤井讓治氏は、草創期の幕府が権力構造を構築するなかで、天皇の意志を統制する朝廷内の核として近世的摂家が創出されたことを、宮女姦淫一件や後陽成天皇の譲位問題など慶長一四―一五年（一六〇九―一六一〇）の政治過程に対する分析から明らかにした。摂家を重視する徳川家康の意向は、慶長一八年六月の公家衆法度で武家伝奏とともに摂家を公家衆支配の中心に位置づけるなどの事例にも表れていた(8)。

その二年後の慶長二〇年（元和元年（一六一五））に制定されたのが、公家のみならず、天皇までをも対象とした有名な禁中並公家中諸法度である。高埜利彦氏が指摘する通り、禁中並公家中諸法度では、摂家が任じられる三公（太政大臣・左大臣・右大臣）の座位が親王より上とされ、関白・武家伝奏の申し渡しに背いた堂上公家・地下官人の流罪が規定されるなど、摂家重視の方針が示された。後水尾天皇の突然の譲位後に幕府が発した御条目でも、摂家が朝廷のまつりごとを正しく行うべきことが明示された（寛永七年（一六三〇）七月）。当時、上京した幕府役人が摂家を呼び寄せ、天皇・上皇に異見を述べてまつりごとの退転を防ぐこと、そして公家衆の学問や法度支配を徹底することを求め、これが守られなければ摂家の越度になるとした(9)。摂家が幕府によって朝廷統制の要とされたと評価される所以である(10)。

近年、石田俊氏は、近世前・中期の摂家は必ずしも朝廷運営の主導権を常に有していたわけではなく、天皇の意向や奥向を通じた内証ルートの動きに翻弄され続ける存在であり、関白―武家伝奏―議奏による朝廷の意思決定体制も当初から内実を有していたわけではないとみた。摂家の勢威は近世初期に確立したものが近世を通じて続いたのではなく、一七世紀から一八世紀前半を通じて拡大したものであり、関白―武家伝奏―議奏による朝廷の意思決定も桜町天皇の改革を経た一八世紀半ばに制度と実態が相応したと石田氏は論ずる。[11] かかる見方に関連し、天皇の下問に答える勅問衆制度においても、摂家の権限が漸進的に増大する様相を示すことが明らかにされている。[12] 高埜氏によると、天正―文禄年間（一五七三―一五九六）にいたるまで、大臣は摂家出身とその他の公家の出身とを分かたず、勅問に預かり評議の席に列していた。しかし、元和―寛永期（一六一五―一六四四）にかけて摂家への偏重が進み、摂家でなければ朝議に預かれないような状態となった。[13] 田靡久美子氏は、一八世紀以降に摂家が勅問衆を独占する傾向が強まり、史料上でも「摂家中」や「摂家衆」が勅問衆の同義語として使われるようになることを指摘した。摂家は関白や勅問衆として朝廷の意思決定に預かるという点でも、武家伝奏・議奏などの役職者を除く一般の公家衆とは絶対的な差が認められていたと田靡氏は論ずる。[14]

一八世紀前半、霊元上皇が下御霊神社に納めた願文では朝廷の暗然さを嘆き、「私曲邪佞」の悪臣である近衛基熙・近衛家熙・近衛家久の三代にその原因が求められた。霊元は、神の力で彼ら邪臣が早く退けられて「朝廷復古」が達成されることを願っている。[15] 近世の摂家がもつ強い権限が、主体的な朝廷運営に臨む天皇・上皇の足かせになりえたことを示す有名な事例である。

かかる近世朝廷体制のもと、公家社会のなかで摂家はさまざまな特権をもっていた。李元雨氏が整理した通り、摂家には、摂政・関白職を独占することはもちろん、他家とは異なる官位昇進の特典があった。近世の天皇は正室以外の女性が生母であっても、公式の母はあくまでも正室であったが、その正室には摂家の出身が多かったため、摂家は天皇家の外戚として重みをなした。さらに、朝廷の節会・官奏・叙位・除目、および天皇の通過儀礼と皇位継承に関わる儀式が摂家の家業と認識されていた。諸儀式の儀式次第が時の関白家の流派によって変わり、摂家の家業がなくては朝廷が機能しないような状況であった(16)。摂家には、堂上公家が輪番で天皇の近くに勤仕する御所の小番（近習・内々・外様の宮中三番）役が免除され、左・右大臣を専有するなどの特権もあった(17)。

松澤克行氏が検討した公家社会の家礼（門流）関係も、摂家権力の重要な基盤である。近世の堂上公家の場合、摂家以外の大半の家は家礼という特殊な関係性をもって特定の摂家と結びついていた。家礼の公家は、元旦に主家の摂家に参上して祝詞を述べ、主家当主の元日参賀に随行して参内した。元服・嫁娶・養子の際にも主家の同意を得なければならなかった。主家の摂家からは家礼に対し、官位昇進の執奏、和歌の指導などの恩典が提供された。さらに、主家から家礼に対しては、所蔵する記録類の排他的な利用許可や儀礼の指南など、朝廷出仕に必要な知識の提供がなされた(18)。

大きな権力とさまざまな特権をもった五摂家の当主のなかで、幕末には鷹司政通が特に著しい存在感を放つ。政通と摂関制度が「アンシャンレジーム」とみなされる第二の理由として、一八世紀末以降の朝廷で鷹司家が台頭する経緯をみたい。

高埜利彦氏は、二つの変容を画期として江戸幕府の朝廷支配の変化を段階的に捉える視点を提起した。国内外で平和の世が到来するなか、天皇・朝廷が将軍権威の補強に協調するように改変されていく一七世紀末（将軍徳川綱吉・霊元天皇の時代）が「第一の変容」の時期とされる。そして、上皇不在のなかで摂関を中心とした朝廷内部の統制が弛緩した宝暦年間（一七五一―一七六四）頃から尊号一件が発生する寛政年間（一七八九―一八〇一）までが「第二の変容」の時期とされる(19)。

尊号一件は、光格天皇が実父閑院宮典仁親王に太上天皇の尊号を贈ることを図るが松平定信政権下の幕閣に阻止され、複数の公家が幕府から処分を受けた事件である。このとき、光格天皇は群議の力に頼るという異例の対応をした。寛政三年（一七九一）一二月、尊号宣下の可否について、摂家の勅問衆のみならず、現任の参議以上と前官の三公などを含む四一人の公家に勅問を下した。光格天皇は勅答での圧倒的支持を背景に、尊号宣下に否定的であった幕府側へ再び承認を求めた[20]。ところで、この勅問で鷹司輔平・政熙父子のみが賛成の立場をとらなかった。そして寛政七年（一七九五）以降、鷹司政熙とその息子政通が合わせて五二年余という長い期間にわたって関白職を占め、五摂家の間の摂関任官のバランスが崩れていく。摂関への任官は鷹司家を除くと平均四〇代で終わったのに対し、政通は六八歳まで関白を務めている。高埜氏は、これが偶然ではなく、尊号一件で幕府寄りの態度をとった鷹司家に対する幕府の信任がその理由であったとみている[21]。さらに、輔平は閑院宮家の出身で、同じく閑院宮家出身であった光格天皇の叔父にあたる。仁孝天皇は政通の実妹である鷹司繋子を女御として迎え、繋子の死去後、再び政通の実妹である鷹司祺子を女御とした。このように、寛政以降の鷹司家が同時代の天皇家と血縁的に近い関係になったことも、その関白在職長期化の背景になると論じられる[22]。

井上氏は、寛政以後における幕府の朝廷支配が鷹司家を拠点として貫徹した側面があり、摂家が優位に立つという近世朝廷の特質が、孝明天皇と政通の時代には「鷹司家の朝廷支配」というところに展開していたと論じた。条約勅許問題をめぐる孝明天皇の動きは外交の論理から合理的に説明できるものではなく、寛政以来の閑院宮系天皇と鷹司家との対立に端を発するものと井上氏は評価する。つまり、孝明天皇は開国論と闘うとともに、「鷹司家の朝廷支配」と闘った側面があるということである[23]。

第二節　朝廷復古・再興に向けた光格天皇の努力と鷹司政通

「鷹司家の朝廷支配」として展開していったと評価される寛政以降の朝廷運営については、どのような実証研究が蓄積されてきたのであろうか。

高埜利彦氏は、幕府が自らの権威・権力の補強に朝廷を協調させた時代は寛政年間の尊号一件によって終焉し、文化・文政年間（一八〇四―一八三〇）を通じては、朝廷権威が幕府に対する協調の枠から逸脱して自立の途を歩み始めるとみた。社会的には対外情勢の変化により国家意識が高まるなか、天皇の存在を意識して朝廷の権威を求める傾向が強まり、朝廷内では「復古派勢力」が着実に拡大していくと展望される。鷹司家の関白職独占は朝廷の「復古派勢力」の台頭を抑制する幕府の意図が働いた結果と高埜氏は論じた[24]。

寛政年間を画期とする朝廷運営と朝幕関係の変化について、さらに検討を具体化したのが藤田覚氏である。藤田氏は光格天皇の役割に注目した。光格天皇在位期の朝廷において、さまざまな朝儀祭祀とそれに関わる御所の施設などを、公家政治の最も盛んな古き良き時代のように再興・復古させることを通して、宗教的・政治的な朝廷権威の上昇を図る動きがあったと氏は論じている。天明の大火（天明八年〈一七八八〉）後の禁裏御所紫宸殿・清涼殿・飛香舎の復古的な再造営、神嘉殿の再興、太政官印の再興、賀茂社・石清水八幡宮の臨時祭の再興などがその例である。閑院宮家出身であった光格天皇が、傍系から天皇になったという事情もあって強烈な君主意識を表したことがこうした動きの背景として指摘される[25]。光格天皇には若い頃から朝政における主導性・強い意志・ねばり強さがあり、朝儀と神事の復古・再興、漢籍学習と和歌、そして管絃など諸芸能の鍛錬・振興により文化的権威を高め、それにより天皇・朝廷権威を高めることを「あるべき天皇」の務めとして自らに課したのが光格天皇の生涯であったと藤田氏は評価する[26]。

当該期の朝幕関係について藤田氏は、定信政権が尊号一件に関与した公家の処分を朝廷に任せず直接行う際に掲げた論理などを分析し、幕府の政務は天皇から委任されたものという大政委任論が幕府内で受容されていく過程を明らかにした。幕府が大政委任論を掲げたことは、形式的には天皇より下位であると表明したことであり、幕府は一方では最大限に朝廷を崇敬する姿勢を示さなければならず、他方では幕府の威光・威信を維持しなければならないという困難な政治運営を強いられると展望した(27)。文化四年（一八〇七）に幕府が蝦夷地におけるロシアとの紛争を朝廷に報告した事実を明らかにしたことも注目に値する成果である。藤田氏は、これが弘化三年（一八四六）の海防の沙汰書やペリー来航以降の幕府の情勢報告へとつながり、対外的危機を背景に朝廷が政治的に浮上する根拠と契機が与えられたと評価した(28)。

近世後期の朝廷に対する藤田氏の見方については批判や留保の意見も多く(29)、光格天皇が突出して注目された近世後期の研究と幕末の研究を接続していく必要性が指摘されている(30)。井上氏が寛政以降における「鷹司家の朝廷支配」を幕末政局の前提に位置づけていることを踏まえれば、近世後期の朝廷運営における鷹司家の動きを具体的に把握することが、重要な課題として浮上してくる。

井上氏や高埜氏の展望に藤田氏の実証を総合すると、寛政以降の朝廷運営については、光格天皇と「復古派勢力」による朝廷権威の自立ないしは上昇に向けた努力を、幕府の意向を受けた鷹司家が抑制する構図の歴史像が導き出される。この歴史像は果たしてどれほど有効で妥当なものであろうか。

尊号一件の収束から文化・文政年間までの鷹司家と天皇・上皇の関係については、おおよそ次のような見通しが示されている。長坂良宏氏は、寛政七年（一七九五）から文化一一年（一八一四）までの一九年間にわたって関白を務めた鷹司政熙が、光格天皇・幕府双方と良好な関係であった故に長期の関白在職ができたと指摘した。政熙は朝廷内での新儀や先例のないものについては幕府へ報告するという態度であり、当時の幕府には朝廷の治まりが良いとして政熙の関白職遂行に対する安心感があった。光格天皇も朝廷運営と朝儀の再興・復古に向け、政熙の関白としての手腕に期待していた。文化二年（一八〇五）から政熙の関白辞職願が繰り返されるが、光格天皇と幕府は政熙の辞職を望んでいない点で意見が一致した。光格は次席の摂家で後任の関白となるはずの左大臣二条治孝が関白の器ではないとみていた。当時の二条家の家風が朝廷内で問題視されていたということもあった[31]。佐藤一希氏は、光格天皇の譲位後、先代後桃園天皇の直系である中宮欣子（新清和院）所生の皇子による皇位継承が難しくなり、光格は自身と同じ閑院宮家の血統を有する鷹司家の息女による皇子誕生によって皇統を補強する方向に転じたと論じた。摂家のうち九条家と二条家が衰廃したといわれる状況のなかで、天皇家にとっても鷹司家との積極的な結びつきが有益であったと氏は指摘し、寛政年間から幕末にいたる天皇と鷹司家の関係を継続的な対立と捉える理解は成り立たないとする[32]。

近世後期から幕末の朝廷運営における天皇と鷹司家との関係性を考えるには、やはり光格譲位後に長く関白を務める鷹司政通の動きを詳細に検討する必要がある。ここからは、光格譲位後の朝廷運営に関する先行研究の成果をまとめ、そのなかで政通の動向がどのように描かれているかを考えたい。

光格譲位後の朝廷運営について藤田氏は、将軍家・諸大名家が朝廷から授与される武家官位に頼って権威の荘厳化を図る傾向が強まり、その見返りとして幕府が朝廷のさまざまな要望に応じたこと、かかる情勢下で、朝幕関係が非常に良好であると当時から評価されていたことを指摘する[33]。佐藤雄介氏は、近世中後期の朝廷（主に禁裏御所）の財政運用と幕府の対応を検討し、天保一二年（一八四一）に死去する徳川家斉の在世期まで、幕府と在京幕府役人は天皇の生活にかなり配慮し、さまざまな臨時の支援策を講じたことを明らかにした[34]。

当該期の政通についてはどのような実証研究がなされているだろうか。佐藤雄介氏は、政通と天皇家・将軍家との縁戚関係に加え、政通が堂上公家・地下官人らを対象に名目金・貸付金を運用し、これが朝廷関係者への影響力の下支えや救済策として働いた側面に注目した[35]。荒木裕行氏が明らかにした通り、嘉永三年（一八五〇）に京都町奉行所が老中に提出するため作成した朝廷風聞の報告書「官家風聞書」には、朝廷全体をよく統制できている政通の能力を評価すると同時に、その身勝手ぶりと欲深さ、そして後任の関白職をめぐる九条尚忠との確執などの噂を伝えている。(36)幕末史との関係では、政通の姻戚であった水戸の徳川斉昭(37)が政通に対外情勢の関連情報を提供するなどの形で働きかけたことが指摘される。(38)

このように、近世後期朝廷の研究のなかで、政通の性格やその政治・経済的能力に言及したものは少なくない。そのなかで、政通本人の思考と行動に焦点をあて、かつ、政通と天皇・上皇や他の朝廷構成員との関係性を実証的に検討する作業はどの程度進んでいるのだろうか。

村和明氏は、光格上皇の意思伝達や統制の手段となる、仙洞御所の組織以外の要素を検討する必要性を提起するなかで、当時の関白であった政通の役割に注目した。(39)政通は仙洞御所の人事について上皇の命を受け、院伝奏(40)に伝えていた。仙洞御所による儀式についても、政通はその人選・日時などに大きく関わった。政通は参院するとほぼ必ず光格上皇に対面している。関白が、実際にはあまり上皇と対面しない院伝奏と上皇の間をつなぐ形で関与している様子が窺われ、史料上は関白が上皇の命を伝えたと書かれることも、実際には上皇と関白が相談して決めていたとみるべきであるという。こうした関白との関係を通じて、朝廷全体に関わる事柄についても光格上皇の意思が実現されていた可能性を村氏は指摘した。

朝廷運営における政通の役割については、藤田氏と佐藤雄介氏の考察もある。藤田氏は、徳川家斉が現職将軍として初めて太政大臣に昇進する過程で、政通が異例の昇進要望に苦慮しながらも先例をこじつけて昇進が実現できたことを明らかにした。政通は先例調査に基づいた見解の提示と意見の集約にあたり、朝廷の要として動いていたと藤田氏は評価する。(41)近世摂関の役割は幕府の天皇・公家統制の要としてのものに限られるのではなく、天皇政務の代行・補佐を本質とすることを氏は強調する。(42)佐藤雄介氏は、幕府から提起された徳川家基（第一〇代将軍徳川家治の息子）

への追贈要望について、政通が苦労しながら何とか先例をみつけ出して承諾を決断した嘉永元年（一八四八）の出来事に注目した。当時の政通には、幕府の無理な要望に応えたうえで何らかの見返りを得るとの姿勢があった。かかる対幕協力の側面がほかの公家衆の反発を生じさせる一方、幕府に対しては、政通の同意があれば朝廷の意向は押さえることができるという実感を抱かせたことで、条約勅許問題をめぐる幕府の動きや朝廷内の意見対立の前提となった可能性があると氏は展望する。[43] 藤田氏と佐藤雄介氏は官位の変更問題という類似した交渉事例を検討したが、天皇の補佐という面を重視する藤田氏と、幕府への協力という面を重視する佐藤雄介氏とで、評価の焦点は若干異なっている。

幕末期の政通については家近良樹氏の考察が比較的詳しい。家近氏は、光格天皇が始めた触穢の制度やペリーが持参したアメリカ大統領親書に関わる政通の対応から、政通には柔軟性と合理性があったとし、これがその長期政権を可能にした最大の理由と論ずる。[44] 嘉永年間から繰り返された政通の関白辞職願を孝明天皇が差し止め続けたことなどから、家近氏は、政通に対する天皇の信任と配慮が厚かったとし、両者の対立を強調する井上説を批判している。通商条約勅許をめぐる対立については、勅許に伴う天皇（朝廷）の責任問題による孝明天皇の悩みを強調し、孝明・政通双方は相手に配慮しており、望んで対決したものではないと論じた。[45] しかし、氏も摂関家の朝廷支配や政通の長期集権という背後の朝廷運営構造は議論の前提としていながら、なお天保年間までの政通の動向に対する実証的検討はほとんど伴われていない。

つまり、政通の思考と行動が幕末以前の朝廷運営でどのような意味をもったかを実証的に解明する作業は、ほとんど進んでいないと言わざるを得ない。そしてこの点が、研究史上の大きな課題につながる。現在の研究では、一方では、近世の天皇・公家たちが摂家に規制されてきた側面を重視しつつ、寛政以降には「鷹司家の朝廷支配」が長期間にわたって展開したことが幕末史の前提になるという立論がなされている。他方では、同じく幕末史を念頭におきながらも、天皇と公家たちが摂家に規制された側面よりは、天皇の主体的意志により朝廷復古が進む側面に重みをおく立論がなされている。嚙み合っていない両方の議論を交差させて検証する作業にあたっては、鷹司家の動向に関する実証的検討が鍵となる。とりわけ、再興・復古への志向に代表されるような、朝廷の〈あるべき姿〉をめぐる天皇・朝廷構成員たちの新しい模索に対する鷹司家の認識と行動がどのようなものであったかが、近世後期から幕末にいたる朝廷の変化を連続的に把握するにあたっての大きな検討課題になってくると考えられる。

ここで浮かび上がってくる論点が、学問・思想動向との関係である。次節で詳細に論じていきたい。

第三節　朝廷をとりまく学問・思想の往来と鷹司政通

近世後期における朝廷の変化、そして鷹司政通の役割を考えるなかで、本書は学問・思想動向との関係に注目する。その理由は何か。結論からいうと、光格天皇の時代に進む朝廷の再興・復古を支えたのが当時の学問・思想動向との関係であったこと、これに関連して摂家をとりまく動向も重要なファクターとして位置づけられながら、その実態は十分に検討されてこなかったことである。

松澤克行氏は、学問と文化に関わる近世公家社会の変化を次のように要約した。複数の上皇が存命していた一七世紀後半、それぞれの御所運営の必要から堂上公家の二・三男が新家として取り立てられ、堂上公家が倍増する。一八世紀中葉になると、収入が少ない新家を中心に救済策の願いが続出し、かかる状況にまともな対応ができない摂家の権威は揺らぎをみせ始めた。ついに宝暦八年（一七五八）、近習の平公家たちが、関白の差し止めにもかかわらず垂加流神道による桃園天皇への『日本書紀』神代巻の講義を強引に続けようとし、摂家一統が団結して彼らを処分した事件が発生した。有名な宝暦事件である。公家社会で摂家を蔑ろにするような雰囲気が生じたことを示している。一九世紀前半には、摂家から伝授された作法を同家の許可なく他家に教授しても断固とした処置がとられていない。摂家による知の管理が厳格であった一七世紀とは違い、文化の領域でも摂家権威が動揺する傾向がみられるのである。ペリー来航六年前の弘化四年（一八四七）には、公家の教育機関学習院が開設された。公家たちの共通の学問の場であり、摂家の統制下にあるものとは異なる文化的空間が登場した事件として評価される。その後も摂家権威の沈下は続き、幕末の孝明天皇と鷹司政通の対立にいたると松澤氏は論ずる。(46)

かかる立論は、近世摂家の権力を幕末期の「アンシャンレジーム」と位置づけ、その「アンシャンレジーム」に抵抗する動きとして天皇・朝廷の政治的浮上を描く井上勝生氏の立論を、主に文化・学問の面で展開させたものといえる。だとすると、近世後期の朝廷をとりまく学問・文化面の動きや「摂家権威の沈下」については、どのような実証研究の成果が出されているのか。

日本思想史の分野では、近世の天皇に関わる膨大な研究の蓄積がある。尊王論の台頭に注目した戦前の研究(47)をはじめ、近世人のコスモロジーや国家意識のなかで天皇の存在を位置づけた言説が主な分析対象となっている。(48)渡辺浩氏は、近世の人々は天皇・朝廷に対して、礼楽を備えた中華風の君主、平安の雅な文化の保持者、そして神代につながる神話的存在といった多様なイメージをもっており、これらのイメージによる憧憬心が天皇・朝廷権威の上昇をもたらす背景であると評価した。(49)かかる天皇・朝廷像の形成に関連し、書物媒体の役割が注目される。鍛治宏介氏は、近世の日用教養書にみられる天皇・朝廷関係の描写に焦点をあて、現実の京都・朝廷に関する情報と、和歌や芸能を嗜むという王朝文化風のイメージが複合・混在した形の天皇・朝廷像が作られて流布したと論じた。(50)

小野将氏は、朝廷が所在する京都の環境が朝廷外部の知識人に与えた影響について議論を進展させた。氏は、本居宣長の在京時代の活動について、天皇・公家集団が定住して朝廷行事がたびたび挙行される都市京都の地理的性格が古との連続性を実証するものとなり、宣長学が形成される根拠になったと評価する。(51)さらに、所司代在職時の水野忠邦に仕えた高林方朗（京都に住み、光格上皇の修学院御幸行列の護衛として随行する機会があった鈴屋門人）や、和歌山から上京して修学院御幸を拝見した本居大平の事例を検討した。こうした朝廷行事の見聞が、平安王朝物語の世界としての京都・朝廷、天皇に奉仕して忠を尽くす武士のイメージの表象につながったと小野氏は論ずる。(52) 清水光明氏は、「草茅危言」で知られる大坂懐徳堂の儒学者中井竹山の天皇論が、幕政における松平定信の登場、そして光格天皇という現実の天皇に対する評価と期待から形成された側面を指摘した。(53) 清水氏はさらに、竹山の漢詩文に現れた後桜町天皇に関する認識に注目し、「草茅危言」の朝廷改革構想（即位礼・行幸などに関する主張）が、竹山の光格天皇に対する認識のみならず、後桜町天皇に関わる経験や見聞に由来するところがあると論じた。(54)

以上の研究は、天皇・朝廷の存在が朝廷外部の人々の学問と思想に与えた影響に焦点をあてたものである。逆に、さまざまな形で人々のコスモロジーや国家意識の材料となっていた天皇・朝廷側における学問の営み、そして思想形成の状況はどのようなものであったのだろうか。

朝廷構成員をとりまく学問・文化的環境については、幕府に有利とはいえない動きが生み出される余地があったことが指摘される。松澤氏によると、一七世紀中後期における公家衆と朝廷外部の儒者との交流では、熊沢蕃山のように体制を批判する学者の思想が往来することもあった。個別の動きが弾圧を受けることはあったが、かかる文化的空間自体は維持された。幕府の対朝廷政策ではこの問題が視界に入ってこず放置されており、宝暦事件をはじめとした近世後期の歴史につながる伏線になると氏は展望する。(55)

近世後期の朝廷、より具体的にいえば、幕末政治史の前提となる時期として注目される寛政以降の朝廷における学問と思想については、比較的最近になって漸く実証研究が進展している。特に注目されている事例は、天皇と公家の書物学習である。藤田覚氏は、光格天皇が好学の天皇であったことを、『資治通鑑』などの漢籍学習の事例から明らかにした。(56) 佐竹朋子氏は、野宮家の野宮定静・定祥・定功三代と三条実万など堂上公家の書物学習および思想形成過程を分析し、かかる事例を幕末史につながる政治的主体形成の背景として位置づけた。仁孝天皇が禁裏御所で開催した和漢書物学習に公家たちが参加したこと、そして仁孝天皇を中心に国書を読む和御会ではテキストであった六国史の校合作業も行われ、当時の関白鷹司政通が校合作業に関与したことが明らかになった。佐竹氏は、『日本書紀』神代巻の御前講義に摂家が反対した宝暦事件の展開を想起し、仁孝天皇の和御会は天皇と関白の協調体制のもとで開催されたという特徴を指摘した[57]。

藤田氏も仁孝天皇が開催した和漢書物の会読に注目した[58]。藤田氏は、天皇と公家が漢籍のみならず、日本の歴史を学習対象とするようになったことが、日本の政治や社会の仕組みを歴史的に捉え直す動きであると評価した。氏は、このような天皇・公家らの動きを、光格上皇の没後、約九〇〇年ぶりに天皇号の再興が実現し、日本の権威的秩序における天皇の隔絶した尊貴性が表現されることの背景として位置づける[59]。

しかし、かかる学問や思想面の動きが、ほかの朝廷運営上の動きと結びつく過程が詳細に明らかになっているとはいえない。これが、朝廷の学問・思想に対する研究が抱える一点目の問題である。近世中期の垂加神道と朝廷との関係については、宝暦事件の背景とも関連してかなりの研究蓄積があるが[60]、かかる動向が寛政以降の朝廷運営に与えた影響に関する検討は必ずしも十分とはいえない。「大内裏図考証」の編者裏松光世（固禅）のように、学問に優れた寛政年間の公家が朝廷運営に関する諮問を受けて知識と意見を提供したことは知られている[61]。しかし、たとえば、藤田氏や佐竹氏が注目した天皇・公家の書物学習が当事者たちにどのような意識変化をもたらし、かかる朝廷構成員個々人の思想が、彼らが参画する朝廷運営のなかの意思決定過程でどのように反映されたかは、それほど明確にはわかっていない。

二点目の問題は、松澤氏が指摘したような、朝廷外部からの学問と思想が往来する文化的空間の実態に関する分析の欠落である。もっとも、朝廷構成員と朝廷外部との文化交流に関する研究自体は、本居宣長の古学や『万葉集』を重視する歌学の影響を受けた地下歌人と堂上公家らの交流に注目する国文学の研究[62]、寛政の内裏再造営などで朝廷の御用を受け持った京都の絵師たちに注目する美術史の研究[63]、垂加神道と正親町家の関係を検討した宗教史の研究[64]など、隣接の学問分野を含めて少なくない。学習院講師の大沢雅五郎が三条家の講会に参上したついでに、実万と禁中奥向の事情について話したという事例が示すように[65]、かかる学問・文化交流は、朝廷運営に関する議論の機会になりえたことがわかっている。しかし、学問・文化交流に触発された朝廷構成員の思想の変化が朝廷運営上の意思決定過程に影響をもたらす様相について、やはり従来の研究における実証的検討の蓄積は極めて不十分であると言わざるを得ない。

三点目の問題として、公家社会の文化における「摂家権威の沈下」論が、実態に即して十分に検証されていないことがある。寛政以降に長く関白職を占める鷹司家の学問・思想の営みを抜きにして、当該期における摂家権威の行方について判断することは難しい。しかし、従来の研究においては、鷹司家の蔵書に関する書誌学的な検討がなされ[66]、また前述の通り、政通が仁孝天皇の和御会テキストの校合作業に関与したことが指摘された程度である。

近世後期の天皇・朝廷に関する研究では総じて、朝廷構成員たちの学問・思想から触発された政治面の変化に対する検討が、政治史的な研究からも思想史的な研究からも欠落している。鷹司家の学問・思想動向と朝廷運営の結びつきという論点が、かかる研究史上の空白による問題を解決する鍵になるといえる。

鷹司政通の場合、一八三〇年代からの日記がほとんど伝来しないという難点がある。つまり、政通の関白在職期の大半にかけて、その学問の営みや思考の変化などを時系列に復元することは極めて難しい。

研究上の難局を突破するため、従来の研究でほとんど顧みられなかった類の史料群を積極的に活用していく必要がある。本書における分析史料の性格については各章においても説明するが、本書全体の立論に関わる重要な事例として、以下、天理大学附属天理図書館に所蔵される古義堂伊藤家の史料がもつ価値について述べたい。

儒学者伊藤仁斎を継承し、学塾古義堂を営んできた京都の町儒者伊藤家と鷹司家との関係は、朝廷と朝廷外部との文化交流に関連する研究史上の重大な欠落部分である。古義堂伊藤家が公家社会と文化交流を代々続けてきたことについては、戦前の加藤仁平氏の著書が網羅的に検討を行った(67)。戦後には、石田一良氏が仁斎と公家社会との交流について検討している(68)。しかし、仁斎の死去（宝永二年（一七〇五））以降の伊藤家と公家社会の関係については、研究がほとんど進展していない(69)。そもそも、伊藤仁斎・伊藤東涯以降の古義堂運営や伊藤家宗家の動向については、加藤氏の著書が出てから研究がほぼ凍結されている状況である(70)。近世儒学や漢文学の研究でも、近世朝廷の研究でも、仁斎・東涯以降の古義堂の存在はほとんど注目されなかったといえる。

加藤氏によると、政通と同時代に活動した古義堂五代目伊藤東峯の日記には、公家のなかでも鷹司家との交流に関する記事が特に多くみられる(71)。しかし、交流の実態やその意義について具体的な分析がなされたわけではない。仁斎・東涯以降の古義堂の動向が戦後の研究史の視野から外れていたため、古義堂と政通との交流に関する検討も皆無に等しかったのである。

近世後期から幕末にかけた政治史・政治思想史の研究では、学者が政治の懸案について幕府の役人に建言したこと(72)や、学問を媒介とした人的ネットワーク形成が武家社会の政局展開にもたらした変化(73)が注目されている。かかる研究動向にも学びつつ、近世後期の公家、特に鷹司政通と朝廷内外の人々をつなぐ学問のネットワークと、それが政通の思想形成と朝廷運営上の意思決定に与えた影響をみていく必要がある。その作業にあたり、古義堂との関係をはじめ、これまでの研究史でほとんど未開拓の史料や史実に着目して分析を進めることの意義は実に大きいと考えられる。

第四節　本書の構成

本書では、研究史に対する以上の検討内容を踏まえ、関白鷹司政通の動向に留意して近世後期の朝幕関係と朝廷運営を詳細に明らかにすること、とりわけ、朝廷をとりまく学問・思想面の動向が政通の思考と行動、ひいては朝廷運営と結びつく様相について検討を進展させることをめざしたい。かかる作業により、当該期の朝廷運営で政通が果たした役割とその歴史的意味について理解を深めたい。全体にかけて、古義堂伊藤家の史料のように従来の研究史で看過されてきた史料群に着目し、そこから新しい史実と論点を発掘することを心掛ける。

本書は第Ⅰ部と第Ⅱ部の二部構成となる。第Ⅰ部の第一章から第三章では一九世紀前半における朝幕関係、そして武家社会における朝廷像の展開について検討し、続く第Ⅱ部の第四章から第八章では、公家社会における学問・思想面の動きが朝廷運営と結びつく様相を検討していく。

第Ⅰ部では、文政一〇年（一八二七）に江戸幕府の第一一代将軍徳川家斉が、現職将軍としては日本史上初めて朝廷から太政大臣に任命されたことと関わる事例を中心に分析を進める。

第一章では、家斉の太政大臣昇進による幕府の御礼使者の派遣を素材とする。家斉の昇進要望を受け入れた朝廷が破格の御礼使者の派遣を幕府に求めた経緯と、それをめぐる朝幕間の交渉過程を明らかにする。次に、御礼の使者として上京した老中首座青山忠裕に対する朝廷の厚遇とそれをめぐる朝廷・幕府関係者らの認識を検討し、当時の朝幕関係の展開がもつ政治史的意味を考える。朝幕間の駆け引きの実態、そして朝廷側の交渉論理が工夫される過程において鷹司政通が果たした役割に留意して分析を行う。

第二章では、天皇・朝廷をめぐる武家社会の言説のなかで、朝廷の歴史と現在（近世後期）についてどのような認識が現れているかを検討する。江戸城で開かれる家斉の太政大臣昇進儀礼に参加する武家の装束調進をめぐる論争を手がかりとする。経歴の長い幕臣で著名な文化人でもあった屋代弘賢と、公家高倉家の門弟である有職故実家松岡辰方との論争である。辰方の息子松岡行義がこの論争を契機に有職故実のあり方を再考するなかで、有職故実に関わる天皇・朝廷の歴史像が再構築される様相に注目する。

第三章では、朝廷が家斉の太政大臣昇進を許可した見返りとして幕府に朝廷構成員への支援拡大を求めるなかで、その支援の方式として考案された律令封禄の再興構想を分析の素材とする。本構想に基づいた封禄支給計画の作成および所司代との交渉過程が主に鷹司政通のもとで進められたことを踏まえ、本構想に関連して政通が残した文献調査・考証書や随筆などを集中的に分析する。本構想とそれに関わる政通の言説のなかでどのような歴史の遺産が重視されたかに注目し、前章で検討した松岡行義の認識を踏まえつつ、本構想の意義を考え直す。

続く第Ⅱ部では、朝廷と公家社会における学問と思想の諸動向、その動向と朝廷外部との関係に分析の焦点をあてることになる。

第四章では、仁孝天皇が禁裏御所で公家たちとともに行った和漢書物の学習を分析の素材とする。学習に参加した公家の人的構成とその変化の様相を中心に学習の運営実態を明らかにし、学習活動の中心にいた仁孝天皇の主体性と、用いられたテキストの性格から読み取れる学習方針の特質について考察を深める。学習の実態については、国書の会読である和御会でのテキスト採択状況に分析の焦点をあてる。

第五章では、古義堂の五代目伊藤東峯と公家社会の交流を、古義堂史料として伝来する東峯の日記と公家からの書簡を中心に検討する。東峯が公家たちに行った教育の実態を分析し、さまざまな学問的な事柄につき、東峯が公家たちの依頼を受けてアドバイスを提供したことを明らかにする。そして、東峯にとって朝廷・公家との関係がどのような意味をもったかを考える。続いて、東峯との交流が特に頻繁であると先行研究でも指摘された鷹司家との関係に焦点を絞って分析を行いたい。

第六章では、天保一一年（一八四〇）に死去した上皇兼仁に「光格天皇」号が贈られ、平安後期以降途絶えていた天皇号と漢風諡号の再興が実現される過程を検討する。再興の推進と漢風諡号の選定をめぐる朝廷の意思決定がどのように行われ、これは朝廷外部の学問・思想とはどのような関係にあったのかを明らかにしたい。天皇号の再興に関する先行研究で看過されていた鷹司政通の動向、そして政通の依頼を受けて本件に関わった古義堂伊藤家の動向に分析の焦点をあてる。

第七章では、前章の内容をも踏まえながら、天皇・将軍の没後称号が選定される過程および鷹司政通の役割について考える。まずは光格以前の天皇家における没後称号選定の先例を、特に摂家および学問の家である菅原氏の役割に留意して検討する。かかる検討結果を光格・仁孝天皇諡号の選定過程における政通と摂家・菅原氏の役割と比較してみたい。次に、天皇号・漢風諡号の再興とほぼ同時期、徳川家斉の死去を受けてその院号が選定される過程を、やはり政通の動向に留意して分析する。院号の考案に関わった諸主体の動きが絡み合う様相から、当時の朝廷運営における政通の立場が一層明らかになろう。

第八章では、幕府の水野忠邦政権が天保の改革を進める時期、朝廷が幕府政策にどのように対応したかを検討する。天保の改革への対応のため朝廷内で公家の意見が集められる過程と、それに伴い、後日の学習院開設につながる公家教育機関の設立構想が浮上する様相を明らかにする。次に、鷹司政通が本件の実務を担当した公家たちとともに設立計画を具体化し、幕府への正式要請にいたる過程を分析する。かかる一連の動きのなかで政通が果たした役割の重要性を論証することで、近世後期の「鷹司家の朝廷支配」を総体的に考察するにあたって軸とすべき論点が浮き彫りになろう。

（1）　戦前―一九七〇年代半ばまでの研究史については、深谷克己「「研究史」における幕藩制と天皇」（『歴史評論』三一四、一九七六年）、久保貴子「近世朝幕関係史研究の課題」（久保『近世の朝廷運営』岩田書院、一九九八年）、山口和夫「近世日本政治史と天皇・院・朝廷――研究史と主題」（山口『近世日本政治史と朝廷』吉川弘文館、二〇一七年）が、そして一九七〇年代以降の研究史については、田中暁龍「近世の天皇・朝廷研究の到達点と課題」（『歴史評論』七七一、二〇一四年）、西村慎太郎「近世天皇をめぐる研究動向と課題」（『人民の歴史学』二〇〇、二〇一四年）、久保「近世朝幕関係史研究の課題」と山口「近世日本政治史と天皇・院・朝廷」、および長坂良宏「近世朝幕関係・天皇・朝廷研究の成果と課題」（長坂『近世の摂家と朝幕関係』吉川弘文館、二〇一八年）が詳細に整理している。なお、本章においては、研究史の理解を助けるため、なるべく引用文献の初出の書誌事項を併記することを原則とする。

(2)　遠山茂樹『明治維新と天皇』（岩波書店、一九九一年）一七―一八頁、井上勝生「幕末政治史のなかの天皇」（井上『幕末維新政治史の研究』塙書房、一九九四年、初出は石上英一・永原慶二ほか編『講座・前近代の天皇2　天皇権力の構造と展開　その2』青木書店、一九九三年）二七二頁等。

(3)　井上「幕末政治史のなかの天皇」。

(4)　以下、本段落の記述は、井上「幕末政治史のなかの天皇」による。

(5)　井上「幕末政治史のなかの天皇」二七一―二七二頁、二八七―二八八頁、三〇〇―三〇四頁。

(6)　内閣官報局編『法令全書』第一三、慶応三年一二月九日、七―八頁。

(7)　山口『近世日本政治史と朝廷』、特に第一部第一章「統一政権成立と朝廷の近世化」（初出は山本博文編『新しい近世史1　国家と秩序』新人物往来社、一九九六年）、および第三部第五章「朝廷と公家社会」（初出は歴史学研究会・日本史研究会編『日本史講座6　近世社会論』東京大学出版会、二〇〇五年）。

(8)　藤井讓治「江戸幕府の成立と天皇」（石上・永原ほか編『講座・前近代の天皇2』）一一八―一二五頁。

(9)　高埜利彦「江戸幕府の朝廷支配」（高埜『近世の朝廷と宗教』吉川弘文館、二〇一四年、初出は『日本史研究』三一九、一九八九年）二八―二九頁。

(10)　長坂『近世の摂家と朝幕関係』六頁。

(11)　石田俊『近世公武の奥向構造』（吉川弘文館、二〇二一年）一四五頁、二四九―二五一頁。

(12)　通常・臨時の官位叙任や各種宣下のほか、朝儀の開催日程や再興の可否などの案件についても勅問が下され、勅問衆の意向が問われていた。田靡久美子「近世勅問衆と朝廷政務機構について」（『古文書研究』五六、二〇〇二年）。

(13)　高埜「江戸幕府の朝廷支配」二七―二八頁。

(14)　田靡「近世勅問衆と朝廷政務機構について」二八―三四頁。

(15)　高埜「江戸幕府の朝廷支配」二〇―二一頁。

(16)　李元雨『幕末の公家社会』（吉川弘文館、二〇〇五年）一一五―一二一頁。

(17)　李『幕末の公家社会』六六―六七頁、一二七―一三五頁。

(18)　松澤克行「近世の家礼について」（『日本史研究』三八七、一九九四年）。

(19) 高埜「江戸幕府の朝廷支配」。なお、石田氏は宝暦事件の背景について、関白―武家伝奏―議奏という朝廷統制の枠組みの弛緩よりは、上皇の不在により幼帝の養育責任者の不在という問題が顕在化したことを強調するが、なお一八世紀半ば以降の摂家・摂関の動向について、従来の説が詳しく再検討されたわけではない（石田『近世公武の奥向構造』一四六―一五二頁）。
(20) 藤田覚『光格天皇』（ミネルヴァ書房、二〇一八年）一五二―一五三頁。
(21) 高埜利彦「「禁中並公家諸法度」についての一考察――公家の家格をめぐって」（高埜『近世の朝廷と宗教』、初出は『学習院大学史料館紀要』五、一九八九年）。
(22) 井上「幕末政治史のなかの天皇」二九七頁、家近良樹『幕末の朝廷――若き孝明帝と鷹司関白』（中央公論新社、二〇〇七年）一一五頁。
(23) 井上「幕末政治史のなかの天皇」三〇〇―三〇二頁。
(24) 高埜利彦「後期幕藩制と天皇」（高埜『近世の朝廷と宗教』、初出は石上・永原ほか編『講座・前近代の天皇2』）、同「江戸幕府の朝廷支配」。
(25) 藤田覚「寛政期の朝廷と幕府」（藤田『近世政治史と天皇』吉川弘文館、一九九九年、初出は『歴史学研究』五九九、一九八九年）七二頁等。
(26) 藤田『光格天皇』三三頁等。
(27) 藤田覚「近世朝幕関係の転換――大政委任論・王臣論の成立」（藤田『近世政治史と天皇』、初出は『歴史評論』五〇〇、一九九一年）一三一頁。
(28) 藤田「寛政期の朝廷と幕府」八一―八四頁。
(29) 山口和夫「天皇・院・朝廷の近世的展開と豊臣政権、江戸幕府」（山口『近世日本政治史と朝廷』）四〇二頁、田中「近世の天皇・朝廷研究の到達点と課題」九頁、宮地正人「明治維新の論じ方」（『駒沢大学史学論集』三〇、二〇〇〇年）一七―二二頁、野村玄「天明六年の無行幸新嘗祭と光格天皇」（『大阪大学大学院文学研究科紀要』六二、二〇二二年）。
(30) 田中「近世の天皇・朝廷研究の到達点と課題」一四頁。
(31) 長坂良宏「文化期の朝廷と幕府」（長坂『近世の摂家と朝幕関係』、初出は『日本史研究』五九〇、二〇一一年）。
(32) 佐藤一希「寛政―文化期の皇位継承過程と光格天皇」（『史学雑誌』一三二（三）、二〇二三年）一一―一三頁。
(33) 藤田「天保期の朝廷と幕府――徳川家斉太政大臣昇進をめぐって」（藤田『近世天皇論――近世天皇研究の意義と課題』清文堂出版、二〇一一年、初出は『日本歴史』六一六、一九九九年）、同「天保期の朝廷と幕府――朝覲行幸再興を中心に」

（藤田『近世政治史と天皇』）、同『天皇の歴史6　江戸時代の天皇』（講談社、二〇一一年、後に講談社学術文庫、二〇一八年）二七四—二八五頁、同『光格天皇』第六章。
(34)　佐藤雄介『近世の朝廷財政と江戸幕府』（東京大学出版会、二〇一六年）。
(35)　佐藤雄介「近世後期の公家社会と金融」（『日本史研究』六七九、二〇一九年）、同「近世後期・幕末の鷹司家貸付所名目金と心観院」（朝幕研究会編『論集　近世の天皇と朝廷』岩田書院、二〇一九年）、同「一九世紀前半の天皇・朝廷と幕府」（荒木裕行・小野将編『日本近世史を見通す3』吉川弘文館、二〇二四年）四八—五五頁。
(36)　荒木裕行「京都町奉行所における朝廷風聞調査について」（東京大学史料編纂所研究成果報告『近世の摂家・武家伝奏日記の蒐集・統合化と史料学的研究』二〇一四年）八四頁。
(37)　政通正室の鄰姫清子は斉昭の姉であった（永井博『徳川斉昭』山川出版社、二〇一九年、二—三頁）。
(38)　羽賀祥二「開国前後における朝幕関係」（『日本史研究』二〇七、一九七九年）、沼倉延幸「関白鷹司政通とペリー来航予告情報」（『青山史学』一三、一九九二年）、家近『幕末の朝廷』一〇四—一三六頁、一八一—一八八頁。
(39)　本段落の記述は、村和明「光格上皇御所における堂上公家の機構」（村『近世の朝廷制度と朝幕関係』東京大学出版会、二〇一三年、初出は「近世院政の組織と制度——光格上皇の「院政」を事例に」『論集きんせい』二四、二〇〇二年）二一九—二二〇頁による。
(40)　上皇が住む仙洞御所で、上皇とほかの人々の連絡を仲介することが院伝奏の役目であった。村「光格上皇御所における堂上公家の機構」二〇九—二一八頁。
(41)　藤田「徳川家斉太政大臣昇進をめぐって」、同『光格天皇』一二三—一二九頁。
(42)　藤田覚「（書評）長坂良宏著『近世の摂家と朝幕関係』」（『日本史研究』六七八、二〇一九年）一〇六頁。
(43)　佐藤雄介「嘉永期の朝幕関係」（藤田覚編『幕藩制国家の政治構造』吉川弘文館、二〇一六年）一五四—一五八頁、一六六—一六八頁。
(44)　家近『幕末の朝廷』一〇七—一一七頁。
(45)　家近『幕末の朝廷』九八—一〇五頁、一五八—一六〇頁、一六七—一七〇頁、二二三—二五二頁。
(46)　松澤克行「近世の公家社会」（『岩波講座日本歴史12　近世3』岩波書店、二〇一四年）五九—六一頁。
(47)　維新史料編纂事務局編『維新史1』（明治書院、一九三九年）、三上参次『尊皇論発達史』（冨山房、一九四一年）。
(48)　尾藤正英「尊王攘夷思想」（『岩波講座日本歴史13　近世5』岩波書店、一九七七年、後に尾藤『日本の国家主義——「国体」思想の形成』岩波書店、二〇一四年）、安丸良夫『近代天皇像の形成』（岩波書店、一九九二年、後に岩波現代文庫、二

〇〇七年）、前田勉「近世天皇権威の浮上――近世神道と国学を中心にして」（『日本文化論叢』一一、二〇〇三年、後に前田『兵学と朱子学・蘭学・国学』平凡社、二〇〇六年に収録）等。

(49) 渡辺浩『日本政治思想史　十七〜十九世紀』（東京大学出版会、二〇一〇年）二一一頁、二七〇頁、三三六―三三九頁、三九一頁。

(50) 鍛治宏介「江戸時代教養文化のなかの天皇・公家像」（『日本史研究』五七一、二〇一〇年）。

(51) 小野将「国学の都市性」（鈴木博之ほか編『都市文化の成熟（シリーズ都市・建築・歴史6）』東京大学出版会、二〇〇六年）。

(52) 小野将「国学者」（横田冬彦編『芸能・文化の世界（シリーズ近世の身分的周縁2）』吉川弘文館、二〇〇〇年）。

(53) 清水光明「「御新政」と「災後」――天明の京都大火と政策構想の模索」（清水『近世日本の政治改革と知識人――中井竹山と「草茅危言」』東京大学出版会、二〇二〇年、初出は「「御新政」と「災後」――天明の京都大火と中井竹山」『日本歴史』七六五、二〇一二年）、同「松平定信を語る――政治情報と献策」（清水『近世日本の政治改革と知識人』、初出は「政治情報と献策――中井竹山の「松平定信」像」『論集きんせい』三六、二〇一四年）。

(54) 清水光明「女帝を詠む――後桜町天皇の十年間と政策構想の模索」（清水『近世日本の政治改革と知識人』）。

(55) 松澤克行「十七世紀中後期における公家文化とその環境」（『史境』四三、二〇〇一年）。

(56) 藤田『光格天皇』一八六―一九三頁。

(57) 佐竹朋子『近世公家社会と学問』（吉川弘文館、二〇二四年）第六・七・八章。初出はそれぞれ「三条実万の思想形成について」（『京都女子大学大学院文学研究科研究紀要　史学編』四、二〇〇五年）、「幕末公家社会における三条実万の役割」（『新しい歴史学のために』二六六、二〇〇七年）、「学習院学問所設立の歴史的意義」（『京都女子大学大学院文学研究科研究紀要　史学編』二、二〇〇三年）。

(58) 藤田覚『幕末の天皇』（講談社、一九九四年）一二七―一二九頁。

(59) 藤田「天皇号の再興」。

(60) 徳富猪一郎『近世日本国民史22　宝暦明和篇』（民友社、一九二六年）、磯前順一・小倉慈司「正親町家と垂加神道」（磯前・小倉編『近世朝廷と垂加神道』ぺりかん社、二〇〇五年）、林大樹『天皇近臣と近世の朝廷』（吉川弘文館、二〇二一年）、大貫大樹『竹内式部と宝暦事件』（錦正社、二〇二三年）。

(61) 西村慎太郎「寛政期有職研究の動向と裏松固禅」（吉田早苗『近世公家社会における故実研究の政治的社会的意義に関する研究（二〇〇二年度―二〇〇四年度科学研究費補助金研究成果報告書）』二〇〇五年）。

(62) 岡中正行・鈴木淳・中村一基編『本居宣長と鈴屋社中』(錦正社、一九八四年)、盛田帝子『近世雅文壇の研究』(汲古書院、二〇一三年)。
(63) 五十嵐公一・武田庸二郎・江口恒明『朝廷権威の復興と京都画壇(天皇の美術史5　江戸時代後期)』(吉川弘文館、二〇一七年)。
(64) 磯前順一・小倉慈司「正親町家と垂加神道」。
(65) 佐竹『近世公家社会と学問』二八八—二八九頁。
(66) 中村一紀「鷹司家文庫の書誌的研究」(『書陵部紀要』四四、一九九二年)。
(67) 加藤仁平『伊藤仁斎の学問と教育』(目黒書店、一九四〇年。後に『伊藤仁斎の学問と教育』(第一書房、一九七九年)として復刊)。
(68) 石田一良『伊藤仁斎(新装版)』(吉川弘文館、一九八九年)。
(69) 勧修寺一門の先祖墓碑建立と伊藤東涯・伊藤蘭嵎(東涯の弟)との関係に対する佐竹朋子氏の研究(佐竹『近世公家社会と学問』一八八—一九五頁、二〇三—二〇四頁)、一条輝良が伊藤東所に学んだことを指摘した大貫大樹氏の研究(大貫大樹『竹内式部と宝暦事件』四七九—四八〇頁)など、最近の研究において関連する事例が指摘されているものの、本格的な分析にはいたっていない。
(70) 伊藤蘭嵎に関する研究(石運「近世的思想空間と学問集団の形成」『十七・十八世紀の日本儒学と明清考証学』ぺりかん社、二〇二三年)のように、宗家以外の伊藤家学者の動向が検討されたこともあるが、これらの研究は、同時代の伊藤家宗家と古義堂運営状況に焦点をあてたものではない。
(71) 加藤『伊藤仁斎の学問と教育』六二六—六二八頁。
(72) 小野将「近世後期の林家と朝幕関係」(『史学雑誌』一〇二(六)、一九九三年)、眞壁仁『徳川後期の学問と政治』(名古屋大学出版会、二〇〇七年)、清水『近世日本の政治改革と知識人』等。
(73) 前田勉『江戸の読書会』(平凡社、二〇一八年、初版は二〇一二年)、朴薫「東アジア政治史における幕末維新政治史と「士大夫的政治文化」の挑戦」(清水光明編『「近世化」論と日本(アジア遊学185)』勉誠出版、二〇一五年)。

第Ⅰ部　朝幕関係および朝廷像の展開と鷹司政通

第一章　昇進御礼使者の派遣と朝廷・幕府の思惑

はじめに

周知の通り、将軍をはじめとする武家は律令に由来する官位を朝廷から授与されていた。武家官位の授与は改元・改暦とともに近世朝廷に残された名目上の統治機能の一つであるが、実際の決定権は江戸幕府にあり、朝廷内部の公家官位とは分離されていたことはよく知られている(1)。

文政一〇年（一八二七）、江戸幕府の第一一代将軍徳川家斉は、現職の征夷大将軍としては初めて朝廷から太政大臣に任命された(2)。本章では、この太政大臣昇進により幕府が朝廷に御礼の使者を派遣する問題を中心に文政年間（一八一八―一八三〇）の朝幕関係を検討する。朝幕交渉に関わる朝廷の諸主体の役割と、当時の朝廷・幕府関係者の認識を検討し、一九世紀前半における朝幕関係の変容がもつ政治史的な意味について考察したい。

光格譲位後の文政年間における朝幕関係について、藤田覚氏は、将軍家一族の異例の官位昇進など、幕府が朝廷権威を利用した権威強化をより積極的に図り、朝廷はその見返りとして上皇の修学院御幸や朝覲行幸の再興といった要望を次々と提起してそれらが実現したこと、そして当時の朝幕双方で、朝幕関係が非常に良好であるとの認識がみられるようになったことを指摘した(3)。

家斉の太政大臣昇進は、この友好のムードが絶頂に達した事件といえる。藤田氏は、幕府側の要望により昇進をめぐる交渉が成立した経緯[4]、さらにその見返りとして朝廷が提起した朝覲行幸再興をめぐる朝幕交渉について詳細に検討した[5]。小野将氏は、太政大臣の任命詔書発布と覆奏儀礼の開催をめぐる朝幕交渉の際、幕府の大学頭林述斎が老中の諮問に対応した事例を検討し、幕府の権威強化のために推進された太政大臣昇進が、古代律令の遺制を再生産する「朝廷の復古的権威の強化」という皮肉な結果をもたらしたと評価した[6]。

以上の研究では、全体としては一九世紀前半の朝幕関係が良好で、幕府が朝廷権威を受容していく側面が強調される。一方、小野氏は、詔書に関する老中の諮問に応じた大学頭林家が、とにかく幕府の儀礼を略式に済まそうとするのが「京都之仕癖」だと、朝廷の姿勢に批判的であったことを指摘した[7]。藤田氏は、家斉が太政大臣に昇進した文政一〇年（一八二七）に仁孝天皇が「近来公武殊和懇」と述べたことから当時の朝幕関係を「公武合体」のような状況と評する一方で、「朝廷と幕府相互の思惑は別にして」と留保をつけた[8]。さまざまな同時代史料の分析から朝廷・幕府の思惑について検討を具体化することが、これからの研究における一点目の課題である。

課題の二点目に、大名家（藩）の存在を考慮して朝幕関係の展開を考察する視点が必要である。周知の通り、二〇〇を超える大名家は近世国家の重要な構成要素であり、幕末期における天皇の政治的浮上も、いわゆる雄藩の介入により可能であった。しかし、近世の大名家と朝廷との関係については、武家官位の授与・文化交流・縁組・財政援助など個別の事例について検討が進みながらも、それらの研究蓄積が、近世国家・社会のなかでもつ意味に関する議論には寄与できていないと指摘される[9]。一九世紀前半の朝幕関係がもつ歴史的意味を論ずるために、朝幕関係の仕組みにおける大名家の位置と、それをめぐる当時の認識を詳細に明らかにする作業は欠かすことができない。

三点目の課題として、当時の朝幕交渉における関白鷹司政通の役割について理解を深める必要がある。近世の朝幕交渉は基本的に、天皇―関白―武家伝奏―所司代―老中―将軍のルートで行われていた[10]。家斉の太政大臣昇進をめぐる交渉に際しては、政通と所司代との間で、武家伝奏を経由しない直々の連絡で実質的な交渉が進んだことが、藤田氏の研究で明らかにされている[11]。しかし、朝廷運営と朝幕交渉における政通の役割を理解するためには、なお武家伝奏の動向に留意して分析を行う必要がある。関白と武家伝奏の動きを同時に把握できる案件を検討対象にすることで、政通が果たした役割もより明確になると思われる。

文政一〇年（一八二七）、幕府は家斉の太政大臣昇進による朝廷への御礼として、五月―閏六月中、二度に分けて朝廷に使者を派遣した。管見の限り、この事例を検討した先行研究はみあたらない。この使者派遣は、第一に、朝幕双方において、朝幕関係の現状に対する関係者らの考えが、比較的明瞭な形であぶり出される契機であった。第二に、特に朝幕関係における大名家の存在意義を詳細に考察できる事例である。本章で詳細に述べるが、幕府は当時の老中首座であった青山忠裕（丹波篠山藩主）を別段の使者として朝廷に派遣するという異例の対応を示した。これにより、この使者派遣に際して大名家と朝廷との関係性をめぐるさまざまな言説が生まれることになった。第三に、この使者派遣については、関連史料の残存状況から、同じ時点における関白と武家伝奏の動向を並行して把握できる。つまり、家斉の太政大臣昇進による朝廷への使者派遣は、朝幕交渉に関わる朝廷内の意思決定過程と関白鷹司政通・武家伝奏の動き、朝幕関係の展開をめぐる関係者たちの認識を検討するための非常に有用な素材であり、検討の価値が大きいといえる。

以下、本章の第一節では、御礼使者の派遣が計画・実現される経緯を明らかにし、それに関する朝幕の交渉過程を、政通と武家伝奏の役割に留意して検討する。第二節では、使者の派遣を契機として現れる朝廷・幕府関係者らの現状認識を分析していきたい。

第一節 「身柄」使者の派遣要望

(一) 将軍の太政大臣任命と在京問題

文政五年(一八二二)、徳川家斉が徳川家光以降の将軍として初めて左大臣に転任し、世子徳川家慶も将軍世子として初めて正二位内大臣に昇進した(12)。同年、幕府は光格上皇の修学院御幸を承認した。霊元上皇(享保一七年(一七三二)没)以降約一〇〇年間開催されなかった上皇の修学院御幸が再興され、そのための修学院境内の工事費用を幕府が支出することになった。文政八年(一八二五)には家斉の実父一橋治済が御三卿として初の准大臣昇進を果たした。そして翌文政九年七月に、幕府は家斉・家慶父子の更なる官位昇進の要望を朝廷に示した。朝廷との協議を経て、同年八月下旬、家斉が太政大臣に昇進することで朝幕は実質的な合意にいたった。現職将軍が太政大臣に補任されることは日本史上初めてのことであった。これと同時に決定された家慶の従一位昇進も、将軍の子として初めてのことである。

同年八月一一日、関白鷹司政通は、所司代松平康任との面談で家斉・家慶昇進の件について話すついでに、四年前に家斉が左大臣に転任した際に修学院御幸の再興が許可された事例に言及した。将軍の官位昇進による幕府からの見返りがあった近日の先例を想起させたのである。それに続き、政通は、仁孝天皇には光格上皇への孝道を尽くしたいという考えがあり、朝覲行幸(天皇が上皇・皇太后の御所に行幸して年始の挨拶をする儀式)の再興を望んでいると述べた(13)。朝覲行幸再興の要望は幕府から受け入れられ、文政一一年(一八二八)以降に細部の交渉が本格化したことが知られる(14)。

昇進御礼使者の派遣に関する要望もこのように、朝廷が将軍家の官位昇進を認めたことへの見返りを求める文脈において提起されていた。

康任が政通に、家斉・家慶の更なる官位昇進の要望を伝えたのは文政九年（一八二六）七月一〇日のことである。(15) 左大臣の家斉がさらに昇進できるところは太政大臣と准三后の地位であったが、その選択は朝廷側に委ねられた。五日後の七月一五日、政通は参内し、仁孝天皇に自身の意見を述べている。その内容は藤田氏の研究でも引用されるが、(16) 重要な内容を含むため、改めて全文を示したい。

［史料二］「鷹司政通記草」第一〇冊（文政九年七月一五日条）(17)

於御学問所拝天顔、次召御前（〔割書〕昨日註処勘物並入(抹消)道禅閤御所(鷹司政熙)・前関白(一条忠良)示談之旨言上了、院へも申上了）、愚存有御尋（〔割書〕院有御尋）、勅答云、相国並准三后、将軍家希有之例也、而四海昇平仝(ママ、全カ)有大樹之功、且太平ニ四十年在職、且年齢過五旬、在国任相国之事、且将軍在職任之事、無古今例、而寛永十三・七・十六被仰下条、仝(ママ、全カ)不有新儀、既先帝有例、而家光ハ上洛、一度拝天顔故、主上令知其人給仰也、如今度不知其人任之如何、而撫育民、昇平、是家斉勤労也、又准三后例、当代未有例、而義満・義政補之、不可有難歟、何分大樹ニ内々今一応思意被尋下、彼方決定可令言上歟、宜在聖断矣、

勅云、其分可然、左候ハ、明日趣周防守(松平康任)可申談、惟々、退去、院中仝(ママ、全カ)同断御沙汰也

政通は、一二日から一四日の間、武家の官位昇進について勘物（先例を調査・考証した書類）を作成して禅閤鷹司政熙（政通の父）と前関白一条忠良に相談していた。(18) 本史料で政通は、まず以上の経緯を仁孝天皇に報告した。仁孝天皇は政通がどのように考えるかを聞いた。政通は以下のように答えた。

太政大臣と准三后の任命は、いずれも将軍家には希有なことである。しかし、天下の太平が保たれていることには

家斉の功績がある。家斉は四〇年間将軍に在職し、かつ年齢も五〇歳を超えている。太政大臣に補任される者が京都におらず、在国の状態で任命されたこと、また、現職の将軍を太政大臣に任じたことは古今に例がない。しかし、寛永一三年（一六三六）七月一六日に天皇が徳川家光に太政大臣昇進を許したことがある。(19)つまり、天皇家において全くの新儀ではなく、先例が存在する。しかし、家光は上洛して天皇に拝謁したことがあるので、天皇がその人のことを知ってから太政大臣昇進を許したものである。今度のように、天皇がその人のことを知らずに太政大臣へ昇進させることは如何なものか。ただ、民を撫育し、平和が続いていることは家斉の功績である。また准三后の叙任は徳川将軍家に例がないが、足利義満・義政が准后に補任された先例があるのでありえないことではないかもしれない。いずれも、いま一度内々に将軍の意向を聞き、幕府の方で決めてから天皇の指示が下される形がよかろう。これが、政通の答えであった。

仁孝天皇は以上のような政通の意見を受け入れ、その旨を翌日に所司代へ伝えるように命じた。同日、政通は光格上皇にも自身の勘物と政熙・忠良との相談内容を報告して上皇から意見を聞かれ、仁孝天皇に言上したものと同じ意見を述べた。上皇は天皇と同じ反応を示したという。

政通の意見は、少し回りくどい言い方ではあるが、全体としては家斉の功績などを根拠に、太政大臣と准三后の叙任はいずれもできると述べる内容である。しかし、太政大臣任命について、先例と違い現職の将軍が太政大臣に任命される点とともに、かつて朝廷から太政大臣昇進を提案されて固辞した家光とは違い、家斉は一度も上京したことがなく、天皇と全く面識のない人が太政大臣に任命されるのは問題があるという認識も示されている。

その翌日に政通は所司代に、昇進の希望を受け入れるので太政大臣か准三后かを幕府が選んでほしいと伝えた。ここで政通は、隠居した大御所ではない在職中の将軍が太政大臣に任命された例はないと、今度の昇進は先例に照らしてみれば問題もあるが、天皇の特別な配慮として許可されるという点を強調した。一方、前日の仁孝天皇への返答で取り上げられた在国・上洛の問題には触れられなかった[20]。

しかし、朝廷内では在国・上洛の問題は引き続き意識されていたとみられる。家斉の太政大臣任命では、任命を告げる文書形式として、従来用いられてきた宣旨に加え、新たに詔書が出されることになった[21]。この頃、江戸の有職故実家松岡辰方が有職故実に関する疑問について公家竹屋光棣に尋ね、光棣から得られた返答をまとめた『松竹問答』のなかにも詔書に関する問答が含まれている。辰方は江戸詰の久留米藩士であり、公家高倉家を宗匠とする衣紋（装束に関わる礼法が芸能化したもの）の門人組織である衣紋会の江戸会頭でもあった[22]。幕府中枢の人物とは言い難いが、将軍の側近など幕臣や諸大名側と交流し、情報交換を行う機会をもつ立場にあった[23]。

辰方・光棣の問答のうち、詔書に関する議論は以下のような内容である。

［史料二］　松岡辰方問・竹屋光棣答『松竹問答』巻之三[24]

○任太政大臣詔書

右旧記ノ内、御所見ノ分一通ニテモ御写被レ下候様奉レ希候

公式令ニ、任二右大臣以上一候詔ノコト有レ之候。其後ノ旧例可レ有レ之候、但差当リ不レ得二所見一候、明年大樹公被レ任候節被レ用詔書候由、元来任太政大臣余ノ大臣モ同、被レ行二節会一以二宣命一被レ任候コト、旧儀勿論ニ候、サレドモ大樹公御在京ニテモ無レ之候へバ、宣命斗ニテハ如何、詔書ニテ被レ告二天下百官一候事、其理的当ト奉レ存候事ニ候、近来任大臣何レモ宣命ニテ被レ任候へ共、是事旧儀ニハ無レ之候、中世節会任大臣ノ節会被レ廃候以後ノ風俗ト存ゼラレ候

引用部のうち、「○任太政大臣……奉希候」の二行は、辰方が光棣に聞いた内容を簡略にまとめた部分である。そ

れに続く光棣の返答では家斉の太政大臣昇進を「明年」としており、文政九年（一八二六）に記された内容ということがわかる。

返答者である竹屋光棣は、在野で有職故実研究に励み、修学院御幸の再興など、政通の関白在職期に推進された復古・再興に関連する資料調査で実力を認められていた[25]。家斉の昇進要望との関連性は証明できないが、光棣は政通から詔書に関する意見を聞かれたこともある[26]。政通と密接な関係にあった光棣は、家斉の昇進が取沙汰されている文政九年（一八二六）中に、太政大臣任命の詔書についてどのような意見を示していたのか。

ここでも将軍の在京問題が話題になっている。大臣の任命は、節会（任大臣節会）を催し、そこで宣命によって行うのが旧儀の方式である。しかし、近世当時の将軍は京都におらず、節会は開催されないため、宣命を下す方式は適切ではない。詔書を発布して天下の百官に知らせる形式をとった方が妥当である。近来、大臣は任大臣節会を経ずに宣命によって任命されるが、これは旧儀ではなく、中世に任大臣節会が廃絶した後のやり方である。

任大臣節会の廃絶云々の主張が専ら朝廷内の官位授与に関するものか、それとも近世の武家官位を念頭においたものかは定かではない[27]。全体として、太政大臣任命の宣命と任大臣節会との関連性を強調することで、将軍が在京しないが故に任大臣節会が開催できないことの問題点を指摘する意図が窺われる。詔書により天下中に知らしめる形式の採用は、正しい旧儀に則って宣命を下すことができない状況による変則的な方法として受け止められているのである。

家斉の太政大臣昇進と詔書の採用は、幕府が朝廷権威を利用し、結果として朝廷の復古的権威が強化されたと評価されてきた[28]。ただし、当の朝廷においては、天皇に謁見したことのない武家の人が、任大臣節会を経ずに太政大臣に任命されることで、いわば大臣任命手続きの〈本来の姿〉と乖離したことが意識され、それに対する不満が現れる契機になったといえる。しかも、朝廷の意思決定過程の中枢を占める関白と、その関白のブレイン役ともいえる公家がこのように思っていたのである。

政通は、かかる認識を幕府との交渉でも表した。文政九年（一八二六）一二月、詔書に関する老中の諮問に応じた大学頭林述斎は、詔書覆奏の儀[29]を開催すること、かつ、覆奏された詔書の写本を朝廷から受け取ることを建言した。公式令を参照した意見であった[30]。その後、文政一〇年（一八二七）二月七日に新任の所司代水野忠邦が武家伝奏に詔書覆奏の儀を実施することを朝廷に要請した。武家伝奏は、同月一五日にこれを政通に報告している[31]。政通が日記の同日条に追記した内容によると、三日後の二月一八日、政通は天皇・上皇に伺ったうえで返答内容をまとめ、武家伝奏を通じて所司代に伝えた。その内容の一部を以下に引用したい。

［史料三］「鷹司政通記草」第一一冊（文政一〇年二月一五日条[32]）

仝躰（ママ、全カ）大臣以宣命被任候儀旧儀ニ候…（中略）…被任相国之節、如令式宣命・節会不被行期以詔書、詔書之畧之期以勅書、上洛有之期ハ当時茂節会被行候へとも、万里波濤相隔候義、彼是不都合之次第も可有之、旁以詔書被任候、往古詔書賜本人之義無之、而五百年以来賜本家例也…（中略）…且又連署覆奏、公事再興雖有之、任官未被再興、且覆奏文書賜本家事古今未有例、万一連署文書賜之方ニ候ハヽ、尚篤与吟味、賜方に勘考可有之、併関東望ニも候ハヽ、猶（〔可〕脱カ）亦及沙汰、一応所司代所意聞度被申達了

本史料では、そもそも大臣は宣命をもって任じられるのが旧儀と述べられながら、太政大臣任命を告げる宣命・詔書・勅書の性格が次のように規定される。太政大臣を任命する際には、令・式が規定する通り宣命・節会が行われないときに詔書が用いられ、詔書が用いられない際に勅書が用いられるとのことである。もし将軍が上洛するならば任大臣節会を開催できるだろうが、将軍は万里の海を隔てており、いろいろと不都合な事情もあるはずで、こうした事情を踏まえて詔書で任命するものという。将軍が上京せず、任大臣節会が開催できないことについて嫌味を言いなが

ら、詔書の使用は旧儀に則った最も正しい手続きが遂行できない状況下での妥協的な措置だという。これが、政通が天皇・上皇の検討を受けてまとめ、武家伝奏を通じて表向きに伝えさせた朝廷の公式見解であった。

覆奏の詔書については次のように述べられる。朝廷では公事が再興されているが、任官の手続きは未だ再興されていないと断ったうえで、覆奏された詔書を本家（官位を与えられる者のことか）に与えることは古今に例がないという。万一、朝廷の大臣らが連署した覆奏の詔書を幕府が受け取りたいのであれば、なお徹底的に先例を検討し、授与の仕方について考える必要があるといいながら、幕府が望むようであれば、その通りにことを進めてよかろうと述べられる。一応所司代の意見を確認してみたいという言葉で返答が締めくくられている。任官の手続きが未だ再興されていない状況のなかで、先例にもないことを求める幕府の対応について不満を示しながら、回りくどい語調で承諾の意向を伝えている。

小野氏が明らかにした通り、幕府の要望は最終的に受け入れられ、朝廷では詔書覆奏の儀が開催された(33)。しかし、任大臣節会は開催されず、その前後に家斉が上京して天皇を拝謁することもなかった。

[史料二]や[史料三]からは、家斉の太政大臣昇進を契機に、政通とその周辺では近世当時の大臣任命手続きのあり方と旧儀との乖離に対する意識が先鋭化していたこと、かかる意識は天皇・上皇の承認でまとめられた対幕府交渉のロジックにも盛り込まれたことが確認できる。朝廷側の同様の認識は、御礼の使者派遣をめぐる幕府との交渉過程でも現れることになるが、これについては次の（二）で具体的に検討したい。

（二）御礼使者の派遣をめぐる朝幕交渉

文政九年（一八二六）一〇月七日、鷹司家諸大夫高橋俊彦が所司代松平康任に招かれた。俊彦は康任から、太政大臣昇進に対する御礼のため、将軍の名代として「身柄」が上洛する件について武家伝奏より申し出るように言われた。

翌八日に政通は武家伝奏の甘露寺国長・広橋胤定に、太政大臣宣下に対する御礼の名代として「身柄」の上洛が可能か否かを所司代に尋ねることを命じた(34)。

国長も、同じ一〇月八日の日記に、今度の太政大臣昇進による御礼の名代として「身柄之人躰」が派遣されるかについて所司代に尋ねる書取の作成を政通から命じられたと記した。国長は翌九日に尋問書の文面について政通の検討を受け、康任に達した(35)。尋問書の文面は次の通りである。

[史料四]「国長卿記」第三二冊（文政九年一〇月九日条）

今度御昇進之儀、寛永年中台徳院（徳川秀忠）殿御上洛後被任相国候外御近例不被為有候、此度御儀御上洛不被為在事故、御礼御使身柄之人江被仰付候事哉、御所向は重き御取扱ニ候故、左候得者御都合御宜御内沙汰茂有之候、但是迚茂御例無之儀御差支有之、御近例之通御慶事之度之御使之家柄へ被仰候哉、関東御時宜令承知度候、身柄之人躰上京之事ニ候得は於御取扱方伺定、両人勘考之次第茂有之候、御治定候者早々承度、及御示談候事

武家伝奏から所司代に、以下のような内容が伝えられている。将軍家の太政大臣昇進は、上洛した後に任じられた徳川秀忠以来のことで、近い先例がない。今度は、秀忠の例とは違って将軍本人が上洛するわけではない。かかる事実を踏まえ、幕府で昇進御礼の使者として「身柄之人」を派遣する意向はあるのか。もしそうであれば朝廷では篤い待遇をする必要があるので、その準備を円滑に進められることを天皇も命じている。これは前例がないことなので幕府としても難しいであろうが、近例に準じて慶事があった際の使者を務めた家の人を上洛させることになるのか。いずれにせよ、幕府側の意向をお聞きしたい。もし「身柄之人躰」が上京するならば、朝廷側もその待遇の仕方を考えておく必要があり、それについて武家伝奏の二人が検討すべきこともある。したがって、御礼の使者の顔ぶれが決ま

ったら早速朝廷へ知らせてほしい。

先述した鷹司家諸大夫と所司代とのやりとりを踏まえると、政通が所司代に「身柄」使者の要望を示して幕府側の内諾が得られた後、武家伝奏から同じ要望を改めて伝えることを所司代が依頼し、[史料四]の尋問書が伝えられたとみることができる。つまり、この尋問書の送付は、政通と康任との相談を通じて内々に調整が終わった内容を、武家伝奏を通じて確認する表向きの形式的な手続きといえる。

この尋問書は、文言としては「身柄」使者派遣の可否を単純に確認する内容であるが、「身柄」の人が派遣されれば朝廷からは篤い待遇を行うとする。さらに、ここでも上洛の経験がある秀忠の先例と、上洛の経験がない家斉が比較されている。先例とは違って将軍本人が京都を訪問したことのない状態で太政大臣に昇るので、その代わりに、将軍の「身柄」の人を名代として派遣して御礼の気持ちを表すべきではないか。朝廷は、このように幕府を催促しているのである。[史料一―三]のなかで垣間見られる朝廷側の不満が、幕府に「身柄」使者の派遣を求める論理として用いられたのである。

次には、[史料四]でいわれている「身柄」の人の意味について分析したい。

ここで「身柄」の人の家柄は、幕府が近年の慶事の際に朝廷へ派遣している使者と区別されている。幕府が朝廷に派遣する使者のうち、毎年の年頭使は高家の旗本が務めてきた[36]。このような定例の使者ではない、臨時の特殊な案件に伴う使者派遣として、仁孝天皇の慶事に関連する事例をみよう。

まず天皇受禅後の大嘗祭開催については高家畠山義宣が、天皇の疱瘡が治ったことで高家戸田氏般が、そして皇子の降誕によって高家織田信順が派遣された[37]。文化六年（一八〇九）四月の立太子によって近江彦根藩主の井伊直中が、文化一四年九月には即位によって讃岐高松藩主の松平頼儀が、文政元年（一八一八）正月には鷹司繋子の女御入内によって彦根藩主の井伊直亮が、文政五年四月には徳川家斉左大臣転任・世子徳川家慶正二位内大臣昇進の御礼として高松藩主の松平頼恕が、文政八年九月には鷹司祺子の女御入内（繋子の死去によって新たに迎えられた）によって会津藩主の松平容敬が派遣された[38]。

［史料四］でいわれる幕府使者の近例とは、将軍家の官位昇進や天皇の立太子・即位・女御入内など、将軍家や天皇本人に関わる主要な慶事、より正確にいえば、前もって予測・準備できる性格の慶事に際し、会津・彦根・高松など溜間詰の代表的な大名[39]が朝廷に派遣されることであったといえる。したがって、朝廷が望んだ「身柄」の人とは、少なくとも溜間詰大名家のなかで最も高い家格を有するといえる会津松平家や彦根井伊家よりさらに家格の高く、将軍家に近い家柄の大名家を念頭においた表現とみるのが妥当である。

［史料四］の尋問書が送付されてから一九日後の文政九年（一八二六）一〇月二八日、康任は本人の帰府命令など幕府の連絡内容を武家伝奏二人に伝え、翌二九日には政通がこれを内覧した[40]。政通の内覧と同日に、康任は鷹司家諸大夫牧義冬を招いて帰府命令のことを伝えた。康任と義冬との間では、密事に関する談話があったともいう[41]。

この帰府命令から間もない文政九年（一八二六）一一月四日の政通は、仁孝天皇・光格上皇の御前で、翌日に予定されていた康任との面会について言上した[42]。翌五日には、康任が政通を訪れ、二人の間で面談がなされた。その内容を以下に引用する。

［史料五］「鷹司政通記草」第二冊（文政九年一一月五日条）

（前略）…此度三家・越前家上京之事彼是評義（ママ）有之由、尾・伊両人病心（ママ）、中々御名代難勤、水戸的当ニ候へとも、於関東一人無之節（カ）ハ何かハ差支も有之候間、福井城主相応歟内々示談（且取扱者寛永中上洛三分一歟云々）、答云、於京都越前守（「家」の誤りカ）上洛、格別御謝御都合歟候事、亦寛永年中三分一、是又御丁寧之到とも、何分関東御思惟次第と云々、自余談話、二時斗退出（万一身柄差支之節ハ老中ナト、別段御使ニても宜候半と噂了）

前略部分では、康任から昇進許可に対する将軍家父子・幕府役人の謝意が伝達され、朝廷構成員への支援についての議論があった。その後に続くのが、ここに引用した昇進御礼の使者選定の話である。

康任は幕府側における議論の様子を内々に伝えた。それによると、御三家・越前福井家の上京について幕府の評議がなされていた。当時の御三家のうち、尾張・紀伊藩主は病気により使者を務めることが難しい。水戸家が適当であろうが、御三家の当主（病気・留守中ではなく、江戸で正常に活動できる当主）が江戸に一人もいないと差支えがある。そのため、御礼の使者としては越前福井藩の松平家が相応しいとのことである。御礼の使者に対する朝廷側の待遇は、寛永年中（秀忠・家光までの将軍上洛の例か）の三分の一の規模ならよかろうとも付け加えられた。

これに対して政通は、福井藩主の派遣は朝廷としても喜ばしいことであり、寛永年中の三分の一という幕府の意向もありがたいと答えた。そして、もし「身柄」の派遣が難しければ、老中などを「別段御使」として派遣してもよいのではないかと付け加えた。

［史料五］によると、「身柄」の使者として念頭におかれていた大名は御三家・越前福井家の四人である。一方、徳川吉宗の治世に創設された御三卿のことには言及がない。当日の談話のうち、本史料に記されなかった内容がないとすると、御礼の使者として朝廷が望んでいた「身柄」の人とは、徳川一門の大名家のなかでも、徳川家康の子を祖とする家に限られるものと考えられよう。

さらに、政通は、以上のような「身柄」の使者派遣について幕府に差支えがあれば、正式の使者とは別に、老中などを「別段御使」として派遣してもよいのではないかとした。これに関連し、老中が朝廷へ派遣された先例を検討してみたい。

幕府老中の朝廷派遣としては、所司代交替時の引渡上京が比較的よく知られている(43)。引渡以外の老中上京としては、万治三年（一六六〇）八月、大坂城落雷破損後の普請・上方検分のついでに朝廷へ派遣された松平信綱、延宝六年（一六七八）六月、後水尾上皇の女院東福門院（徳川和子）の死により派遣された稲葉正則、宝永六年（一七〇九）七月、炎上した禁裏御所再建の造営方検分のために派遣された秋元喬知、そして正徳六年（享保元年（一七一六））二月、第七代将軍徳川家継と霊元上皇の娘八十宮吉子内親王の縁組（家継の死により、実現にはいたらない）の仕事で派遣された阿部正喬の例が確認される(44)。

上記の事例のうち、万治三年（一六六〇）の松平信綱と延宝六年（一六七八）の稲葉正則は、女院・上皇御所には行っているが、禁裏御所に参内して天皇を謁見した事実は、家譜など後日の編纂物を除いた一次史料には記されていない(45)。そして、宝永六年（一七〇九）の秋元喬知の禁裏御所参内について、時の太政大臣近衛基熙は、「凡台徳院以来、為老中有使節条今度始也…（中略）…珍重々々、嘉悦々々」と、これが徳川秀忠以降初めてとなる老中使で、非常にめでたいことという感想を述べた(46)。そして、荒木氏の整理によると、老中の所司代引渡上京は、さらに後日の享保年間（一七一六―一七三六）頃に慣例として定着したようである(47)。

つまり、所司代引渡以外の目的による老中上京は、天皇家・将軍家の婚礼に関わる事務処理、そして上方・朝廷の被災時の巡見や復旧作業など、幕府の朝廷・上方統制に関わる喫緊の臨時案件への対応に、概ね限られたものだったといえる。老中が禁裏御所に参内して在位中の天皇に謁見する、言い換えれば天皇に対する将軍の正式の使者といえる事例は、さらに稀であった(48)。

太政大臣昇進の御礼使者の話に戻る。結局、朝廷が求めた御三家・越前福井家の使者派遣は叶わなかった。幕府の表坊主であった竹尾次春（竹尾善筑）(49)が家斉の太政大臣昇進に関連する書類や風聞などをまとめて編纂した「松栄色」(50)によると、文政九年（一八二六）一二月二一日、将軍の御礼の使者として彦根藩主井伊直亮、世子徳川家慶の昇任に対する将軍の御礼の使者として桑名藩主松平定永、そして家慶からの使者として高家畠山義宣の上京が決まった(51)。彦根井伊家は、すでに将軍の御礼・慶賀使を務めた例のある家柄である。

文政一〇年（一八二七）正月四日、政通は新任の所司代水野忠邦の書状を武家伝奏から示された。井伊直亮などの使者選定を伝える内容であった。これに対する政通・朝廷側の反応はわからない。政通は同月一〇日に、武家伝奏へ差し出された幕府の書取を内覧するが、直亮らとは別に、老中を別段の使者として派遣するという内容であった。同日、政通は光格上皇にこの内容を言上し、翌一一日には仁孝天皇にも言上した(52)。そして同年二月三日、幕府は昇進による「別段之御使者」として、当時の老中首座であった青山忠裕（丹波篠山藩主）の上京を決定した(53)。［史料五］の面談で政通が提案したように、老中が別段の使者となった。しかも、大老がおかれない限り幕府役人のなかではトップといえる老中首座が、純粋に儀礼目的の使者として朝廷へ派遣されることになったのである(54)。

二月一日、老中になった康任が所司代引渡のため上京し、同五日に所司代水野忠邦と禁裏御所へ同伴参内し、政通とも面談があった。ここで、別段の使者として忠裕が上京することにも触れられた。同月一一日には、忠裕が別段の使者に決まったことが、武家伝奏を通じて改めて政通に通知されている(55)。

二月一八日の政通は、年頭使の務めと江戸城での昇進儀礼参加のために江戸下向を直前に控えていた武家伝奏二人と面会した。武家伝奏らは政通に、別段の御礼使に対する朝廷の待遇が、文政八年（一八二五）の老中水野忠成の引渡上京の際における待遇に準じてなされる予定なのか、もし相違があるなら知っておきたいという所司代からの書取を示した。文面としては質問であるが、やはり、忠裕に対する朝廷の待遇が忠成の先例に劣らないことを求めることが幕府側の真意だったであろう。政通は天皇・上皇に相談したうえで、同月二四日に返事を送った。忠裕は先年の忠成とは違って所司代を務めたことがある人なので、直近の老中上京である康任の引渡上京のときにおける待遇に準ずるべきであるが、今度はさらに格別な使者なので待遇も異なるであろうという内容であった(56)。

小括

以上、第一節では、朝廷が幕府に、将軍徳川家斉の昇進御礼として破格の使者派遣を求める背景、そして朝幕間で交渉がなされる経緯を検討した。

家斉の太政大臣昇進は、大臣任命手続きの現状と旧儀との乖離が朝廷内で意識される契機でもあった。関白鷹司政通とその周辺では、上洛して天皇に謁見したこともない将軍を太政大臣に任じることへの抵抗感があり、かかる認識が幕府との交渉にも反映された。

朝廷は幕府に、「身柄」の人を派遣することを求めた。「身柄」の人とは、すでに儀礼目的の幕府使者として朝廷へ派遣された先例がある彦根井伊家・会津松平家を上回る家格の、徳川将軍家に近い血筋の大名、さらに具体的にいえば、徳川家康の息子を祖とする御三家・越前福井家のことと判断される。

「身柄」御礼使の要望は、関白の意向を受けた武家伝奏が所司代に伝えるという表向きのルートを経るより前に、まずは政通と所司代との間で内々に協議された。政通と所司代が武家伝奏を経ずに直接交渉する様相は、家斉の昇進要望をめぐる交渉過程においてもみられることである(57)。

政通と所司代との交渉では鷹司家の家来が連絡役を務め、密事に関する議論まで預かっている。所司代松平康任が自身の帰府命令を朝廷側に伝える際にも、武家伝奏を通じた書取の伝達と、鷹司家の諸大夫を通じた関白への伝達が別々になされた。

朝覲行幸再興の希望を述べた書取も、鷹司家の家来を通して所司代に送られていた(58)。政通は同じ書取を武家伝奏にも示しておいたと記したが、同じ頃の武家伝奏甘露寺国長の日記に、この書取を含む朝覲行幸のことには言及されていない(59)。当時の国長には、朝覲行幸再興のように、朝廷から要望が示されたばかりで、幕府の承認が得られていない案件(60)については、武家伝奏としての職務内容を記録する御用日記に記すべき案件ではないという感覚があったのではないかと思われる。

一方、所司代の交替によって京都で所司代が空席であった時点において、幕府と政通との連絡は専ら武家伝奏を通じて行われたようである。したがって、武家伝奏を経由しない関白と所司代との連絡は、制度化された手続きというよりは、個々の所司代と関白との関係性に左右された側面が強かったのではないかと考えられる。

次節では、青山忠裕の上京と朝廷の対応過程をみていきたい。

第二節　青山忠裕の上京と朝幕双方の情勢認識

（一）青山忠裕に対する朝廷の厚遇と武家社会での反響

文政一〇年（一八二七）二月一六日、朝廷で徳川家斉への太政大臣宣下と徳川家慶への従一位昇任を定める陣儀が開催された。同年三月一八日には下向した朝廷の使者が家斉の昇進を告げる詔書と宣旨、そして家慶の昇任位記を伝達する儀式が江戸城で行われた。同年五月に、井伊直亮・松平定永などが、将軍の御礼の名代として上京した。別段の使者となった老中青山忠裕は六月二一日に京着、閏六月一日に所司代水野忠邦と同伴で禁裏御所に参内し、仁孝天皇に謁見する。同四日には同じく所司代同伴で修学院を拝観した。翌五日には再び所司代と同伴参内するが、当日には御学問所の南庭で蹴鞠が開催され、仁孝天皇との対面があった(61)。

忠裕が朝廷で受けた待遇について、故実家松岡辰方の備忘「拾砂集(62)」には、次のような記録が収められている。

［史料六］「拾砂集」第六七冊（丁亥十）

青山下野守（忠裕）殿為御使御上京

閏六月一日御参内、所司代同道、河原町御旅館五半時御出門、施薬院ニ而御装束被改、九ツ半時比御参内、八半時比天盃頂戴相済、

但、如此早く相済候事古今無之事之由、全御老躰御いたわり、◦手間為取不申様ニとの◦臨期之叡念ニ付而之由、尤天明炎上之節早速笹山（篠山藩）ゟ御上京有之、其後所司代御勤、此度御使御勤之義格別ニ御したしミの訳を以惣而御厚キ御取扱之由、

…（中略）…

同四日修学院拝見被仰付、明七ツ時出宅、明方ゟ所々拝見、八ツ時比相済、御茶屋ニ而御提重先年関東ゟ被進候御品被下、所司代同道、

但、一昨年出羽守（水野忠成）様ニハ御願被成御拝見、此度は従御所拝見之義被仰出

閏六月一日、忠裕は午後の九ツ半時頃に参内したが、仁孝天皇からの天盃頂戴は八ツ半時頃に済んだ。これは高齢の忠裕（当時数え六〇歳）に対する天皇の配慮という。丹波篠山の藩主である忠裕は、天明八年（一七八八）の京都大火の際、迅速に上京して天皇の警衛を行った功績があるともいう[63]。忠裕は所司代に在職した経歴があり、天皇が格別な親しみをもっているともされる。文政八年（一八二五）の老中水野忠成の所司代引渡上京の際には忠成からの願いで修学院拝見が許可されたのに対し、忠裕の修学院拝見は、朝廷の方から先に仰せ出されたものともいう[64]。

修学院拝見の翌日である閏六月五日に禁裏御所で行われた蹴鞠御覧・天皇対面について、当時の禁裏御所の近習小番衆[65]の一人であった勘解由小路資善は、次のように記した。

［史料七］「資善卿記」[66]第一冊（文政一〇年閏六月五日条）

関東使青山下野守（忠裕）・水野越前守（忠邦）同伴参内、賜酒饌、蹴鞠御覧等御献御用参侍、於御学問所蹴鞠御覧、関東使拝見、

於御学問所御対面、希代之事也

忠邦と同伴参内した忠裕は、御学問所で公家衆の蹴鞠を拝見し、天皇と対面したという。資善は、御学問所での対面が希代のことと評価している。

文政一〇年（一八二七）五月一五日に参内した御礼の使者井伊直亮らは、小御所で仁孝天皇と対面した(67)。文政八年九月二八日、女御入内を慶賀する使者として上京した会津藩主松平容敬の参内時にも、小御所で天皇との対面がなされた(68)。下橋敬長『幕末の宮廷』には、「例月一日、五節句に、摂家、大臣、親王さんが御参内になります…（中略）…御学問所におきまして、御上と御対面になる…（中略）…お公卿さんなどの御対面は、御学問所でございますが、大名の御対面は御学問所ではありませぬ、小御所で御対面であります」と(69)、公卿・親王は御学問所で天皇に対面するが、大名の対面は御学問所ではなく、小御所で行われたと回顧されている。通常の御礼・慶賀の幕府使者との対面が小御所で行われたのに対し、忠裕には、天皇の居住空間である常御殿により近い御学問所での謁見が許されたのである。

故実家辰方が「拾砂集」に収めた書類（[史料六]）で、閏六月四日の忠裕の修学院拝見は、文政八年（一八二五）に所司代引渡のため上京した忠成の例と比較されている。関白鷹司政通も、同日の日記に「修学院御茶屋拝見、老中・諸司代《ママ》賜菓子・酒、武伝参向、同如昨《ママ》年水埜出羽守（忠成）」といい、忠裕の修学院拝見を記すにあたって忠成上京の先例を思い出している(70)。表坊主竹尾次春が編纂した「松栄色」にも、忠裕に対する朝廷の待遇を忠成上京の先例と比較する論説がある。

[史料八]「松栄色」第九冊落葉巻

青山水野両氏在京之分正《ママ》

去年出羽守（水野忠成）殿上京の時と今年下野守（青山忠裕）殿上京の節と御所の御取扱御懇の厚薄殊に多し、下々にて其訳柄をしらずして猥に衆評するに及び、中にハ羽州公ハ京にてハ御不首尾なりなどいへり、是物を知ざるが故なり、先野州と羽州にて御所に御訳柄のあるを申さば、下野守殿ハ丹波国笹山の城主故、平日京都近鎮の衛職なり、故に天明の末洛陽大火の節も半年余も在京鎮衛せらる、是於御所御親懇の一（羽州無之事、下同）、所司代職数年勤労せられけれバ、於御所御馴染所被思召也、是二、所司代御引渡として執政之後被上京、是久敷在京以後目出度被拝龍顔之事、於御所茂御随悦可被叡感之事、是三、今度之御上京表立而之御使也、於御所御会釈尤御厚御深切所可被遊也、是四、於仙洞而は数十年余之御懇臣、於禁裏御所は御降誕以来所被知召之重臣也、旁以不可混他臣之儀也、羽州公は右之五事無之、漸く御引渡之一事なれハ…（中略）…然処世人右様之訳柄不存之、猥に野州・羽州之御上京ニ付、於御所勝劣等有之抔申、殊ニ羽州被在洛之時古今御伝授等ニ而御同遅有之所抔種々評談致事不宜之申分なれハ、上件の旨趣聊其梗槩を述るのミ、

近江国膳所・水口・大和国郡山・山城国淀・丹波国亀山・笹山等、是迄近京鎮衛之職也

次春は、文政八年（一八二五）の忠成と今度の忠裕に対する朝廷の待遇の差について、忠成の使者の務めは首尾がよくなかったなどとの衆評があることを受け、以下のような意見を示した。忠裕は篠山藩主であり、天明の大火の際には上京して朝廷の警護を行った功績がある。また、忠裕は忠成とは違って所司代在職の経験があり、老中就任後にも所司代引渡上京で再び天皇に謁見する機会があった。そして今度の上京は幕府の表立っての御使であり、朝廷でもそれ相応の厚い待遇をしたところである。光格上皇にとって忠裕は数十年来の懇ろの臣で、仁孝天皇としては、かかる重臣を初めて迎える機会である。一方、忠成と朝廷とはそのような接点がなく、所司代引渡のため初めて上京したのである。次春は、このように忠裕が忠成より厚遇された理由を書き並べたうえで、忠裕と忠成が受けた待遇の優劣

を比較すること、特に忠成の在京時における古今伝授の遅さなどについて種々の評談がなされることはよくないと述べた。篠山藩に加え、近江の膳所藩・水口藩、大和の郡山藩、山城の淀藩、そして丹波の亀山藩が「近京鎮衛之職」にあたるとも付け加えた(72)。

第一節の後半でみたように、幕府は、御礼の使者派遣をめぐる朝廷との交渉でも忠成の先例を意識していた節がある。当時の老中首座は忠裕であったが、貨幣改鋳や家斉の縁戚大名への優遇など、同時期の幕政を特徴づける政策の実行過程で忠成の役割が大きかったことも(73)、忠成を巻き込んだ形で種々の評談が生まれた理由と考えることができよう。

江戸の儒学者松崎慊堂(74)の日記『慊堂日暦』の文政一〇年（一八二七）八月一四日条には、忠裕が上京した際の「京童の謡」として、「なり渡る、けしき程にも、なかりけり、夕立晴れし、四方の青山」と、青山忠裕の上京を夕立後に晴れた山の風景にたとえた歌を書き留めている(75)。忠裕の使者派遣が京都でも話題となり、その状況に再び江戸の学者から関心が寄せられていたのである。

平戸藩の隠居松浦静山による『甲子夜話』の文政一〇年（一八二七）中の記事にも、忠裕の上京に関する以下のような随想が載っている。

［史料九］『甲子夜話続篇1』(76)

或人云、今夏笹山侯《青山忠裕》使命を奉じて京に赴れしとき、彼方にて恩賚ありしことは人知る所、さて頃日聞くに、彼地出方前、院御所へ罷出られし時、女房を以て内々の御沙汰ありしは、天明中内裏炎上の砌、所司代在京せず、殊に御手薄なる時節の所、折ふし侯《忠裕》在邑なりしかば、笹山より早乗にて越され、鳳輦を守護して事無く御立退ありしを、今に忘させ給はず、其後所司代職をも勤められ、此度又奉使西上せらるゝこと、彼是と云、御馴染き《ママ》人也

> と思召さるゝ御噂の由なりとぞ、かゝる綸言を内々ながらも蒙らるゝは、何にも規摸（ママ）なることどもなり
> 附て言ふ、天明災のときは亀山よりも松平紀伊守（松平信道）乗つけたり、里程近き故に、亀山侯は夕七時頃著到にて、笹山は夜五頃著到なりしと云、それゆゑ亀山は緩りと供奉の手当も出来しが、笹山は到著直に御立退となりし間、万事不調なりきと云、是は道の遠近、拠無きことなれども、亀山は早く歿せるを以てその功煙滅す。笹山は老に至り顕位に在ればぞ、かゝる規摸（ママ）にも逢ふなる、寿夭修短は天命と雖ども、亦幸不幸の異有る者也

静山はある人から、忠裕の出京前に光格上皇から女房を通じて次のような言葉が伝えられたことを聞いたという。天明の大火のときには所司代が不在であったが、領地の篠山にいた忠裕が駆けつけて天皇を護衛した功績があり、後日の所司代在職の経歴などもあって、忠裕に親しみをもっているとの内容である。これについて静山は、実は天明の大火時における朝廷警護の功績は、京都との距離が近くて早く到着した亀山藩主松平信道の方が大きかったが、信道が早世したことで、忠裕の功績が目立つようになったとの感想を述べている。

政通の日記によると、閏六月七日、忠裕が出京の暇乞いで参院の際、光格上皇から、その在位中に所司代を務めた忠裕が再び上京したことをめでたく思うという別段の伝言があった。翌八日の記事には、二日前の六日に忠裕へ女房奉書が出されていたともいう[77]。朝廷が忠裕を厚く待遇し、その理由として過去の朝廷との接点を取り上げたという［史料九］の伝聞は、概ね事実とみることができよう。

別段の使者として上京した忠裕に対する朝廷の待遇は幕府・武家社会で広く話題になり、天明の大火での対応や所司代在役の経歴、京都の警備において領地の所在がもつ意味など、朝廷と諸大名家との関係性が改めて考察される契機にもなったことがわかる。

（二）朝幕融和をめぐる双方の関係者たちの認識

青山忠裕の上京をめぐる以上の言説では、幕府の使者として派遣された大名が朝廷から受けた待遇、そして彼らと天皇・朝廷との接点が論点になっている。その言説の当事者らは、基本的に天皇・朝廷の安定に対する武家社会の寄与と朝幕融和の意義を重視する認識のうえに立っているといえる。

しかし、将軍の太政大臣昇進と御礼の使者派遣が朝幕融和を強化する一面的な結果につながったわけではなかった。本項においては、御礼使者の派遣について朝幕双方の関係者の間で示されていた、（一）とは違う角度からの認識を検討することで、この出来事が当時の朝幕関係においてもつ意味を考え直したい。

忠裕の上京について、故実家松岡辰方の備忘「拾砂集」には次のような覚書が収められている。

［史料一〇］「拾砂集」第六七冊（丁亥十）

青山下野守殿御上京之節被仰入
中和院御造営
朝覲行幸
賀茂両社御幸
御蔵米堂上増米
無禄官人江被下米
神祇官御再興
後光明帝

慶安四年二月廿五日朝覲行幸　同廿九日還幸、

明正院

寛永　同上

忠裕が上京した際に、朝廷側は、中和院の造営、朝覲行幸の再興、上・下賀茂社への御幸、蔵米取公家衆への増米と無禄官人への給米、それに加え、神祇官の再興を求めたとのことである。そして要望事項の一つである朝覲行幸実施の近い先例が記されている。

江戸の故実家の備忘に収められた上記の伝聞情報は、どこまで信頼できるものであろうか。

一点目の中和院とは、天皇の親祭に使われる神嘉殿を正殿とする平安大内裏内の区域である。神嘉殿は、すでに光格天皇の在位中に復古されていた(78)。本史料の内容は、当時の神嘉殿を、平安大内裏の中和院、つまり、東舎・西舎・北殿などの殿舎が揃い、互いに回廊でつながっていた形(79)に復古したいとの要望と理解される。二点目の朝覲行幸の再興は、本章でもたびたび触れた朝廷の要望なので再論しない。三点目の賀茂両社御幸とは、文政七年(一八二四)に上皇の修学院御幸が再興されたように(80)、上・下賀茂社への上皇の御幸を再興したいとのことであろう。四点目の蔵米取公家衆への増米と五点目の無禄官人への給米のことは、前年から政通と所司代との間で議論されていた朝廷構成員への支援問題(〔史料五〕の前略部分など)の延長線上で理解できよう。六点目の神祇官の再興とは、その言葉通り、名目のみ残っていた神祇官を、古代朝廷の神祇官のように実際の組織・権限を有する官司として再興する構想ではないかと思われる。

以上のような朝廷の要望は、当時としては驚くほど唐突なものであり、俄には信じ難いが、その一部は他の史料からも傍証できる。まず御幸の実施については、当時の朝廷内に光格上皇の御幸を拡大する構想が確かにあったと思われる。辰方に届いた地下官人藤井総博の書簡には、所司代が今度帰府する際に、光格上皇の石清水・春日社御幸の案件を持ち帰るとの風聞があると述べられているからである[81]。

総博は官方の地下官人であり[82]、京都で衣紋・有職家として知られていた[83]。文政一〇年（一八二七）頃にまとめられた「拾砂集」第六四冊[84]にも、その前年に出されたと思しき総博の書簡が収められている。家斉の太政大臣昇進の儀が来年の春に行われるとの予測や、朝覲行幸再興の推進、そして久我建通の従三位任叙の情報など[85]、ここに言及される朝廷の内情はかなり正確なものである。下橋敬長の回顧によると、総博は「装束を着けることの名人」との理由で、衣紋の宗匠高倉家からその才能を認められていた[86]。高倉家では、高倉永雅が文政九年（一八二六）当時の院評定であり、翌文政一〇年からは院伝奏になる。言い換えれば、永雅は光格上皇の仙洞御所組織の主役であった[87]。総博は衣紋の組織のつながりで、永雅から朝廷の内情を伝聞したのではないかと思われる。

増米・給米など、朝廷構成員への支援拡大に関する要望が在京中の忠裕に提起されたことも傍証できる。文政一〇年（一八二七）二月一日、老中になった松平康任が所司代引渡のため上京し、同四日に参院して院伝奏と面談した際、前年一一月五日の面談で政通が要望した支援については老中使のときに措置があるはずだと述べた。その後、政通は家司に命じて康任に書状を送るが、その内容は「密義《ママ》」なので省略したと記す。翌二月五日には康任が参内し、政通とも面談した。ここで前年の面談の件が再び議論されたが、これについて康任は、当秋に忠裕が上洛すれば万事の沙汰があるはずだと述べていた[88]。なお、神祇官の再興については、生前の光格天皇にその願望があったことを後日の三条実万が回顧している[89]。

以上のような諸々の情況証拠からすると、［史料一〇］の信憑性は、大雑把には認めることができる。文政一〇年（一八二七）の朝廷は、家斉の太政大臣昇進許可の見返りとして、普段は幕府側に言い出すことが難しいものを含むさまざまな要望を提起したのである。文政一〇年閏六月一日、忠裕は上京後初めて参内した。同日の忠裕は鷹司邸にも訪れ、将軍昇進の謝意・贈物進呈を行い、それに続いて政通との間に用談があったが、その内容は密儀なので省略する、と政通の日記には書いてある(90)。［史料一〇］のような要望は、こうした密談の場で示されたのではないかと推測される。

朝廷側は、この機会にこれらすべての要望を叶えたかったというよりも、沢山の要望を言い出しておけば、その一部は実現できる可能性があると見込んでいたのではないか。現に、［史料一〇］に含まれている朝覲行幸の再興は、後日幕府から受け入れられている(91)。朝廷が上京した忠裕を優遇したことには、幕府役人のトップである忠裕と良好な関係を築くと同時に、要望実現のため圧力をかける意図があったのではないか。

ただし、朝廷の雰囲気は、専ら忠裕の上京を歓迎するものでもなければ、要望を実現する好機として利用したいというものでもなかった。禁裏御所の近習勘解由小路資善は、忠裕が江戸に帰った後、烏丸家を訪問した(92)という記事の後に、次のような文章を残している。

［史料一一］「資善卿記」第一冊（文政一〇年閏六月二六日条）

去朔東使入朝之日、紫宸殿甍瓦崩過半、聞、狐穿甍中、出栖鳥、因壊崩、前日白（昼）中、面見狐遊于甍上、吁、野狐栖穴中者也、而遊魏々殿甍、不如何《孽祥》何臣以為、高宗時有飛雉升鼎耳而雊、以可類之、惟天儆任徳河（ママ）氏相国歟

この文章によると、忠裕が参内した閏六月一日、紫宸殿の葺き屋根と棟の間の甍瓦《ぼうが》が半分以上崩れた。その甍《いらか》のなかをねぐらにしていた鳥をキツネがえぐり出したのが原因といわれた。すでに前日の真昼、キツネが紫宸殿の屋根の上を徘徊するところが目撃されていたともいう。そしてこの出来事が、殷王朝の高宗（武丁）が湯王を祭る際に雉が飛んできて鼎に座ったことについて、高宗の息子祖己が、祖先を祭ることだけに力を注がず、民のことを慮る必要が

あると諫言したという『書経（尚書）』の伝承[93]に類するものではないかと述べられる。[94]ここで資善は、徳川家の太政大臣昇進に対する天の戒めを意味するという感想を加えている。

この文章は、その内容としても、そして古典漢文の表現に近い文体の面でも、同日記における前後の記事とは異質であり、その執筆経緯は明確ではない。紫宸殿の屋根云々の出来事の真偽もわからない。ただし、家斉の太政大臣昇進を、将軍家の覇権を批判する契機として受け止める雰囲気が朝廷内に存在したことを象徴的に示していることは確かにいえる。漢籍の故事を用いて将軍家の覇権を批判している資善は、天保七年（一八三六）から仁孝天皇への経書講義を担当し、仁孝天皇の没後には天皇生前の「御同学」と評価されてその諡号の考案に参画し、また天保一三年（一八四二）から本格化する教育機関の設立でも重任を果たすことになる。[95]

次には、御礼使者の派遣をめぐる幕府側の認識を検討したい。竹尾次春「松栄色」によると、忠裕が別段の使者に選定されたことには以下のような経緯があった。

［史料一二］「松栄色」第九冊落葉巻

御使に付而の御内沙汰

相国ハ一人の師範、四海の規範なれバ、今度宣下の後、紀・尾の御内御壱人か田安殿を以、御内礼可被仰進旨御内々御沙汰もありて、右の家々にても含ませられしを、或人内奏せられしにハ、凡関東と花洛とハ表裏の御趣意ありて、諸大名を直に上洛させられす、任叙をはじめ悉く関東の命を経てのち御奉書を以被仰達の上、使者を差遣する事なり、今度重き家々の方を以て御所への御使ハまたく因を結ばるゝの元基となり、末〳〵いかなる御内文《（ママ、分カ）》の御沙汰あるまじきとも定かたし、とにもかくにも御内礼の御使は三家三卿をのぞかれ然るべしと云々、是により何となく下野守殿と定められしとなむこの伝聞によると、御礼の使者としては、御三家の紀州・尾張家、あるいは御三卿の田安家を派遣してほしいという意向が朝廷から内々に示され、幕府は朝廷の意向を紀州・尾張・田安の各家に伝えていた(96)。

そこで、ある人が以下のような意見を提起したという。幕府と朝廷は表裏の関係にあるとする政治方針があるため、大名が自らの判断で上京して朝廷と接触することは許されず、武家官位の叙任をはじめ、すべては幕府が実質的な許可を下してから天皇が形式的な奉書（女房奉書のことか）をもって通達し、その後に叙任御礼の使者などが上京できるとのことである。今度、御三家・御三卿など重き家格の大名を使者として朝廷に派遣することは、彼らと天皇が直接の関係を結ぶ原因となり、後日、朝廷から彼ら大名家に対し、内々に何かしらの指図をすることが起こらないとも限らないため、御礼の使者として御三家・御三卿を上京させることは、とにかく望ましいことではないと主張したという。このような主張を受け、幕府の方針は老中の忠裕を上京させることへと「何となく」変わったと次春は記す。

次春は表坊主であり、江戸城の給仕役として内密な情報の入手が容易であった(97)。［史料一二］で記されたような主張が、幕府内部の議論の過程で実際に提起されていた可能性は少なくない。仮にこれが次春の創作としても、少なくとも江戸城の表坊主が朝廷の要求をそのように受け止めていたことは変わらない。朝廷から提起された使者派遣の要望に対応するなか、徳川一門の主な大名と朝廷との間で幕府を介さない結びつきが強化されることに対する懸念が表出されたのである。

次には、朝廷に対する幕府の金銭的な謝礼をめぐる当時の評判を検討したい。幕府は御礼使者の上京に際し、仁孝天皇と朝廷構成員たちに多額の金品を贈呈し、光格上皇と関白鷹司政通については毎年の支援を増額するなどの形で謝礼をした(98)。次春は、幕府の謝礼について以下の二つの文章を書いている。

［史料一三］「松栄色」第九冊落葉巻

両御所御再栄之訳

今春御昇進・御位階ニ付、凡関東ゟ京江被進之御品々、両御所ハ勿論、公家衆一同、其外宮・門跡・女房・地下に至る迄金銀・時服・巻物等の御品、大よそ八九万両余なり、承久以後帝運漸く傾き、武功海内を静平す、次第〳〵に皇日光を失ひ給へる事数百年…（中略）…しかるに慶・元以後、東照宮御賢明の台慮より清く十七章を新裁させられ、供御の料田を進献なし給ひし…（中略）…依之一天泰安四海昇平、当二此時一帝運昭穆、可不恥往統に処、今年の御盛昇、鳳雛も秋相を惜ミ、鸞麟も市中に遊ぶべし、相継る御使にハ、花洛繁栄を競尽し上下整正の美列を壮観すべし、かゝる御代に相生せる都鄙の群民、仏談に所謂優曇鉢羅華、盲亀遇穴のたぐひにあらずや、柳桜を挿頭し詠歌の古世といへども何ぞ同日の昇平なるべきや、たゞ鼓腹し康哉を唱ふのミならず家々すべて陶朱の富にあつかる思ひあるべしとうらやむハたゝ東武の生民なり、人間万事塞《サイ》翁が（「馬」脱カ）と語るべき時といふべし

東西栄枯の姿別

京師すでに上のごとく数万の金玉若干の服飾さゝぐる所は、御所を始め堂上・地下なりといへども右の金帛にて平生の困苦を凌払あるべければ、其財散ハ都鄙億民にあるへし、喜色紅霞にひらき、悦声緑樹に伝ふべし、かゝる目出度御代に生れ逢奉れる男女の宿因いかゞぞや、都ハかく花の袖つらぬべき時なれど、東の方にてハ、諸大名ハ、諸家への御引移の献進やむ年もなく、御昇進の御樽肴、借財の利を倍し、麾下の諸士ハ当番加成（ママ）の庸賃をまし出仕、恐賀の衣服を愁ふもの多し…（以下略）

次春の文章は、彼の僧侶時代に得られた知識の反映と思われる漢籍・仏典や文学書由来の比喩が頻繁に用いられて

おり、論旨も二転三転している煩雑なものである。そのため、解釈の順番を適宜変えながら、論旨の部分に絞って内容を検討したい。

次春は、家斉昇進の謝礼として、幕府から天皇・上皇・堂上公家・親王・門跡・地下官人など朝廷構成員へ贈与された金品がおよそ八―九万両に上ると述べる。公家・地下官人たちにとっては、平素の困窮を解決できるようなものであり、多額のお金がばら撒かれたうえで幕府使者の上京も続いたため、京都の庶民経済も潤っているとする。雅な古の世も凌ぐような繁栄ぶりで、非常に稀なことであると次春は評する。一方、関東の武家社会では、家斉の子女が縁組すると、縁組先への移住に伴う祝儀を毎度出さなければならず、将軍の昇進による贈呈品もあって出費が増え、借金が嵩んでいる。江戸の藩士たちは儀式の参加や礼服調達の費用に悩む者もあり、関東の民は京都の繁栄を羨んでいる。天皇家は承久の乱の頃から徐々に衰微したが、家康が一七箇条の禁中並公家中諸法度を制定し、また天皇のために領地を宛がうなど、武家の力で漸く朝廷が回復して天下泰平が到来した。そのことを考えると、昨今の京都と江戸の状況は、まさに人間万事塞翁が馬ともいえるものである。

家斉には多くの子女があり、その縁組先となった大名家を優遇したことは先行研究で知られている(99)。[史料一三]では、かかる家斉の積極的な婚姻政策が、祝儀などによる財政負担を武家社会に招来しているという認識が示される。家斉の太政大臣昇進に伴う負担もその延長線上で論じられる。家斉の政策基調により経済面で恵まれる朝廷と、却って負担が重ねられる武家社会の状況が鮮やかに対比される。

次は、別の案件になるが、朝廷との関係維持に伴う財政負担をめぐる幕閣の一部の認識を示す史料を取り上げたい。水戸藩主徳川斉昭は天保五年（一八三四）、山陵（古代天皇陵）の修復を幕府に建議し、幕府の事情が難しければ水戸家で工事を受け持つか、あるいは幕府から御三家・譜代大名たちに費用を負担させることを提案した。以下、斉昭の修陵建議を却下する老中大久保忠真の同年一二月一九日付の返信の一部を引用したい。

［史料一四］徳川斉昭宛大久保忠真書簡(100)

夫々無残処御熟図被為在候段は幾重にも感伏之御事奉存候へ共、御宗室に而無御構を乍憚三親藩にて飛越御取建、又御費用可被差出と申筋も無之…（中略）…享保に而御改革、万事被省略新規之義は尚更被止候、夫にてさへ又段々ものは廉多に成行候事に付、成丈け再度難止事は被除置度、此一事は善尽し候而も余事さらに対し兼、又京師よりは廉々被仰進候事も無限候得は、先ツ済来候まゝに而も無難候処、新に事を招候処も候得は彼是と可然御請も仕兼候

忠真は、相当強い語調で斉昭の提案を拒んだ。忠真は、徳川宗家が特段の措置をとらない案件について御三家が先に動き出し、費用などを出すとのことは筋が通らないとする。かつての享保の改革でも、できるだけ節約し、新規の支出を抑制したところ、それでも出費するところは段々増えてきているため、再度止め難いことは、なるべく最初から始めるべきではないと主張する。しかも、朝廷からはさまざまな理由で幕府に支援を求めてくることが跡を絶たない状況であり、山陵については従来のままでも問題ないところ、幕府の方から動き出すことになれば、朝廷から彼是と要求することに対応ができかねるはずであると、忠真は述べている。

次春や忠真の認識からは、体制危機の打開策として朝廷尊崇の強化を唱える主張が武家社会で台頭する一方で、跡を絶たない朝廷の要望に対する疲労感もたまっていたこと、そして幕藩権力にとって、朝廷との友好関係が財政基盤の維持と矛盾する側面をもっていたことがわかる。

小括

幕府が別段の使者として派遣した老中首座青山忠裕を、朝廷は格別に待遇した。これは武家社会でかなり話題となり、大名と朝廷の接点について関心が高まる契機にもなった。

朝廷は忠裕を優遇する一方、幕府に対してかなり無理な要望を提起していたようで、将軍の太政大臣昇進に批判的な声も出ていた。一方、幕府側では、徳川一門の主な大名が使者派遣を契機に朝廷と直接つながる可能性への懸念、朝廷との関係維持による莫大な費用支出に対する批判、跡を絶たない朝廷の要望に対する疲労感があった。

つまり、朝幕関係の友好が大々的に演出されたことは、朝廷・幕府の関係者たちの間で、現状への批判にとどまらず、相手への警戒心が表出される契機にもなった。かかる形の友好関係は幕府・武家社会の財政負担が重なることにより可能となるもので、体制が直面した問題の解決とは矛盾することを、幕府の関係者たちは認識していた。

おわりに

本章では、現職将軍としては日本史上初めてとなった徳川家斉の太政大臣昇進による御礼の使者派遣を素材として当時の朝幕関係の展開を検討した。以下、本章で明らかにしたことを「はじめに」で提起した論点に即してまとめ、若干の展望を示したい。

一点目に、本章は、当時の朝廷・幕府関係者の情勢認識と相互認識を、御礼使者の派遣とその待遇をめぐる朝幕間の交渉過程に即して詳細に把握することができた。

家斉の太政大臣昇進を認めた朝廷は、将軍名代の御礼使者として、御三家など徳川一門の主な大名を派遣することを幕府に求めた。幕府はこの要望を受け入れなかったが、その代わりに老中首座青山忠裕が別段の使者として上京することになった。朝廷は忠裕を厚遇したが、一方で、かなり唐突な内容を含む要望を忠裕に示したようである。

小野将氏は、幕府の大学頭林述斎が朝廷の歴史的権威を「ア・プリオリに認め」ている一方、幕府が関わる儀礼を常に「略儀」に済まそうとする「京都之仕癖」に対しては批判的であったことを指摘した(101)。幕府関係者にとって、抽象的・観念的な次元の朝廷権威と、現実に存在する朝廷とは別個のものであったのである。考えてみれば当たり前のことかもしれないが、現実の朝幕関係の友好とは、絶えざる駆け引きと取り引きのなかで成り立っていたことを改めて指摘しておきたい。

すでに異例の官位昇進を遂げていた家斉の更なる昇進希望は、朝廷の方で、任大臣節会の開催や大臣補任者の在京問題など、朝廷の旧儀と当時の状況との乖離に対する問題意識を喚起させ、幕府への不満を招いた側面がある。かかる不満が破格の御礼使者を求める論理へと発展している。

上京した忠裕に対する朝廷の優遇は武家社会で話題となった。同時に、朝廷との友好関係に伴う莫大な経済的負担について批判的な言説も生まれた。家斉の太政大臣昇進と御礼使者の朝廷派遣は、政治的な友好関係の演出が集団内部の消耗を伴い、内部の矛盾が浮き彫りになる契機でもあることを示す事例といえる。相手との関係に潜在した根本的問題が意識され、相手への警戒心が呼び起こされる契機になりうることを示す事例でもある。

もっとも、文政期の朝幕間にみられる駆け引きの様相や相互の不満・不信感の存在が、融和の側面に注目した先行研究の朝幕関係像を根本から否定するものではない。自らの利害を貫徹するための熾烈な駆け引きと取り引き、その意識の根底にある相手への不満や不信感の存在は普遍的な現象であり、政治的な意味での友好関係とは、かかる要素を包括したものともいえるからである。

朝幕関係の展開やそれをめぐる言説の検討にあたって本章が注目した部分が、本章「はじめに」で二点目の論点として提起した通り、大名家（藩）の存在がもつ意味である。

幕府関係者の間では、朝廷からの使者派遣要望について、御三家など重い家格の大名と朝廷との結びつきに対する懸念が表出されたようである。忠裕が別段の使者として派遣されたことは、朝廷に一定の誠意を示す必要と、かかる懸念の両方を考慮したうえでの妥協策と評価できる。

ただ、朝幕関係の友好が概ね朝廷の権威と幕府の金品を交換することで演出される以上、武家側の経済的負担は、将軍家・諸大名家の家臣団に属する武士層はもちろん、その支配を受ける幕領・私領の領民たち、言い換えれば日本全国に転嫁されることは看過できない。各大名家が軍事・行政の面で一定の自立性を保つ体制下で、幕府にしてみれば、朝廷との友好を演出するために大名家の力に頼ることにも躊躇と限界が伴われた。本来なら統治権力の強化に働くべき朝幕関係の友好の演出が、財政状況の悪化という状況下では、ほかの政策方針と矛盾してしまうのである。佐藤雄介氏は、近世後期における朝廷財政の検討から、文政・天保期までの良好な朝幕関係[102]がその後の時代になると通常の関係に戻り、武家伝奏三条実万など朝廷側の人々にとっては、これが関係悪化のように認識されたと論じた[103]。家斉在世時における朝幕関係の展開が後日の歴史においてもつ意味については、かかる指摘を踏まえて考察を深める必要がある。

本章の「はじめに」で提起した三点目の論点は、朝廷内の諸主体の役割に注目して朝幕間の交渉過程を明らかにすることであった。特に、当時の関白鷹司政通の役割について理解を進めることが課題であった。

政通は当初、幕府の使者選定について、武家伝奏を経由せずに所司代と直接やりとりして議論を進めた。かかる動向は、幕府から持ち込まれた家斉の昇進希望をめぐる交渉過程[104]とも通じている。新しい要望を最初に相手側に言い出す段階においては、関白と所司代が内々に話し合って協議を進める。この内々の協議では、政通の家来もかなり重要な役割を与えられる。要望自体について朝幕双方の合意が成立すると細部の調整が始まるが、この段階から武家伝奏の関与が本格化する。関白・武家伝奏の役割が、段階に応じて分担された形になっている。

村和明氏は、近世の朝幕交渉のあり方に着目し、下交渉の場ができて既存の交渉が形骸化し、さらにその下交渉の場ができて、もとの下交渉が形骸化するということが近世社会の交渉パターンであると論じた(105)。非常に重要な指摘である。ただし、武家伝奏の職掌の問題に限っていえば、近世後期のそれが形骸化したとは必ずしも言えない。武家伝奏を経由しない政通・所司代間の協議は、その所司代が任期を終えて京都から離れるといったんは姿を消し、幕府からの重要な連絡事項が武家伝奏を通じて政通に伝達されているからである。したがって、少なくとも政通の時代において、関白・所司代間の直接交渉の仕組みは政通が個々の所司代と私的に築き上げたものに近く、言い換えれば、制度化されたといえるほどのものではないと考えたい。

政通の関白在職は三〇年を超えており、かかる対幕府交渉の仕方は、突発的で特殊な現象というよりは、一九世紀前半における朝廷運営と朝幕関係を規定する主な要素として認識するのが妥当である。

もっとも、関白と所司代との緊密な私的関係が政通の時代に限ったものとは言い切れないが、本章を通しては、かかる政通の動きをみるなかで、彼の関白在職期における武家伝奏の日記がもつ史料的限界が確認された点も重要である。当時の武家伝奏日記の記述には、関白・所司代間で進んでいた内々の協議の顛末が抜け落ちているところがある。したがって、朝幕交渉の経過と朝幕関係の全体像を知るに十分な史料とはいえない。

政通の思考と行動は、文政年間以降の朝廷運営と朝幕関係をどのように規定していくのか。それを解明するにあたり、武家伝奏の日記など、近世朝廷の研究で用いられてきた史料の限界をどのように克服できるのであろうか。政通の動向、および一九世紀前半の朝廷の動向を分析するための一つの物差しとして、次章では、まず当該期の武家社会における朝廷像の展開を検討したい。

(1)　石井良助『天皇――天皇の生成および不親政の伝統』(山川出版社、一九八二年、初版は一九五〇年)二二四―二二五頁、

深谷克己「統一政権と武家官位」（深谷『近世の国家・社会と天皇』校倉書房、一九九一年、初出は一九八一年）、堀新「近世武家官位試論」（深谷克己・堀新編『展望日本歴史13』東京堂出版、二〇〇〇年、初出は一九九七年）。

(2) 藤田覚「天保期の朝廷と幕府――徳川家斉太政大臣昇進をめぐって」（藤田『近世天皇論――近世天皇研究の意義と課題』清文堂出版、二〇一一年、初出は一九九九年、以下「太政大臣昇進」と略す）。

(3) 藤田「太政大臣昇進」、同『江戸時代の天皇』（講談社、二〇一一年）二七四―二八〇頁、同『光格天皇』（ミネルヴァ書房、二〇一八年）第六章。

(4) 藤田「太政大臣昇進」。

(5) 藤田覚「天保期の朝廷と幕府――朝覲行幸再興を中心に」（藤田『近世政治史と天皇』（吉川弘文館、一九九九年）、以下「朝覲行幸再興」と略す）。

(6) 小野将「近世後期の林家と朝幕関係」（『史学雑誌』一〇二-六、一九九三年）。

(7) 小野「近世後期の林家と朝幕関係」四二―四三頁。

(8) 藤田「太政大臣昇進」二四六頁。

(9) 大名と天皇・朝廷との関係に対する研究動向については、千葉拓真『加賀藩前田家と朝廷』（山川出版社、二〇二〇年）六―八頁による。

(10) 藤田『光格天皇』vi―vii頁。

(11) 藤田「太政大臣昇進」二二一―二二八頁、同『光格天皇』二二三―二二九頁。

(12) 本段落の記述は、藤田『光格天皇』第六章、および藤田「太政大臣昇進」による。

(13) 宮内庁書陵部図書寮文庫（以下「図書寮文庫」と略す）「鷹司政通記草」（以下「記草」と略す）第一〇冊。

(14) 藤田「朝覲行幸再興」二〇一―二〇二頁。以下、朝覲行幸とその再興をめぐる朝幕交渉の経緯について、出典を示さない記述は、藤田「朝覲行幸再興」による。

(15) 「記草」第一〇冊。

(16) 藤田「太政大臣昇進」二二五頁、同『光格天皇』二二六―二二七頁。以下、家斉の太政大臣昇進の案件に関わる交渉経緯の記述は、別途の注記がない限り、すべて藤田「太政大臣昇進」による。

(17) 以下、本章における史料の句読点は引用者による。

(18) 「記草」第一〇冊。

(19) 実際は寛永一一年（一六三四）七月のことである（成島司直ほか編『徳川実紀　第弐編』経済雑誌社、一九〇四年、三三六頁、寛永一一年七月一五日条）。なお、このときに家光は昇進を辞退した。
(20)「記草」第一〇冊、文政九年七月一六日条。
(21)小野「近世後期の林家と朝幕関係」。
(22)松岡辰方と衣紋会について、より詳しい内容は本書第二章に記述する。
(23)松岡辰方が務めた衣紋会会頭には江戸城に呼ばれて幕府の小納戸・小姓を指導する役目があり、辰方本人も、奥右筆屋代弘賢・奥儒者成島司直・小納戸内藤忠明と近しい関係にあった。詳細は本書第二章を参照。
(24)『日本随筆大成　第Ⅲ期10』（吉川弘文館、一九七七年、四九六―四九七頁）。
(25)竹屋光棣は、早くから足の病気で朝廷出仕ができなくなったといわれる（松岡行義『後松日記（日本随筆大成　第Ⅲ期7）』吉川弘文館、一九七七年、一〇〇頁）。その後の光棣は有職故実の研究に専念し、文政七年（一八二四）の修学院御幸再興では、先例調査・考証への褒賞で従四位上へ昇叙された（橋本政宣編『公家事典』吉川弘文館、二〇一〇年、四五四頁）。
(26)鷹司政通の備忘「万機井蛙」（図書寮文庫）の第五九冊「水干」は、もともと竹屋光棣が水干に関する先例を調査・考証して政通に提出したものであるが、冊子末尾にある別件の一つ書きのうち、「一、詔書之事、本儀之通書付進入候、当時も大体右之通ト存候、但、若聊之相違ハ有之哉如何、猶御不審も候ハヽ、可示給候」という文言があり、光棣が政通から詔書について聞かれ、それに答えていることがわかる。
(27)鎌倉から織豊期までは、朝廷で任大臣節会の開催例が確認できる（東京大学史料編纂所データベース「大日本史料総合データベース」による。検索日：二〇二四年八月六日）。
(28)小野「近世後期の林家と朝幕関係」。
(29)詔書の作成後、天皇に報告して施行の許可を受ける手続きである。公式令の規定によると、詔書の作成後、天皇が末尾の日付の部分を親筆で記入して草案が完成される。この草案は中務省が保管し、それを写して内印を押した一通が太政官に送られる。そして大納言が改めてこの詔書を天皇に上奏する。この改めて上奏することを、令条文で「覆奏」という。改めて上奏された詔書に天皇自ら「可」字を記入して施行が許可されると、この御画可の詔書は朝廷に保管され、さらに一通を写し、これをもって施行される（「（前略）…詔書如右、請奉詔付外施行謹言、年月日、可御画、右御画日者、留中務省為案、別写一通印署、送太政官、大納言覆奏、画可訖、留為案、更写一通、誥訖施行」、黒板勝美・国史大系編修会編『新訂増補国史大系22』吉川弘文館、一九六六年、二二八―二二九頁所収）。
(30)小野「近世後期の林家と朝幕関係」四三―四四頁。
(31)「記草」第一一冊、文政一〇年二月一五日条。

(32) この記事は藤田「太政大臣昇進」二三二―二三五頁でも参照されるが、以下［史料三］の引用にあたっては「記草」の原文を参照し、翻刻と解釈を多少修正した。
(33) 小野「近世後期の林家と朝幕関係」四五―四六頁。
(34) 「記草」第二冊。「記草」第二冊の表紙には「文政六年」と表記されているが、本文内容は文政九年のものである。
(35) 国立公文書館所蔵内閣文庫「国長卿記」（以下「国長」と略す）第三二冊。
(36) 高家については、平井誠二「武家伝奏と高家」（『近世の天皇・朝廷研究』五、二〇一三年）、栗原佳「近世中期における高家の職務」（『近世の天皇・朝廷研究』六、二〇一五年）等。
(37) 「史料稿本」文政元年一二月一一日条、文政二年三月二八日条、文政三年七月一日条（以下、本章で参照した「史料稿本」は、東京大学史料編纂所「近世編年データベース」に公開されているものである）。
(38) 「史料稿本」文化六年四月五日条、文化一四年九月二五日条、文政元年一月二五日条、文政五年四月二五日条、『仁孝天皇実録』文政八年九月二八日条。
(39) 大名家の殿席および溜間詰大名については、松尾美恵子「大名の殿席と家格」（『徳川林政史研究所研究紀要』五五、一九八〇年）三〇二―三〇八頁。
(40) 「国長」第三三冊。
(41) 「記草」第二冊。「国長」の記事と一日ずれた同月二八日条であるが、「記草」には遡及して書いたと思しき記事が散見しており、ここでも遡及して記す過程で日付に誤りが生じた可能性がある。
(42) 「記草」第二冊。日記の原文には「参内、召御前、次参洞、召御前、明日諸司代面会条々言上了」とあり、「明日…（中略）…言上了」の記述が掛かるのは参洞のときに限られる可能性もあるが、同様に政通が天皇・上皇に意見を言上した［史料二］の記事を参考にすると、意思決定における実質的な重要性がどちらにあったかはともかく、形式としては天皇・上皇の両方に同じ内容を報告したとみるのが妥当であろう。
(43) 荒木裕行「所司代赴任時の老中上京について」（荒木『近世中後期の藩と幕府』東京大学出版会、二〇一七年、初出は二〇一三年）。
(44) 「史料稿本」万治三年八月一一日条、延宝六年六月七日・七月七日条、宝永六年七月二三日条、享保元年二月一八日条。
(45) 注(44)で参照した「史料稿本」による。
(46) 「基熙公記」宝永六年七月二三日条（「史料稿本」宝永六年七月二三日条所収）。
(47) 荒木「所司代赴任時の老中上京について」（特に一二三頁の表15を参照）。

(48) 幕府政治の慣例が確立したとは言い難い近世初期には、初代大老酒井忠勝が後光明天皇即位の慶賀（寛永二〇年（一六四三）一〇月）と日光山勅会の御礼（慶安元年（一六四八）六月）のため朝廷に派遣された事例がある（「史料稿本」寛永二〇年一〇月二七日条、「酒井家編年史料稿本」慶安元年六月一日条）。

(49) 竹尾次春は元増上寺僧で、増上寺時代から著述で名が知られていた。文政四年（一八二一）の還俗後、善筑という名前で江戸城の表坊主を務めた。次春の履歴や著述活動については、印東千鉄（森銑三）「山県大弐の孫竹尾善筑」（『伝記』二－一一、一九三五年）、小川恭一「「柳営学」の人々」（『日本古書通信』八一六・八一八、一九九七年）。

一方、次春は明和事件で処刑された山県大弐の孫にあたるというが、生前の次春本人がそれを公然と話すことはなかったようで、維新後に行われた大弐の子孫の系譜整理（町田源太郎『山県大弐』顕光閣、一九一〇年、二一六―二一九頁等）により、次春の出自が知られることになったと思われる。

(50) 国立国会図書館所蔵「松栄色」（一一二－八五）全九冊。

竹尾次春が幕府関連情報の収集・整理を行ったことは、江戸城の給仕役として幕府の内情把握が容易であり、それらの情報を御用頼関係の藩に提供していた表坊主の立場とも関連するといえる。坊主の職務と御用頼関係については、松平太郎「同朋坊主の職制」（松平『江戸時代制度の研究』武家制度研究会、一九一九年）、伊東多三郎「権力と茶坊主」（『日本歴史』三〇一、一九七三年）、荒木裕行「天保改革期の御用頼取締」（荒木『近世中後期の藩と幕府』、初出は二〇一三年）。

「松栄色」には「松栄色十五冊高貴之御方江奉呈前書簡」が収められているが、ここで次春は、「松栄色」の閲覧希望を示した「高貴之御方」に対し、「自然此書世上江出候而は…（中略）…私何故右様密々之御規定共相記し候哉抔御沙汰ニ及候而は」と、同書が世間に流布すると次春本人がこうした機密情報をまとめた理由を追及される事態になりかねないとして、取り扱いの注意を極力願っている。「高貴之御方」が「松栄色」の奉呈に謝意を伝えた返書（その家来が差出人と思われる）では、「猶重而御内用も候ハ、又々可被仰出候」と、今後も類似した「御内用」で依頼があろうとの意向が示されている（第九冊落葉巻）。これをみると、「高貴之御方」は、当時には幕府役職についていない大名級の人で、「松栄色」の奉呈も御用頼関係の延長上でなされたのではないかと思われる。

なお、「松栄色」は、この国立国会図書館所蔵本とは別に、柳巻・翡翠巻だけが収録された国立公文書館内閣文庫本（一四六－〇一六四、一冊、表紙上の表題は「相国宣下記　全」）など、さまざまな異本が伝来する。

(51) 「松栄色」第一冊朝日巻。

(52) 「記草」第一一冊。

(53) 「松栄色」第一冊朝日巻。

(54) 荒木氏のまとめによると、老中の引渡上京は所司代から昇進した直後の老中が務めるのが通例で、それ以外の老中の引渡上京は、前職の所司代が死亡した場合に限られている（荒木「所司代赴任時の老中上京について」一三三頁の表15）。近世後期老中の上京としては、天明の大火（天明八年（一七八八））の後に老中首座松平定信が上京したことが有名であるが（藤田『光格天皇』一一三―一一八頁）、その基本的な上京の名目は所司代引渡であった（「史料稿本」天明八年五月一日条）。
(55) 「記草」第一一冊。
(56) 「記草」第一一冊。
(57) 藤田「太政大臣昇進」二二一―二二八頁、同『光格天皇』二二三―二二九頁。
(58) 「記草」第二冊、文政九年九月一三日。
(59) 「国長」第三一冊。
(60) 朝覲行幸の再興について幕府の承認が得られ、開催費用など細部の交渉が本格化するのは文政一一年（一八二八）以降である（藤田「朝覲行幸再興」二〇二頁）。
(61) 「松栄色」第一冊朝日巻、「記草」第一一冊。
(62) 図書寮文庫。全二〇九冊（目録一冊を含む）。各冊の表紙には年を記載したものと、記載していないものがある。基本的に成立の年代順で巻数がつけられており、その編集・製本は辰方本人によるものと思われる。
(63) 天明九年（寛政元年（一七八九））、忠裕は禁裏御所再造営中の勤番の功労で、幕府からも時服を下賜されている（松浦静山著、中村幸彦・中野三敏校訂『甲子夜話続篇4』平凡社、一九八〇年、五五―五六頁）。
(64) 一方、天保五年（一八三四）忠成の没後、その近臣が生前の言行・逸話を編述した「公徳辨」では、所司代引渡のため上京した忠成が朝廷から厚遇を受けた側面が強調されている（北島正元ほか校訂『不揚録・公徳辨・藩秘録』近藤出版社、一九七一年、四五九―四六〇頁所収）。
(65) 近習小番については、本田慧子「近世の禁裏小番について」（『書陵部紀要』四一、一九八九年）、林大樹「近世の近習小番について」（『論集きんせい』四〇、二〇一八年）。また、本書の第四章も参照。
(66) 図書寮文庫。
(67) 万里小路正房「正房卿記」（国立公文書館所蔵内閣文庫）第七冊、同日条。
(68) 「禁裏執次詰所日記」同日条（『仁孝天皇実録』一四三六頁所収）。
(69) 下橋敬長述、羽倉敬尚注『幕末の宮廷』（平凡社、一九七九年）宮殿の制、一二九―一三〇頁。
(70) 「記草」第一一冊。

(71) この古今伝授のことについて詳細はわからない。忠成の近臣による「公徳辨」「藩秘録」、および水野家の系譜には、所司代引渡上京とその際の参内と天盃頂戴、修学院拝見は特筆されるが（北島ほか校訂『丕揚録・公徳辨・藩秘録』四五九―四六〇頁、四七八頁、四八九頁所収）、古今伝授に関する言及はない。

(72) 藤本仁文氏は、享保七年（一七二二）に確立する京都大名火消の体制が、膳所・淀・亀山・郡山藩のうち在国二藩が半年交代で京詰当番を務め、その四藩に篠山藩と高槻藩を加えた六藩が日常的に京都を防衛する軍役体制であったことを明らかにした（藤本仁文「近世京都大名火消の基礎的考察」『将軍権力と近世国家』塙書房、二〇一八年、初出は二〇〇五年）。「史料八」で「近京鎮衛之職」を務めるとされる六藩は、摂津の高槻藩の代わりに近江の水口藩が取り上げられたことを除くと、京都大名火消の六藩と一致している。

(73) 水野忠成政権期の幕政については、大口勇次郎「文政期の幕政」井上光貞ほか編『日本歴史大系3　近世』（山川出版社、一九八八年）八八七―八九四頁、藤田覚「近代の胎動」（藤田編『近代の胎動（日本の時代史17）』吉川弘文館、二〇〇三年）、横山伊徳『開国前夜の世界（日本近世の歴史5）』（吉川弘文館、二〇一三年）第五章。

(74) 元掛川藩儒で、江戸で私塾を経営していた。百姓の出身で、江戸に出て昌平黌・林述斎に師事し、享和二年（一八〇二）に掛川藩校の教授に招かれた。文化八年（一八一一）には述斎と同行して対馬に赴き、朝鮮通信使の応接にも携わった。文化一二年（一八一五）に掛川藩儒から致仕し、江戸目黒羽沢村に山荘を設けて隠居し、塾生を指導していた（『国史大辞典』「松崎慊堂」（山本武夫執筆））。なお、諸藩の江戸屋敷にも出入りしていたという（大口「文政期の幕政」八九一頁）。

(75) 山田琢訳注『慊堂日暦2』（平凡社、一九七二年、一一〇頁）。

(76) 中村幸彦・中野三敏校訂『甲子夜話続篇1』（平凡社、一九七九年、七三―七四頁）。

(77) 「記草」第一一冊。奉書の内容は記されていない。

(78) 神嘉殿の復古については、寛政三年（一七九一）に、幕府の許可を得ず光格天皇の「御手沙汰」で実現されたことが知られる（藤田『光格天皇』一二九―一三一頁）。

(79) 『国史大辞典』「中和院」（福山敏男執筆）、丸山茂「平安時代の神嘉殿について――神事伝統の継承からみる常設神殿の一成立過程」（『日本建築学会論文報告集』三二六、一九八三年）。

(80) 藤田『光格天皇』二三〇―二三八頁。

(81) 「拾砂集」第六七冊。

(82) 地下官人の外記方・官方・蔵人方の区別については、西村慎太郎「地下官人」（高埜利彦編『朝廷をとりまく人びと（身分的周縁と近世社会8）』吉川弘文館、二〇〇七年）、および西村『近世朝廷社会と地下官人』（吉川弘文館、二〇〇八年）

第一部を参照。地下官人の補任情報は三上景文著、正宗敦夫編・校訂『地下家伝』を参照（国文学研究資料館地下家伝・芳賀人名辞典データベースによる）。

(83) 『平安人物志』では、有職・衣紋の部に藤井総博の名が載っている（文政十三年寅初冬再刻・天保九年戌五月改刻・嘉永五年壬子正月改刻、国際日本文化研究センター平安人物志データベースにて閲覧）。

(84) 「拾砂集」第六四冊の表紙は年次表記を欠くが、前後の第六三・六五冊の表紙に各々「丁亥　六」「丁亥　八」とあることから、この冊の中身も同じ文政一〇年（一八二七・丁亥年）頃のものと思われる。

(85) 久我建通の従三位任叙の日付は文政九年（一八二六）八月二四日頃である（『国史大系11　公卿補任　後編』経済雑誌社、一九〇一年、七二八頁）。

(86) 下橋述、羽倉注『幕末の宮廷』八一頁。

(87) 文政九・一〇年刊『万世雲上明鑑』（深井雅海・藤實久美子編『近世公家名鑑編年集成14』柊風舎、二〇一〇年所収）。院伝奏・院評定は「院両役」と呼ばれ、仙洞御所組織の最上位にあたる役職であった。村和明「光格上皇御所における堂上公家の機構」（村『近世の朝廷制度と朝幕関係』東京大学出版会、二〇一三年）。

(88) 「記草」第一一冊。

(89) 藤田『光格天皇』一四五頁。

(90) 「記草」第一一冊。

(91) 藤田「朝覲行幸再興」。

(92) 当主烏丸光政が資善の実子であった（橋本政宣編『公家事典』吉川弘文館、二〇一〇年）。

(93) 「高宗祭成湯、有飛雉升鼎耳而雊、祖己訓諸王、作高宗肜日・高宗之訓、高宗肜日、越有雊雉、祖己曰「惟先格王、正厥事」、乃訓于王曰、「惟天監下民、典厥義、降年有永有不永、非天夭民、民中絶命、民有不若徳、不聴罪、天既孚命正厥徳、乃曰「其如台」、嗚呼、王司敬民、罔非天胤、典祀無豊于昵」」（『書経』高宗肜日）。

(94) なお、［史料一二］が高宗肜日の故事を「孽祥」と表現したことは、蔡沈『書経集伝』に載っている高宗肜日の注釈のうち、「孽祥其如我何、則天必誅絶之矣」が出典ではないかと思われる。

(95) 詳しくは本書第四・六・八章に記述。

(96) ここでは、使者の選定に関する政通と所司代との談話（［史料五］）で言及された水戸・越前福井家のことには触れられない。尾張家の徳川斉朝は家斉の甥、紀州家の徳川斉順は家斉の実子、田安家の徳川斉匡は家斉の実弟にあたる。一方、文政九年（一八二六）時点での水戸家や福井家と家斉とは、そのような血縁関係がなかった。この点を踏まえてみると、朝幕間の交渉過程、あるいは幕府内部の議論においては、徳川家康との血縁のみならず、家斉との血縁まで考慮された可能性があるが、詳細はわからない。

(97) 伊東「権力と茶坊主」。

(98) 天皇・上皇・関白への謝礼については、藤田「太政大臣昇進」二四六頁を参照。公家衆への謝礼については、勘解由小路資善「資善卿記」第一冊、文政一〇年六月五日条・閏六月五日条等。

(99) 藤田「近代の胎動」、山本英貴「家斉期の幕藩関係」(『歴史学研究』九八九、二〇一九年)。

(100) 徳川家蔵版『水戸藩史料　別記　上』(吉川弘文館、一九一五年)二一五―二一六頁。

(101) 小野「近世後期の林家と朝幕関係」四五頁。

(102) 佐藤雄介「文政―天保期の朝廷財政と江戸幕府」(佐藤『近世の朝廷財政と江戸幕府』東京大学出版会、二〇一六年、初出は二〇〇九年)。

(103) 佐藤雄介「三条実万と幕末の朝廷財政」(佐藤『近世の朝廷財政と江戸幕府』)。

(104) 藤田「太政大臣昇進」二二一―二二八頁、同『光格天皇』二二三―二二九頁。

(105) 村和明「近世の武家伝奏の登場」(神田裕理編・日本史史料研究会監修『伝奏と呼ばれた人々』ミネルヴァ書房、二〇一七年)一九二頁、一九四頁。

第二章　武家社会の朝廷像と公家文化への視線

はじめに

前章では、将軍徳川家斉の太政大臣昇進による幕府御礼使者の朝廷派遣を事例として文政年間（一八一八—一八三〇）の朝幕関係を検討した。当時の朝幕の関係者たちが示した情勢認識や相互認識について分析を深めることができたと考える。

本章では、当時の武家社会の人々がもつ天皇・朝廷像に焦点をあてる。近世後期における天皇・朝廷像の展開という論点に現実政治の動向を踏まえてアプローチし、さらに、天皇・朝廷の〈あるべき姿〉というものがどのように変容していったかについて考察を進展させたい。

序章でも述べた通り、天皇に関する思想史的な研究と政治史的な研究の間には空白が存在する。コスモロジーや国家像など、天皇の存在が観念として論じられる言説に焦点をあてる思想史的な研究も、朝廷・公家社会の実態を対象とする政治史的な研究も、天皇をめぐる言説が現実の天皇・朝廷をとりまく動向とどのように結びついたかについては、議論の蓄積が薄い状況である。

さらに、幕末以前における朝廷像の問題については、近世朝廷に引き継がれた歴史の遺産がもつ重層的性格に留意してアプローチする必要がある。渡辺浩氏は、礼楽を備えた中華風の君主、平安の「雅び」の保持者、神代につながる神話的存在といったイメージが、天皇・朝廷に対する近世人の憧れの根拠になったと論ずる。(1)倒幕と王政復古の実現過程でも、天皇家の歴史がもつ重層性の問題が影響を及ぼしていた。周知の通り、王政復古の大号令では神武創業が改革の模範として掲げられたが、(2)当初は後醍醐天皇の建武中興に改革の模範を求める方針だったのが、国学者玉松操の建議により、神武創業に模範を求めることになったと知られる。(3)天皇・朝廷の現状を肯定し、それに憧れる場合でも、逆に現状とは異なる天皇・朝廷の〈あるべき姿〉を希求する場合でも、その根拠となる歴史の遺産は重層的なものであったといえる。

以上のことから、第一に、観念としての天皇・朝廷像を、現実の天皇・朝廷が関わった政治動向を踏まえて検討すること、第二に、そのような言説において、天皇・朝廷の〈あるべき姿〉の理想と模範が歴史上のどこに求められたかについて考察を深めることが必要と考えられる。

前章で述べた通り、文政年間（一八一八―一八三〇）の幕府は朝廷からの官位授与に依存した権威強化を積極的に図っていた。将軍徳川家斉は文政一〇年（一八二七）、現職将軍としては初めて太政大臣にまで昇進した。(4)本章では、家斉の太政大臣昇進儀礼に関連する有職故実家の言説に現れた天皇・朝廷像に着目する。有職故実とは、官位、装束、乗物、礼儀作法など、近世の儀礼遂行に不可欠な知識であった。(5)朝廷と幕府・武家社会において、有職故実は政治的に重要な意味をもっていたといえる。そして、武家の儀礼で必要であった有職故実の知識（官位制度や衣冠・束帯の着用法）の多くは本来、朝廷・公家に由来するものである。武家社会の天皇・朝廷像に関連しても、武家社会で残された有職故実関係の言説は検討に値するといえる。しかし、政治史の研究はもとより、思想史の研究においても、未だ有職故実への関心は高くないようである。(6)ほとんど検討されたことのない関連史料が未だ膨大に残っており、所蔵機関において基本的な書誌情報の誤りが訂正されていないケースもみられるほどである。有職故実の言説に現れた天皇・朝廷像の検討は、未開拓の分野に光をあてる意義をもつ作業でもあるといえる。

本章の出発点にしたい素材は、家斉の太政大臣昇進儀礼の開催が間近に迫った時期、この儀礼に参列する武家の装束調進をめぐって勃発した論争である。

文政九年（一八二六）末、幕臣屋代弘賢が、故実家松岡辰方に対して、武家が公家の真似と風流好事に耽ることに懸念を示し、来たる太政大臣昇進儀礼による諸家からの装束の諮問には質素の方針で対応するよう注文した。松岡側は、今度のような大礼では礼服の故実を徹底すべきだと反論し、論争は決着にいたらずに終わった(7)。

大沼宜規氏はこの論争を分析し、彼らが幕府側の儀礼の担当者として「政治的思惑に富んだ発言・行動」をしたと論じた(8)。ただし、本論争が発生した文脈、そして特に本論争を契機にあぶり出され、変容していく天皇・朝廷像についは検討を深める余地が多いと思われる。

以下、本章で議論していくことを簡略に示したい。第一節では、まず家斉の太政大臣昇進儀礼の実態と屋代・松岡論争の内容を踏まえ、屋代弘賢が松岡辰方を相手に論争を提起した理由を、辰方の経歴とも関連づけて論じる。次に、この論争について残された種々の論評を検討し、論争の争点となった「風流好事」と「公家の真似」問題の意味を、屋代・松岡の立場とも関連させて考察する。

第二節では、松岡辰方の息子松岡行義が、弘賢との論争で受けた批判を契機に、有職故実のあり方を歴史的な視野から模索していく過程を辿り、それに伴って再構築される天皇・朝廷像の特質を分析する。さらに、そのような言説が同時代の朝廷・公家社会への認識と結びつく側面をみていきたい。

「おわりに」では、先ほど触れた、天皇・朝廷の歴史的遺産がもつ重層性の問題から、本章で検討した天皇・朝廷像がもつ歴史的意義を改めて考察する。

本論に入る前に、いくつかの用語の使用について断っておきたい。

第一に、有職故実の習得・研究に従事した人物は、「学者」よりは、「故実家」ないしは「有職故実家」の語で称されることが多い(9)。本章もその例に従い、「故実家」の語を使用する。「故実家」の呼び方は、有職故実は学問より芸能の性格が強いという理解に由来すると思われるが、本章で多く取り上げる松岡行義の場合についていうと、その言説では、学者としての自己規定がみられ、芸能者との差別化が意識的に図られている。かかる例からわかるように、個々の「故実家」には学者と芸能者の一方に性格を限定し難い場合があることを指摘しておきたい。

第二に、屋代・松岡の論争は、書簡の往復を通じてなされた。これが論争の終結後に写本の形にまとめられ、「屋松問答」などと題されて流布することになる(10)。しかし、本章においては記述の煩雑さを避けるため、必要に応じ、論争が進行中にあった状況についても、これを「屋松問答」と表記する場合がある。

第三に、文政一〇年（一八二七）の将軍家の官位昇進とそれに伴う儀礼の総称としては、やはり煩雑さを避けるため、史料上にしばしば登場する書き方に依拠し(11)、「　」つきの「御大礼」の表現を用いることにしたい。

第一節　将軍徳川家斉の太政大臣昇進と有職故実の論争

（一）屋代・松岡の論争とその背景

①昇進儀礼の開催と屋代・松岡論争の勃発

文政九年（一八二六）七月、幕府は将軍家父子の更なる官位昇進の希望を示して朝廷から受け入れられ、翌文政一〇年に家斉が太政大臣に昇進した。同時に、世子徳川家慶も従一位に昇任した。

当時、江戸城の表坊主であり、幕府故実・制度に関する情報の収集と整理に熱心であった竹尾次春（竹尾善筑）(12)は、昇進儀礼の開催など、家斉の太政大臣昇進に関連する情報を「松栄色」としてまとめた(13)。少し煩雑になるが、「松栄色」および『続徳川実紀』(14)に基づき、太政大臣昇進儀礼の実態と特徴を概略したい。

まずは朝廷で宣下の陣儀（文政一〇年二月一六日）が開催され、同年三月一八日、江戸城で朝廷の使者が家斉の昇進詔書・宣旨と家慶の位記を渡す儀式が開催された。五月一〇日には朝廷で太政大臣任命の詔書の覆奏が行われ、その後、幕府の御礼使者が二度にわたって朝廷に派遣された（彦根藩主井伊直亮と高家などが五月一五日、別段の使者として老中首座青山忠裕が閏六月朔日に参内）。江戸城では諸大名・幕臣が参列した御祝儀御能が開催され、翌文政一一年（一八二八）四月六日には、下向した公家・上方楽人が披露する御祝管絃があった。

幕府側が開催した一連の儀礼のなかで最も重要であった詔書・位記のお渡し（文政一〇年三月一八日）にあたり、朝廷からは、通常の年頭使と同じ使者（勅使・院使・大宮使・女御使）に加え、将軍の衣紋と身固役、詔書使・宣旨使と各々の副使、そして告使が派遣された（告使と詔書・宣旨副使は地下官人）。任命を伝える文書の形式として、以前から用いられていた宣旨に加え、新たに詔書が発布されることになった。任命文書が将軍に渡されて閲覧される手続きも詔書と宣旨とで二重になった。その理由で、朝廷から詔書使とその副使が新しく派遣された。なお、翌文政一一年（一八二八）にも、御祝管絃の開催のため、朝廷から、通常の年頭使に加え、四辻・綾小路など管絃所作の公卿・殿上人八人、京方・南都方・天王寺方の楽人一七人が下向した。

大学頭林述斎は、平戸藩の隠居松浦静山に宛てた書簡で「今度官家相国の宣下蒙らせ給へること、元和・寛永の外、御家にも其例無く、目出度き御ことなりけり、堤（堤継長）中務少輔詔書使として下向、詔書を受させらるゝ御ことは昔の二例にも無く、此度を権輿とする由聞て、益す目出度きことならずや」と書いた(15)。幕府奥儒者成島司直は、平清盛・豊臣秀吉が太政大臣に昇進した例に言及し、彼らは「征夷の職に任せされハ今の先蹤にハ引かた」いといい、また足利義満・徳川家康・徳川秀忠の例については、「みな将軍の職を御子にゆつらせ給ひて後にそ乃ほり給ひける」とした。そして「征夷大将軍にておはしましなから、かく文武の重官を兼そなへ給ふ事、むかしも今も例なき御事なるへし」

としたうえで、「詔書をさへ進らせらる、よし聞えければ、その作法議せらる、程、いとおとろ〳〵しき世乃ひ、きなり」とも述べた[16]。家斉の太政大臣昇進は、在世中の現職の征夷大将軍としては初めてであったこと、かつ、任命文書として詔書が新しく採用されたことにより、当時の幕府内部やその周辺では、徳川将軍家と武家の歴史に残る出来事と評価されていたのである。

一方、文政一〇年（一八二七）三月一八日の詔書・位記お渡しの儀に参列した大名の装束に関しては、福岡藩主黒田斉清・盛岡藩主南部利済・土佐藩主山内豊資など国持大名の多くが着用した袙、田安家の徳川斉匡が帯びた螺鈿の太刀など、多くの新規の様式が採用されたといわれる[17]。屋代弘賢が松岡辰方との論争で問題視したのも、このような新規のブームであった。

屋代・松岡の論争は、文政九年（一八二六）一一月二六日に出された屋代の初問、それに対する松岡の返答（一二月朔日付）、屋代の再問（一二月二一日付）と松岡の再返答（一二月二九日付）の四つの書簡で構成される。その原文の翻刻や内容の紹介は先行研究でなされているため[18]、ここにおいては両者の論旨だけを記述する。

まず弘賢が辰方に対し、武家が公家の真似をして武備が薄くなっていることに懸念を示した。皇国は武威をもって他の万国に勝ることを国風とするが、最近の武家社会では風流好事が流行し、武備を忘れる人もいるようだといい、来たる「御大礼」で袙や螺鈿の太刀など新規が多く採用されるという風説があることを、その例としてあげた。そして弘賢は、「御大礼」の装束調進では、なるべく新規を抑制し、従来に用いられたような装束をもって儀礼への参列を済ませる方向で諸家の諮問に対応することを、辰方に注文した。

松岡側は、以下のように反論した。国郡を領地とし、官位をもらっている武家が、各々相当の服を用いることは、公家の真似をしているわけでは全くない。とにかく武家には乱世の遺風が多く、その装束にも間違っているところがある。さらに、今度の「御大礼」は諸大名にとっても生涯に一度か二度しかないことである。したがって、古法に適う礼服を調進することが理に適っているということである。結局、両者は互いに納得しないまま、論争は終結した。弘賢への反論は辰方の名義で出されているが、辰方の息子松岡行義が論争の全文を自身の備忘に書き留めながら、「返りごとは父にかはりてやりける」[19]と付け加えたことからわかるように、上記の返答は、行義が代筆したものであった。行義の代筆ということを弘賢の方で把握したか否かは定かではない。

②武家社会の有職故実と松岡父子の活躍

弘賢が、辰方を相手にしてこの論争を提起した理由は何か。当事者である弘賢と辰方・行義父子の経歴に着目し、論争の意味について理解を深めたい。

まずは論争を提起した弘賢の経歴を辿ってみよう。[20]弘賢の幕府登用は、幕府内部の人材によって組織的に歴史上の先例調査・考証を行う体制を構築すること、そのために文才のある人を登用することが積極的に図られた寛政改革期の文教政策を背景とする。弘賢は能書家として知られる幕府御家人佳房の子として生まれた。七歳の明和元年（一七六四）より、幕府右筆森尹祥に筆道を学んだ。安永八年（一七七九）に家督を相続する。この頃、和学者塙保己一が「群書類従」の編纂を開始するが、同じ頃、弘賢も保己一に入門して編纂に関与したという。天明元年（一七八一）には西の丸台所に出仕した。一橋家出身の徳川家斉が将軍徳川家治の養子になり、江戸城西の丸に入ったのと同じ年である。天明六年には、森尹祥により松平定信に推挙され、本丸附書役となった。寛政二年（一七九〇）には幕府儒者柴野栗山が幕命で進めていた「国鑑」編纂の補助のため、栗山の手付となった。和文体で書かれる「国鑑」の文章執筆を助けるためであったとされる。同四年には画師住吉広行らとともに、新造内裏の見聞のため京都へ行く栗山に随行し、内裏賢聖障子の修理と近畿寺社の宝物調査に参加した。翌五年六月、定信の引き立てで支配勘定格を与えられ、奥右筆所詰の支配勘定格となった。定まった職掌は設けられず、特別な事案に対する「顧問」の役割が与えられたという。奥右筆所に奥右筆所詰の職が設けられたのは寛政年間からである。かかる組織改編には、幕政の実務処理で影響力が増大していた奥右筆の恣意的な振る舞いを防ぐため、奥右筆の登用を世襲制から能力主義に改めて博識の者を登用する目的があったと評価される(21)。寛政の改革により、奥右筆方の権勢は抑制されるとともに、先例調査のための文才と考証の能力が重視されるようになったのである。

同じ寛政五年（一七九三）七月、弘賢は保己一が幕府の公認を得て設立した和学講談所の初代会頭として、奈佐勝皐、横田茂語、そして後日の論争相手となる辰方とともに名を連ねる。それ以来の弘賢は、和学講談所の運営と、『藩翰譜続編』『寛政重修諸家譜』『干城録』など幕府の編纂事業に参加した。類書「古今要覧」のように、早くから弘賢個人で手掛けていたことを、後ほど幕府事業として認められた編纂事業もある（寛政一二年（一八〇〇）に請願、文化七年（一八一〇）に許可）。なお、和学講談所では寛政一一年以降、老中や林家などの諮問に対応することが業務内容の一つとなっており、かかる諮問のなかには装束に関するものもあった。

弘賢は文化二年（一八〇五）、ロシア人に対する幕府の諭書を清書した。同八年には朝鮮通信使の来日に際して朝鮮への国書を認めるという任務を果たしている。これら外交関係の案件や各種編纂事業に携わったのは、奥右筆方に取り立てられた際に与えられた「顧問」の役割の一環としても評価できる。

享和元年（一八〇一）、弘賢は本禄を五〇俵から一〇〇俵に加増され、文化元年（一八〇四）には従来の支配勘定格から勘定格に昇った。文政七年（一八二四）八月には永代御目見を許された。つまり、辰方に対して論争を提起した文政九年の弘賢は、幕府の奥右筆所に三〇年以上も勤めて俸禄と格式が上昇してきた人物であり、寛政以来の幕府の文化・外交政策に長く携わった経験をもっていた。

弘賢は蔵書家・好古家・能書家としても著名であった。弘賢は伊勢貞丈を継いだ伊勢貞春に寛政一一年（一七九九）入門して有職故実を学び、文政七年（一八二四）三月から始まった古器物の展観会である耽奇会に参加するなど、学術・文芸の広い分野で活動して交友関係をもち、好古と歴史考証の営みをめぐる交流の結節点となった人物であった。

次に、弘賢の論争相手となった松岡父子の経歴を検討しよう。

辰方の出自や幼少期の行跡は不明である。天明三年（一七八三）、元浪人として公家高倉家を宗匠とする衣紋会に入門したことがわかる(22)。寛政五年（一七九三）には弘賢らとともに和学講談所の初代会頭となり、文化年間（一八〇四—一八一八）頃まで「史料」などの編纂事業に携わっていた(23)。文政三年（一八二〇）からは、衣紋会の江戸門弟の統率と高倉家との連絡にあたる会頭を務めていた(24)。

もともと浪人であったという辰方は、後に筑後久留米藩有馬家に召し抱えられていた。辰方の召し抱えは、第七代藩主有馬頼徸に多年間仕えた江戸藩邸の老女松岡が、その功労で一家を立てることを許されたことによるという(25)。このような伝承から、辰方が召し抱えられた時期は頼徸が死去する天明三年（一七八三）頃ではないかと思われる。これは、彼の衣紋会入門とほぼ同時期でもある。

息子松岡行義の衣紋会入門は文化四年（一八〇七）である(26)。文政四年（一八二一）からは、行義が衣紋会入門者の取次役をした記録が現れ始める(27)。そして天保一三年（一八四二）から晩年の嘉永元年（一八四八）まで、衣紋会の江戸会頭を務めたことがわかる(28)。

行義は、久留米藩の家老有馬泰賢とたびたび書簡を通じて有職故実の問答を交わすなど、かなり近しい関係にあったようである(29)。行義は天保一四年（一八四三）久留米に下向するが、これは藩主直々の命によるものともいう(30)。かかる事例から、辰方・行義父子は久留米の藩主・家老から個人的に重宝されていたと思われる。しかし、藩政機構における彼ら父子の位置は不詳である。

行義は、自分を「赤羽の天狗」と表現したことがあり(31)、その住居は久留米藩の上屋敷があった赤羽橋（現東京都港区三田）付近であったようである(32)。また、天保四年（一八三三）の久留米下向時の記録は「たびの日なみ」と題され、その下向について、七〇歳の父辰方を家において旅に出たと記されている(33)。したがって、辰方・行義父子は基本的に江戸に住んでおり、少なくとも息子行義の方には、自分が江戸の人という感覚があったと思われる。

辰方・行義父子が活動した衣紋会の門弟組織の沿革を、ここで簡単に振り返ってみよう(34)。衣紋とは、装束の着用を行うことである。将軍家が公家を衣紋の役として礼服の着用を手伝わせた事例は室町時代からみられる。江戸幕府の初期、将軍家の衣紋は山科家の役目であった。徳川家光の頃から高倉家の関与が始まり、徳川家綱の代からは高倉家の当主が下向して将軍の礼服着用を指導することになった。同じ頃から武士が高倉家に入門するようになり、一八世紀中葉の時点では、江戸の門弟組織が整っていた。

高倉家の門人帳によると、文化一三年（一八一六）・文政五年（一八二二）・文政一〇年に新規の入門者が例年に比べ倍増することが確認できる(35)。これは各々、家斉の右大臣・左大臣・太政大臣昇進の年にあたる。昇進儀礼に伴う装束調進と着用の必要が、その入門の動機になったと推測される(36)。

同時期には、衣紋会の門弟組織を指導する辰方・行義父子の活躍もみられるようになる。行義は「御大礼」にあたって、水戸徳川家の家臣から染装束に関する問い合わせに応じたことがあり(37)、薩摩島津家からは、鎌倉・室町将軍家の装束に関する問い合わせがあったという(38)。

辰方・行義父子の故実研究は、将軍家の装束故実にも影響を及ぼしていたと思われる。弘化年間（一八四四―一八四八）の随想で行義は、「過させ給ひにし大君は（割書）恭廟《（徳川家斉）》、服色《（ママ）》を好ませ給ひ、復古の御心やおはしましけむ」と、生前の家斉が服飾の復古に意欲的であったと回顧した(39)。それに関連して、文化一三年（一八一六）の家斉右大臣転任の際、繁紋冠《しげもんのかんむり》が再興された事例に触れている。高倉家からは、摂家で用いられているものを準用すればよいという意見が示されていた。これについて行義は、そもそも冠の製法は摂関家の預かるべきことではないという意見を記し、当時の所司代大久保忠真、小納戸内藤忠明、西の丸奥儒者成島司直などに差し上げたという。その意見が特に忠真から理解を得て、摂家のものを準用することは取りやめられたと行義は回顧している(40)。

衣紋会の会頭は、江戸城に呼ばれて小納戸・小姓を指導する立場にあった(41)。これも、辰方・行義父子が将軍家の装束調進について建言するルートになったと思われる。行義は、文政五年（一八二二）家斉の左大臣転任儀礼で用いられた袍の紋について、辰方が小納戸内藤忠明に進言したといい、その意見が反映されたと回顧する(42)。文政七—九年頃の辰方は、公家の竹屋光棣と有職故実の問答を交わしているが、忠明の問い合わせを光棣に仲介したこともあった(43)。

忠明や司直のように辰方・行義父子と近しい関係にあった幕府役人たちと、将軍家斉との関係が密接になる傾向もみられる。「御大礼」のなかで詔書が渡される儀式では、兼ねてから家斉の衣紋役であった小納戸頭取の中野播磨守に、新しく御小姓の土岐大学頭と忠明が付き添ったという(44)。西の丸奥儒者であった司直は、文政元年（一八一八）から本丸奥儒者に転じる(45)。

「松栄色」の編者であった表坊主竹尾次春は、文政九年（一八二六）春頃から、辰方・行義父子との間に朝廷の有職故実に関する問答「竹問松答」を交わしていた(46)。その序文で次春は、辰方・行義父子について、「松岡氏は其身久留米侯に仕官おりながら此道にくはしく、古をとひ今をつばらにわきまへけるにぞ、武家の人々は何くれとなく堂上有職の事は此父子に問心得ぬはなかりし」と、公家の故実に詳しい辰方・行義父子に、武家社会の人々が大きく頼っていたと評価している。

次春は、後に執筆した屋代・松岡論争の評注の序文でも「松岡辰方ハ久留米の藩臣、崇古府邑に聞て、有職往当を分つ」と書いた(47)。辰方の崇古の心による有職故実の研究成果が世上によく知られ、これが有職故実の研究史で画期的な意義があると評価したのである。

将軍の昇進儀礼が連続し、衣紋会への入門者が増えていた文政年間の武家社会で活躍した辰方・行義父子の存在は、儀礼装束の問題に関する論争を提起するためには格好の相手であると、弘賢にとっては思われたのではないか。

次に、屋代・松岡論争の流布とそれに対する周辺の評価を、主に弘賢が提起した「風流好事」と「公家の真似」という二つの問題を軸に検討したい。

（二）論争に対する周辺の評価と「風流好事」の問題

天保一一年末―翌一二年（一八四〇―一八四一）頃の行義は、「赤羽川のわたりに、ひとりの天狗すみけり、此天狗有職故実をとなへて…（中略）…口さきの勇気に人のきもをつぶせば…（中略）…誰ありてそのはなをひしがんともおもはぬなるべし、たま〳〵文政のころ、神田辺の大天狗おしよせ戦ひたれども、はなをひしぎ得ず」という話を認めている(48)。自身が行った論争を天狗の戦いになぞらえたのであるが、弘賢は神田明神下で生まれ、松岡との論争があった文政九年（一八二六）当時にも住居は神田であった(49)。行義のいう神田辺の大天狗とは弘賢のことであり、この論争は「屋松問答」を指すものに間違いない。行義の記憶には、弘賢との論争がかなり重要な出来事として後々までにも刻印されていたことがわかる。

弘化二年（一八四五）頃の行義は、かつての弘賢との論争について、「屋代弘賢のうし…（中略）…ふみをおこせていさめさとさせ給へど、もとよりそのことばにしたがふべくもあらねば、あらがひ奉りしが、またも書を給へど、猶しもしたがはず、こは屋松問答とてかき伝へて、其比好事の家しらざるはなかりしとかや」と記した。松岡父子に対する弘賢の問題提起は従うべきものではなかったので強く論駁したといい、かつ、文政当時の好事家としてこの論争を知らない者はいなかったと回顧したのである(50)。

国学者川崎重恭は、その本人が好事家として知られている弘賢(51)が松岡との論争で武家の風流好事を批判したことについて、弘賢はまるで本人は好事家ではないというような態度をとっていると皮肉った(52)。これに対して小林元儁（深川潜蔵）は、弘賢の好古の癖は風流好事ではなく、古の制度・故実を重んじ、なお今日の世に有用な学びを追求するものと擁護している(53)。

文政当時の弘賢本人も、松岡との論争内容を周囲に積極的に伝えていた。弘賢は、松岡に提起した論争の初問と同じ内容を、大塚一郎右衛門という人物にまず示していた。これに対して一郎右衛門が弘賢に宛てた返書は、弘賢の主張に専ら賛同する内容である(54)。ところで、一郎右衛門の返書の日付は一一月二五日であり、これは「屋松問答」①屋代初問の差出日付の前日にあたる。

一郎右衛門について詳しい来歴は不明であるが、前掲の書簡には、「如被仰下候質素之儀は有職之第一と常々故嘉樹中聞候《「養父一郎右衛門実名》」と、「屋松問答」での弘賢の主張のように、なくなった養父嘉樹も質素を有職故実の第一の心得としたことが述べられている。したがって、この書簡の差出人である一郎右衛門は有職故実の研究で莫大な著作を残した大塚嘉樹(55)の養子であり、養父の業を継いで有職故実の研究に従事した人と思われる。弘賢は、辰方に論争を提起する準備作業として、自身の主張と論理の説得力を確かめる目的で一郎右衛門に同じ意見を示してみたのではないかと思われる。

弘賢は、松岡の反論に対して再問を送った後には、これを岡田左太夫という人物に示していた。これに対する岡田の返書も、弘賢の考えに賛同する内容であった。この岡田は、老中首座青山忠裕の公用人と記されている(56)。

文政九年（一八二六）一〇月一八日、忠裕と奥右筆組頭青木忠左衛門、また奥右筆の船橋勘左衛門・田中龍之助・神原孫之丞が、来たる「御大礼」の御用掛に任じられた(57)。奥右筆の三人が「御大礼」御用掛を務めていた関係で、同じく奥右筆所詰である弘賢も「御大礼」のことについて忠裕の公用人と連絡を取り合っていたものではないかと推測される。岡田左太夫本人について詳細はわからないが、弘賢には、岡田に「屋松問答」を示すことで、その内容が御用掛老中であった忠裕に認知されることを狙った可能性もある。
編著「松栄色」のなかに「屋松問答」を収めた次春も、論争に対する本人の評注を加えている(58)。最初に弘賢が「屋松問答」の内容を次春に示し、次春がその論評を書いて弘賢に示した後、弘賢がその一部に関する返答を書いて再送したものを最終的に次春がまとめたと思われる(59)。

そのほか、「松竹余論」という題目でまとめられた二つの論評が伝来する(60)。そのうちの一つの著者鈴木真粛は弘賢と同じく伊勢家から故実を学んだ人である(61)。もう一つの論評の著者である栗原信充は、武具について多くの著述を残しており、やはり伊勢貞春に師事したとされる。信充は一三歳の文化三年（一八〇六）から書生として弘賢のところに住み込み、文化六年から三〇年以上、「古今要覧」編纂を補佐した(62)。このような両者の経歴から、「松竹余論」も弘賢の求めで執筆された可能性が考えられる。

次春の評注は、弘賢が「屋松問答」のなかで風流好事の流行により「武備を忘候人も可有之哉」（強調は引用者）と主張したことに対して、弘賢が「可有之哉」という風に断定の表現を避けたことは憚りによるものではないかと評した。この評に対して弘賢は解説をつけ、当時において武備を忘れている人は実際に存在しており、これを「有るへきや」と書いたのは、次春が指摘した通り、憚りによるものと認めている。

大沼宜規氏は、寛政期から明治前期にかけて活躍した、文献や金石文・古器物などを根拠として日本の歴史的事物について考証を行う学者たちを「国学考証派」と呼び、弘賢をその典型例として位置づけた(63)。弘賢は、漢学者が本来はもっていた日本の事物・制度・歴史を研究する能力が当時には失われていると認識していた。弘賢は、文献や古器物などの根拠に基づく実証的な方法によって事実を明らかにする自身の学問を林羅山・伊藤東涯・新井白石など漢学の系譜上に位置づけたうえで、当時の漢学が失っていた「経済有用」「公務ニ有益之学」、つまり政治的・社会的な寄与を、和学の機能として重視した。弘賢は、かかる論理によって幕府から和学の存在意義を認められることを考えていたと大沼氏は論じている。

松岡との論争にあたる弘賢にも、当時の武家社会の問題改善を促す意図が鮮明にみられる。当時の弘賢は、諸大名家のことのみならず、幕政のことも念頭においていたのではないか。一九世紀前半には、朝廷および将軍家の縁戚大名に対する幕府の優遇により莫大な資金が費やされ、諸藩の官位昇進競争が激化して儀礼も肥大化していた(64)。公家の真似というのも、風流好事が武家社会にもたらす弊害を鮮明に表象するフレーズとして持ち出された側面があろう。奥右筆所は諸藩の財政問題などを把握できるところでもあり(65)、そこで長年勤めた弘賢は、風流好事による武家社会の弊害を鮮明に認識できる立場にあったと思われる。

ただし、武家社会における公家の真似とは、主張のための手段やフレーズにとどまるものではない。それ自体として朝幕・公武関係の本質に関わる問題でもある。次には、公家の真似をめぐる「屋松問答」とその評者たちの認識をさらに具体的に検討したい。

(三)「公家の真似」問題と松岡への批判

①朝廷像における「上古」と「中古」

武家社会における公家の真似を懸念する屋代弘賢の問題提起に対し、「屋松問答」の評者たちはどのように反応したのか。

彼らの議論で、朝廷由来の装束や芸能の受容を全否定する内容はまずみられない。

次春の評注は、弘賢が批判した袙・螺鈿の太刀など新規のものについて、これらは官位相当の礼服・道具であり、避けるべき新規のものとは言い難いとの見解を示した(66)。

松岡行義は「屋松問答」のなかで、「大礼」と「平常」の時を区別し、大礼には相応しい礼服が必要とする一方で、平常には公家の真似を避けて武備に心がけるべきだとした。避けるべき公家の真似の例としては、「管絃・蹴鞠等之なまめかしき事」を取り上げた。次春の評注は、この主張について、蹴鞠は人々の交流のため有用な側面があるといい、管絃については、すでに家斉が二回も管絃の聴聞を行っていることに言及し[67]、これは太平の世が続いているお蔭であり、文武両方が備わったことに伴う現象と評価している[68]。

栗原信充は近世当時の装束について、それが慶長以来に用いられたものならば、（たとえそれが朝廷・公家に由来するものであっても）それは「江戸の式」にあたると説いた。帕・螺鈿の太刀については、慶長以降に用いられた例がないものを私に用いるべきではないが、慶長以降に用いられた例があるならば、貧困な財政状況などにかかわらず採用することが妥当だと述べた。「屋松問答」で行義が問題視した管絃・蹴鞠についても、武家社会にとっての有用性を認めている[69]。

そもそも、弘賢が問題視した公家の真似とは、時代の面で限定があるものである。弘賢は「屋松問答」で、当時の装束を歴史的な視野でみれば、質素な上古ではなく花美風流で衰弊した中古の例にならっているものとして、質素な上古と花美風流な中古を対比した。

次春の評注はこの部分を取り上げ、弘賢の議論では天智・天武・桓武天皇や延喜の治など、国史（六国史）に現れた古代朝廷の制度が詳しく説明されていないため[70]、他人からは、弘賢が古今の歴史から市井の漫録類まで渉猟している博学な人であることが認知できず、主張の根拠が疑われるようになったと評した[71]。

これについて弘賢は、六国史の内容などは論争の相手となった松岡辰方側もよく知っているので詳論しなかったと説明し、次春の評価そのものには反論していない[72]。つまり、弘賢のいう質素な上古とは、概ね六国史の時代における朝廷の服制のことだといえる。

鈴木真粛の論評も、日本の上古の服制は質素で、近世当時のように硬くて煩雑な形ではなかったといい、一条天皇の時代（寛和二年（九八六）―寛弘八年（一〇一一）在位）を起点として、近世当時にみるような、長袖で華麗な装束の姿が定着したと論じた[73]。これも、朝廷由来の文化をすべて排斥する主張とはいえない。弘賢と真粛はともに、上古、つまり六国史の時代における朝廷の服制が質素という前提のうえで、一〇―一一世紀頃を起点とする中古以来の朝廷で定着した花美風流な文化を否定的に捉えたのである。

次の②では、このような歴史観が辰方・行義父子に対する評価と結びつく側面を分析したい。

②衣紋の歴史的位置づけと辰方・行義父子

鈴木真粛の論評では、衣紋の沿革を中心として議論が展開されている。

［史料一］ 鈴木真粛論評（「松竹余論」、〔 〕は引用者の補足）

上代、衣文といふ事なし、我国の服をわか国の人の着用するに何そ人を頼ミて着し、其着様に何そ秘事伝授といふことのあるへき…（中略）…一躰衣文といふことハ、そのもと礼容の為にし出したることにあらす、たゝ花奢風流の好色より事ハおこれるなり…（中略）…

「〔松岡再答中の文言〕流鏑馬・笠掛等怠りなく稽古いたさせ申候」

一、此下文甚きゝにくし、ひとに驕れるに似たり、いはすとも可ならん

「〔松岡再答中の文言〕いかにも服飾相整たく奉存候、此処ハ幾度御異見被成下候とも御見識とハ相違仕候、不及是非候」

一、此下文利口に聞えたり、是則究竟衣文者流の偏執我侭といふへし

上代に衣紋はなかった。日本の服を日本の人が着るために他人の手を借りる理由はなく、その知識が秘事として伝授されることはおかしい。衣紋の登場は、服制が礼容のためではなく花奢風流の好色の営みへと変質し、質素な上代の服制が失われたことの証である。これが、真粛の評価である。

［史料一］の後半部は、「屋松問答」の原文を随所で取り上げて評する形式であるが、引用部の中略部分を含め、専ら松岡返答に対する批判となっている。余計な自慢や利口など文章の書き方に関わる指摘のみならず、「衣文者流の偏執我侭」といい、衣紋会という辰方・行義父子の属性まで批判の的にしている。

松岡家の属性を攻撃の対象にしたのは弘賢も同様であった。弘賢が松岡と論争を交わす途中に、その内容を忠裕の公用人岡田左太夫に示したことは先の（二）で触れたが、弘賢は松岡の再返答を岡田に示した際、次のような感想を披瀝していた。

［史料二］岡田左太夫宛屋代弘賢書簡(74)

（前略）…麻上下古今未曽有の質素を御用被遊候ハ如何の神慮と奉推察、又侍従以上直垂・四品狩衣・五位大紋・其次布衣と申御定も亦古今未曽有にて御座候、且武家之官は可為公家当官之外と御定被遊、書札之礼式に至る迄公武途を異ニ被遊候事、又門松の餝海老高値とて被為止候事なと奉推考候へは、深き神慮と被存候は如何思召候哉、必竟世間有職者と申も伎芸者流にて道を学候事無之候故、たとへハ活花の師範ハ活花にて国家も治り候様ニ存候類にて、此上論弁ニ及不申候

「屋松問答」の松岡再答のなかには、近世当時の服制は麻の上下を用いるなど誠に質素であるとする一方、「芸者・舞子のかんざしには競て珊瑚をつらぬき候」、「とかく当時の風俗、儀服は麁に仕、平常なにの益なき玩物に花美珍奇を好み候事」と述べる部分があった。つまり、大事な礼服は粗末で、無益な玩物類は豪華であると批判する論理をもって、礼服故実の徹底を主張する自説を裏づけようとしたのである。

［史料二］の弘賢の論は、このような松岡の主張を受けたものであるが、松岡に対してかなり厳しい認識を示した。

弘賢はこのように述べている。松岡が質素と評する麻上下などの武家の服制は徳川家康の神慮で定められたものであり、家康以降には官位から書札礼にいたるまで公武の礼式の分離が徹底しているという。門松の餝海老の規制など、風俗統制の面でも質素の方針は貫かれているとも付け加える。家康の神慮と幕府の制度における公武の分離と質素の方針を肯定し、近世当時の風俗を問題視する行義を批判したのである。

「屋松問答」の松岡再答には、「礼儀一日も不用候はゞ、天下速に乱れぬべく候」と述べているなど、装束の故実は礼を正すことで、天下を治めるにも重要との主張があった。［史料二］で弘賢は、かかる主張に対し、有職者は所詮「伎芸者流」で道を学ぶものではなく、これは「活花の師範」が「活花にて国家も治り候」と思うことと同じであるといい、論争を続ける価値もないと述べている。真粛の論評における批判の対象が「衣文者流」、つまり衣紋会の組織に所属する人に限られたのに対し、［史料二］の弘賢の論は、有職故実を業とする者全体を、道を弁えていない伎芸者流と貶めている。

小　括

文政一〇年（一八二七）の「御大礼」を前後した時期、武家社会の装束故実では、衣紋会の門弟であった故実家松岡辰方・行義父子の存在感が高まっており、儀礼装束の調進において多くの新規の様式が採用されていた。

当時の幕臣屋代弘賢は、辰方に対して、武家社会の風流好事と公家の真似に懸念を示し、質素な装束調進の必要を唱えた。辰方の息子行義の代筆で反論がなされ、論争は合意にいたらず終結した。弘賢本人がその内容を周辺に積極的に発信したこともあり、本論争についてはさまざまな論評が残された。

弘賢のいう公家の真似とは、風流好事の問題点を表すフレーズとして持ち出された側面があった。長年にわたって幕府の政策に深く携わってきた弘賢には、将軍の儀礼装束に携わってきた高倉家を宗匠とする松岡辰方への問題提起に事寄せ、幕政を含む武家社会全体の現状を批判する意図があったのではないかと考えられる。

公家の真似に対する弘賢の批判は、朝廷文化の受容を全否定するものではなかった。質素の規範が失われた平安中期以来の奢侈な風俗を受容することが問題とされた。弘賢および「屋松問答」評者たちの松岡批判は、かかる論理構造の面で類似している。鈴木真粛は、衣紋会の門弟たちは質素の規範が失われた平安中期以来の奢侈な装束故実を秘事として伝授していると批判した。弘賢は、有職故実家は幕府の制度に対する理解がなく、治国の問題とは無縁な、「活花の師範」と変わらない伎芸者流に過ぎないとまで貶した。

以上のような批判に松岡側がみせた対応については、次節から検討したい。

第二節　松岡行義の有職故実論と天皇・朝廷像

（一）有職故実のあり方をめぐる模索

①学者としての自我と公家権威の相対化

屋代弘賢と鈴木真粛の批判は、松岡父子の側も把握していた。「衣文者流」云々の真粛論評を含む「松竹余論」は、松岡辰方の備忘「拾砂集」(75)第七七冊に収められている。弘賢の「伎芸者流」云々も、何らかの経緯で松岡父子に知られたことが次の史料からわかる。

［史料三］『後松』（二〇一頁、傍線は引用者）

○或人、有識者といふも伎芸者流にて道を学ず、たとへば活花の師範は活花を以て国家も治り候様に存ずる類にて、天下の事は論ずるにたらずといへり、おもふに、伎芸者流にて道をしらずといふ其道はいかなるみちぞ、今《イマ》人として、大学・論語をよまぬものも有べからず、毛詩・尚書もみるなるべし、己を正し身をおさめて後、万の事をも学ぶべきなり、されば、いかなる伎芸者にても、君につかふるに忠を尽し、父につかふるに孝を以てせば、みちをしるものとすべし、もし道を守らず、人をころし、火を放ち、盗をいたせば、たちまちにつみせらる、されば、天下に道をしらぬものはなきとしるべし、しかるに、道をしらぬといふ人ぞ、誠のみちはしらぬなるべし
○本朝政理の書は令十巻なり、其次は格式なり、刑書は律なり律は今僅にのこれり、その類の書あり、又国史は古の刑政をしるに便有、これらをしらずして公事・服色（ママ）の故実にも達する事を得むや、しかるに、活花の師範に比す事は口さがなし、舌をぬきてぞこゝちよかるべし

これは松岡行義の文政一〇年（一八二七）中の随想である。傍線部の議論が［史料二］における弘賢の主張を指すことは明らかである。

これについて、行義は次のように述べた。今の世に儒学を学ばない者はおらず、万事を学ぶには身を修める必要がある。どのような伎芸者でも、忠・孝の道理を尽くす人は道を知るものである。殺人や放火などは、直ちに処罰される。したがって、天下に道を知らない人はいないというべきである。他人が道を知らないと非難する者こそが本当に道を知らない者であるということである。

行義はさらに、有職者とは「本朝政理の書」である六国史・律令に通じている存在であり、生け花の師範のような芸能者と一緒にされる理由はなく、そのようにいう人の舌を抜いてやりたいとまで述べている。

松岡父子は、［史料一・二］のように、くだらない故実を秘事として伝授する伎芸者と批判される衣紋会の門弟であるが、辰方は和学講談所の運営と編纂事業にも携わってきた。有職者は六国史・律令など国書文献の理解に優れているという行義の主張は、従来の松岡父子の事績を踏まえたものといえよう。

一方で、［史料三］では学問の問題と倫理観の問題が並列で論じられるなど、論理が整然としていないところがある。行義がかなり興奮していたことがわかる。弘賢の批判が、行義には痛いところを突かれたように感じられたことの裏返しといえよう。

晩年の行義は、従来の文献・学説を批判的に検証する学者としての姿勢をさらに強調していく。弘化三年（一八四六）頃に伊勢家へ差し出す目的で書いた、伊勢貞丈「刀劔問答」の一部を批判する論説のなかで行義は、貞丈の有職故実は、当時（弘化年間）からみれば浅薄、かつ稚拙で、特に朝廷・公家故実に関する理解は極めて疎いものであったと評した(76)。また、「明和・安永の博士は天保・弘化の初学、天保・弘化の博士は又後のよの初学なるべし」と、有職故実の研究とは年月とともに蓄積・発展するものであるとしたうえで、先人の足りないところは補完し、誤った説は訂正するなどして、従来の「臆説」が世に流れないようにする必要があると述べている(77)。

辰方・行義父子にとっては、宗匠高倉家の説も検証・批判の対象であった。辰方・行義父子が、諸大名の諮問に対応するのみならず、徳川家斉の装束故実についても、幕府の人脈に託して自家の考えを具申したことは前節で触れたが、家斉が右大臣転任の儀に着用する繁紋冠に関する建言や、左大臣転任の儀に着用する袍の文様に関する建言などでは、いずれも、高倉家から出された意見について異議を唱える場面があった(78)。

高倉家の有職故実に対する行義の批判的な姿勢は、文政一〇年（一八二七）頃に書かれた次の随想に、端的に現れている。行義は、「服色《(ママ)》の制は朝庭《(ママ)》の制にて、高倉・山科両家のしるべき事にはあらじ…（中略）…ふるき書などはみで、家の説とていとほこりかにもてひがみたる事いひ出んは、本意なきわざなり」と、装束の制度は「朝庭の制」であるにもかかわらず、古い文献の理解を伴わない高倉・山科家の家説に権威がもたれる状況を批判した(79)。「高倉家はたゞ尻つくり、袖のひだうるはしくする事杯ぞしるべき、山科はひろさ・せばさ・長さ・みじかさなどぞしるべき、其法令は、国史・令・式・諸家の日記・西宮・まさすけ・通方抄などによりて、ふるきためしをしりたるがよきなり」と、高倉・山科家は装束の細かな部分に詳しいかもしれないが、その全体を貫く規範を知るためには、六国史・令・式・『西宮記』などをもとに古い先例を理解する必要があるとも主張した(80)。

文政一〇年（一八二七）の行義は、「御大礼」の詔書使として下向した堤維長と談話する機会があった。その際、維長から林子平の「海国兵談」に関する意見を問われたという。行義は、「海国兵談」をかつては知らず、近頃になって読んだが、もし読んでいないうちに維長との話になったならば、詩歌・管絃を業とする「大宮人」に兵書の論で負けるという恥をかいたはずだと述べている(81)。

「御大礼」を契機とする公家との交流、そして朝廷・公家文化への関心が、公家の文化的権威への追従のみにつながったのではないことがわかる。下向した公家との交流は、武士としての対抗意識が呼び起こされる契機になる場合もあり、朝廷・公家文化への関心と理解の深まりも、秘事とされてきた公家の文化的権威に亀裂を生じさせる契機になりえたのである。

ただし、行義が公家の権威を相対化する根拠は、六国史・令・式などにその規範が記されているという「朝庭の制」である。ここでは、朝廷の構成員である公家の権威が批判の対象となっている一方で、天皇を含む朝廷の権威に対する尊重は前提となっているといってよいであろう。

では、天皇を含む朝廷のことについて、行義の他の言説ではどのように捉えられているのか。次の②で検討したい。

②「古の礼制」と「奢侈風流」

行義は天保一一―一二年（一八四〇―一八四一）頃、肥前大村藩主大村純顕から礼に関する質問を受けていた(82)。行義がまとめた問答の控えを一部引用しよう。

［史料四］大村丹後守の君よりの御問(83)

（問）国君たるもの学び候処の礼は、あながち進退等のみに拘り候儀にも不相考、先大也とするところ何を以て先といたし候哉、

（答）国君の礼を学ぶは進退作法によらず、其大本をとはせ給ふ事、誠に国君の御見識ふかく感服たてまつりぬ、夫礼は国の大経、礼にあらざれば貴賤・長幼わかちがたく、国家を治むる事、礼制によらずしてなにを以てかし給はん…（中略）…国家を治むる事、儒を以てたれりと人皆おもふべけれど、皇朝と西朝とは風俗かはりて、西土のおしへ皇朝に行ひがたき事あり、そは先、朝廷の御一姓なるにてしり給ふべし…（以下略）

国君の礼は進退作法に限るものではないはずで、礼の大なるところを知りたいという純顕の問いに対して、行義は、まさに礼は貴賤・長幼の秩序維持に緊要で、国家を治めることの根本でもあると、純顕の見識を称えた。治国のことは儒学を参考にすれば十分と思われているようだが、中国と風俗が異なる日本に中国の教えを適用するには難しい点もあるという。その根拠としては「朝廷の御一姓」、つまり、日本に易姓革命がなく、皇統が連綿と続いてきたことが取り上げられる。

では、行義にとって、日本における礼制の規範になるのは何か。

［史料五］大村丹後守の君よりの御問(84)

（問）本朝にて礼法と申名、何れの時より始り、何の為に起り候哉、

…（中略）…

（答）本朝の礼法は、日本紀、孝徳天皇大化二年「春正月甲子朔、賀正礼畢」、又同三年四月壬午、「天皇処小郡

宮而定礼法」云々、又持統天皇四年に即位の礼を行はれしを始とやせん、神代に、伊弉諾尊・伊弉冊尊左右に旋りて会給ひし時、陰神先唱へ給へるを陽神悦給はず、改めてめぐり給ひたるを思へば、礼のはや神代におこりしとすべし、文武天皇の大宝に、令十巻、律六巻を撰ばせられしより法令行はれ、文物そなはりし…(以下略)

本史料は、大村問答の別の箇条であり、日本における礼法の沿革が問われている。行義は、神代より礼のようなものがあったことはイザナギとイザナミの縁結び伝承があることからもわかるが、本格的な礼法の制定は、孝徳天皇の大化二年(六四六)の賀正礼と持統天皇の即位礼が始まりであるとみなす。そして文武天皇の大宝年間(七〇一―七〇四)における律令の完成を、文物が備わった証と捉えている(85)。

上記の認識を継承した言説は後日にもみられる。行義は弘化四―五年(一八四七―一八四八)頃、有職故実に関する数ヶ条の疑問点を京都の山田阿波介(86)に送付して両者の問答が交わされるが(87)、行義の質問に対する山田の返答を受け、弘化五年正月四日付で書かれた行義の再問の一部をみよう。

[史料六]　京江問答並再問(88)

当時有識の家、専延喜をとなへ給へども、考ふるに、孝徳天皇礼制を下し給ひ、天智天皇又一ぺんして近江の令十二巻を撰ばる、政刑大に行はれ、百姓其徳に服さゞるものなし、又文武のみよにいたりて礼儀文物全く備はりぬれば、このみよに因准すべし、延喜に至りては、天下の権藤氏にうつり、朝廷は奢侈風流にながれ礼制すたれたり…(以下略)

行義は、大化の改新、近江令の制定、そして大宝令の制定によって礼儀文物が備わったといい、有職故実もこの時代に準じるべきと主張した。一方、有職故実において重視されてきた延喜年間[89]（九〇一―九二三）については、朝廷の風俗が奢侈と風流を好むように変わって礼制が廃れた時代だと評価している。

先の①で検討した文政一〇年（一八二七）頃の言説で行義は、六国史・令・式に加え、諸公家の日記と『西宮記』『満佐須計装束抄』『通方抄』[90]などを、装束に関する「朝庭の制」が現れた規範の書として取り上げていた[91]。しかし、礼と有職故実を関連させて論じる［史料五・六］のなかでは、専ら大化―大宝の律令制定の意義を重視しており、諸公家の日記や『西宮記』など平安中期以降の私撰書は有職故実・礼の模範として取り上げられていない。延喜以降の朝廷の歴史は、正しい礼制が廃れていったとして否定的に描かれている。

［史料六］で行義は、文武朝までの質素を基準に延喜の奢侈を批判した。その意味で、上古の質素を基準に中古以降を批判したかつての弘賢や鈴木真粛の立論に接近した形になっている。

（二）「から学」への意識と「前皇の道」

①「から学」に対する行義の意識

［史料四］大村問答で行義は、日本独自の礼のあり方を考究する必要性の根拠として「朝廷の御一姓」の事実を取り上げていた。ところで、控えとして保管された本史料の該当部分には割書が続き、「この論しゐて御問にあづからねばとゞめつ、行義もとよりからぶみを学ばねば、からをかけてはいひがたし」とある。「朝廷の御一姓」のことは大村質問の本題ではないので、実際に差し出した返答書には入れなかった。かつ、これは「から」、つまり漢学の理解を抜きにしては論じがたい事柄であり、自身は「からぶみ」を学ばなかったのでこの議論を敷衍することは難しいと付け加えたのである。

行義は、天保一四年（一八四三）に久留米にいた際、仏教を排斥する儒者の言説や「或侯」の政策[92]を藩主有馬頼徳が批判したことを記し[93]、「おのれ行義不学、からぶみをみず、治国の事に預らずといへども、この仰言をうけ給はりて、まことに国君の見は、庸儒の及ばざる所と深く感服し奉りぬ」との感想を述べた[94]。久留米藩主の見識は凡庸な儒者が及ぶようなものではないと称える一方、自分が「からぶみ」を学んでいない者で、かつ、治国の事に預かる者でもないという認識を表している。

死去の前年である弘化四年（一八四七）頃の行義は自分の生涯を振り返り、次のように書いている。文武両面の道を兼ねて礼を講究し、独自の有職故実を唱えて、古を学んでそれを当時の世で実践する者は自分しかいないと誇らしげに述べる一方、自分が紀伝・明経の学と詩・書・楽の素養は備えていないとした。若い頃に「皇朝の学」だけに心がけて漢学に疎くなったといい、もし自分が漢学の教養を兼備したならば、より優れた人物になったはずだと悔しげに述べている[95]。

行義は伎芸者流云々の批判を受け、有職故実が治国の用になるという主張を強く展開した。しかし、治国の事に預からない本人の立場[96]を自覚したうえで、漢学の素養を欠いたことに後悔の心情も残り続けたといえる。

②「前皇の道」という理想化の論理

このように行義は、自身が漢学を知らないと繰り返し述べている。しかし、行義の言説のなかで漢学の影響は優に溶け込んでいる。

[史料七]　大村丹後守の君よりの御問[97]

若し礼をみだり、制を犯して、互に尊大をほしゐまゝにせば、戦争しばしも止べからず、この故に前皇礼を制し給ひ、恒例・臨時・大小の儀式そなはれり、又諸国には郷飲酒の礼を設け、尊長養老の道をしらしめ給ふ、本朝

のいにしへかくのごとし、このことわりは、経書のうへにてもしろしめすべければ、今はたいふに及ばず

この議論は、［史料四］に引用した大村問答における行義返答の中略部分である。行義は、礼が乱れると戦争が止まないため、古の前皇が朝廷の諸儀式や郷飲酒[98]などの礼を制定したと評価する。そして、このようなことは経書でも書いてあるはずだといい、古代朝廷の礼制に関する自身の議論が儒学に通じることを強調している。

さらに、ここでは礼を制定した主体として古の前皇が登場している。礼を制定したという前皇の存在は、行義の後日の言説でも現れる。［史料六］と少し重複するが、山田阿波介との問答における行義質問の一部を再び引用したい。

［史料八］　京江問答並再問[99]

先皇の道を学び、国史・律令をよむ共、よく討論せざれば灼然たるに至らず、よく討論し灼然たるに至りてこれを今日に施行せざれば、亦益なきものなり、こは、から学も同じかるべし…（中略）…前皇のかしこきみこゝろにたて給へる礼制の外は、心のまに〳〵する共、国政の損害にはなるべからず

行義は、「先皇の道」と六国史・律令を明快に理解できるまで討論し、それを今日に施行する必要を唱えた。そして、このような学びの姿勢は「から学」にも通じるはずだと述べた。

この立論のなかで「先皇の道」は「から学」と区別されており、日本の事績に限るものと捉えて差支えない。「前皇のかしこきみこゝろにたて給へる礼制」以外のこと、つまり、たとえば延喜以降の故実などは、国政の基準とするには値しないとも述べられる。この論が、前掲［史料七］の、礼を制定した前皇論を継承したことは明らかである。

行義は没年である弘化五年（一八四八）、『後松』の最後に収められた随想で、高島拙斎が著した点取和歌詠草[100]の奥

書にあった「古今・伊勢・源氏は本朝の経典」という文言が「井蛙の拙見」であると批判した。行義は、『伊勢物語』『源氏物語』を「中世姪乱驕奢の弊風を書たる書」と貶め、六国史・律令こそが「皇朝の経典」にあたると主張する。ここでも「国史をよみて前皇のかしこき道をしり、令・律によりて国政を経緯し、四海にのっとり、国民を保ずべきなり」といい、六国史に現れた古代朝廷の事績を前皇の道として理想化している。(101)

このように行義は、古代朝廷の事績を有職故実の模範として理想化すると同時に、自身が説く歴史観や学問観が儒学・漢学に通じることを繰り返し強調した。次には、行義の歴史観と儒学との関連性をより具体的に分析したい。

③儒学の先王と行義の前皇

［史料七］で行義は、もし礼が乱れて制を犯し、相手に対して高ぶることをほしいままにすれば戦が止まらないとの理由で、前皇が礼を制定したと論じた。これは、人間の先天的な欲望を互いに調整できないと争乱につながるため、先王が礼義を制したと説く『荀子』の議論(102)に類似している。

かつての荻生徂徠も『荀子』の影響を受けながら、先王による礼の制作を重視する説を展開した。(103)そもそも、朝廷の律令体制を賢い前皇の道として理想化する行義の立論は全体として、中国三代の先王が礼楽を作為したことを巧みな統治術として重視する徂徠の考え方に通ずるところがある。(104)行義の言説の特質を理解する作業の一環として、これを徂徠の言説と少しだけ比較してみたい。

徂徠は、礼を立てた先王とは尭・舜・禹・湯・文・武・周公のことであり、それより遡る伏羲・神農・黄帝も聖人の範疇に入ることは間違いないが、その時代には道徳と礼楽が確立しなかったため後世の人が学んで継承することはないといい、王道はあくまでも礼楽を制作した尭・舜以降の時代に確立したものと論じた。(105)

行義は文政九年（一八二六）頃の随想で、『古事記』・『日本書紀』と『万葉集』に通ずる古学、つまり古道論を唱える国学について、日本の「かみよ」（神代）のことを知ることは良いが、古学を「むね」として学ぶことは無益だと評価した[106]。道が確立しなかった草昧な時代であった遠き昔は後代の模範には値しないという。そしてここでも、律令が制定されて文物が備わった文武天皇の治世以降が現在の模範になると主張した[107]。草昧な時代と礼楽・文物が整備された時代を区別し、前者への評価には消極的で、後者の意義を重視した点で、徂徠と行義の古代論の構造は類似する性格を帯びている。

一方で、行義の前皇論は、枠組みとしては徂徠の先王論に似ているが、中国史の事例は一切典拠として取り上げられない。あくまで日本史の事例に即した立論という点で、徂徠と違って「から学」への深入りを抑制し、国書を研究領域とする見地から主張を展開しようとする姿勢が窺われる。

(三) 朝廷のあり方をめぐる議論

①律令官制の変質について

ここまで検討してきた行義の朝廷論は、主に歴史のなかで有職故実の模範となるものは何かを考察する文脈の言説である。一方、有職故実の参考となる朝廷由来の文化のことではなく、朝廷のあり方そのものについて行義はどのような認識をもっていたのか。主に官制の問題に着目して考えてみたい。

竹尾次春と松岡父子が文政九年（一八二六）春以来に交わした「竹問松答」の一部を以下に引用する。

［史料九］「竹問松答」第二冊第九一、「太政大臣と関白と座席」条

問、関東は格外乃義なり、摂家・清華にて関白の左大臣と太政大臣と座席何れ上座ニ候哉…（中略）…時の関白は左大臣にても通途当職の間は太政大臣といへども伏座可有之歟、此条関東を離れ堂上にての座席承度候、

答、関白は一座の宣旨を蒙り候事故太政大臣より上に着座する事也、是は中古の事、古へは太政大臣上の事勿論也

次春は、朝廷で左大臣を兼任する関白は、関白在職の間には太政大臣の上座につくかを尋ねた。「関東は格外乃義」「此条関東を離れ堂上にての座席承度」など、この質問が武家官位に関わる話ではなく、あくまで朝廷内部のことに関する質問であると繰り返し述べている。かかる書き方から逆に、官位を媒介とした公武間の格式の優劣問題を意識していた様子が窺われる。

松岡の返答では、(108)関白は一座宣旨によって太政大臣の上座につくが、これは中古のことであり、古には太政大臣が上座についたと述べられる。

そして、文政一〇年（一八二七）の「御大礼」から間もない頃の行義は、次のような備忘を残している。

［史料一〇］『後松』（二〇九―二一〇頁）

○柳営太政大臣に上らせ給ふて後、書などみぬ人の、関白とはいづれが重しととふ、関白は唯万機の政をあづかり白《マウ》すといふ事にて内覧の宣旨をかうぶり給へれば、万の政みな関白をへずしては奏する事ならぬなり、又太政大臣は、我徳をもて四の海浪しづかに、吹風は枝をならさず、あまざかるひなのかぎりも化にほこるを以て其任にあたるとす、されば、関白とならべていふべくもなし…（中略）…後世摂関の威いよ〳〵盛にして、つゐに太政の上に列する事にはなれり…（中略）…関白は正官に非らず、関東にたとうれば御老中の上座にて御用番をひとりして持給ふ様なるものなり、是を正官に対して上下を争ふは甚失錯なり、されば上代はそのさたなかりき

「御大礼」の後、「書などみぬ人」が関白と太政大臣の上下を問うたという。当時の松岡父子は竹尾次春の学識をあまり高く評価していなかったようで(109)、「書などみぬ人」と蔑まれている人物は、おそらく前掲［史料九］の質問者である次春のことであり、本史料の執筆は［史料九］の問答が契機であったと思われる。

行義の見解は次の通りである。関白は、ただ内覧の宣旨をもらい、天皇に奏聞される前の万事を「関《あずか》り白《もう》す」だけの職である。一方で太政大臣は、自らの徳をもって風が枝も鳴らさぬほどの泰平へと四海を導き、辺鄙な田舎にいたるまで徳化を実現させる職である(110)。行義はこのように、さまざまな修辞を駆使して太政大臣を持ち上げ、関白は太政大臣と並ぶものではないという。後世に摂関の威勢が増長し、遂に太政大臣の上に列するようになった。関白は正官でもなく、幕府に譬えていえば、老中たちが輪番で勤める仕事にあたる御用番の老中が他の老中たちの上座につき、あたかも老中より上位の役人であるかのようになることである。正官でもない関白が太政大臣と上下を競う状況は非常に不当なもので、上代の朝廷ではそのようなことがなかったと行義は説く。

律令本来の朝廷官制が変質したことを批判する行義の認識は、過ぎ去った歴史の評価にとどまるのではなく、同時代の朝廷をめぐる議論にも結びつくものであった。次の②で検討したい。

②同時代の朝廷に及ぶ批判

［史料六・八］として取り上げた山田阿波介との問答を再び検討しよう。［史料六・八］は山田の返答に対する行義の再問であるが、弘化四年（一八四七）中に出された行義の初問は以下のような内容であった。

［史料一一］京江問答並再問(111)

〔松岡初問〕足利家の比、将軍義満公をはじめ堂上方にても二歳・三歳の御小児叙位任官の御例はじまり、当時も有之候、小児元服以前なにを恪勤あるべきや、不審此事に御座候、令を考ふるに、凡授位者年廿五以上、唯以蔭出身者廿一以上とみゆ、廿一は既に正丁に入るの年、廿五は考を得、位を授ふべきの時なり、いまは位を授はりぬれども、位田もなく、官に被任候ても職掌もむなしきに似たれば、畢竟名のみに候得共、万事復古の御時節、旧制に従はれず、中ごろ嬰児をいつくしみ、あやまりたる弊風に因准し給ふは、頗遺憾の至に御座候

行義は、室町時代の頃、将軍足利義満をはじめ、堂上家の小児が元服前の二、三歳から叙位されるようになり、その風習が近世当時まで続いていることを指摘した。行義は、かかる慣例が令の授位年齢の規定に背くものと批判する。行義の時代は「万事復古の御時節」になっているにもかかわらず、当の朝廷は旧制に従わず、幼児を慈しむなど中古の弊風が踏襲されていると歎いている。

「万事復古の御時節」とは、家斉が装束の故実に示した関心を行義が「復古の御心」と評していたように[112]、幕藩権力者の故実重視を念頭においた表現といえる。武家の復古ぶりが朝廷を批判する根拠となっている。本史料の前半部の議論は室町期にわたるものであるが、「万事復古の御時節」との対比で批判される後半部の朝廷とは、紛れもなく行義と同時代の朝廷である。しかも、天皇本人の生活とも密接に関わる小児叙任の慣例が、批判の的になっている[113]。

行義が、［史料一二］に対する山田の返答について再問した内容を『後松』に収めた部分では、最初に質問した内容のうち「足利家の比、将軍義満公をはじめ堂上方にても二歳・三歳の御小児叙位任官の御例はじまり、当時も有之候」の部分が、「足利家の比、将軍義満公をはじめ堂上方にても二さい《ママ》・三歳の御小児叙位任官の御例有之候」[114]と書き換えられている（傍線は引用者による）。近世当時の朝廷の状況に及ぶ内容が、室町時代の状況に限られた内容に改変されたのである。改変の主体が行義・阿波介のどちらなのかはわからないが、「有之候」より後の文言は［史料一二］引用部と大差がない。したがって、全体として室町時代から近世当時にいたる朝廷の状況を包括的に論ずる内容

となっている点は変わらない。書き出しの部分に限って議論の同時代性を表す文言が取り除かれたことが、却って同時代の朝廷をめぐる議論としてのセンシティブさを意識したことの反映ではあるまいか。

山田の返答について行義が再問した内容の一部は［史料六・八］にも取り上げたが、それらと重複する部分を含め、山田の返答と行義の再問を改めて検討したい。

［史料一二］京江問答並再問(115)

〔山田返答〕此条御尤の事ながら、延喜式以来格式有之、畢竟父祖の蔭を以て追々可様《（ママ、斯様カ）》になり、時の思召にて宣下ある事、強て申さば上をそしるに当り候はず歟、流例と心得候方宜敷候半歟、

〔松岡再問〕延喜式以来の格式おのれしり侍らず、つばらに教へ給へかし、又強く論じぬれば上をそしるにあたるによて流例と心得べしとの事、ふかくかしこみ侍りぬ、しかあれど、学者の道を論ずるは、上を誹るの謂にはあらざるべし、先皇の道を学び、国史律令をよむ共、よく討論し灼然たるに至りてこれを今日に施行せざれば、亦益なきものなり、方今有識の家、古の礼制にあづからず、中世以来の冠帽、衣服の規摸《（ママ）》、宮室調度の体製をとなへて、専らこれに力をつくすといへども、こは古を学ぶの一端にして、国家を治るの用にたらず、いかにとなれば、其古実《（ママ）》といふもの、実は先王の法服にはあらで、やゝ下りての世の驕奢風流の弊俗なり、さはいへど、いまはこれに因准せざればかなはざるによて、其奢侈よりおこり、風流より出たる事をよく学びしりたるが、いみじき博士識達なれば、おのれも元よりこれにならふといへども、ひそかにおもへば、学者の意見必こゝに於てすべからず…（中略）…抑、授位任官は朝廷の大事、愛憎情のまに〳〵選叙貢挙し、官人其任にあたらざれば、害政しばゝ〳〵行はれて天下安かるべからず、されば別勅といふとも甚しき事なきをよしとすべし、かくいひては、又上をそしるの罪をおはせ、有識服色《（ママ）》の家をもいひ破りぬる勘事を加へ給ふべけれど、正保に魚屋八兵衛が御火葬を

申とゞめ奉りしより、いまもこれにならひたまふは、魚屋が忠貞、廉潔の大功ならずや、町人商家賤陋の身といへども、道を思ふの深切なるよりこゝにいたれるなり御火葬は持統天皇に始り、代々これにならひ給ふもの多し、まして吾国学の士も、この志にならはざる時は、有識も亦茶道・活花のたはぶれに類すべし

山田の返答は、行義の問題提起が妥当なことではあるが、小児の叙位については『延喜式』以来の格と式があり、徐々にそのようになったもので、天皇からその時その時の思召で定められて慣例として定着したと理解した方がよかろうという。さらに議論を詰めていくと上をそしることになりかねないとして、明確な見解の表明は避けられている。

行義の再問は、まさに山田返答のこのような態度に食いつくものである。『延喜式』以来の格と式があるというが、自身はそのようなものがあることを知らない。上をそしるようになるというが、学者が道を論ずることは上をそしるものではない。真摯に道を論ずる姿勢に欠けた有職故実は、引用部最後の表現によると、茶道・生け花の戯れと同じものである。このような主張からは、弘賢らの「伎芸者流」「活花の師範」云々の批判を行義が未だに意識していたことがわかる。

近世当時の有職の家は、先王が作った古の礼制を知らず、中世以来の装束・宮室・調度類の故実を大事にしているとされる。これらの故実は、古を学ぶことの一端に過ぎず、やや後の時代における驕奢風流の弊俗が混ざりこんだもののありがちであり、国家を治めるためのものにはならないと行義は評する。行義本人も元来は有職の家から有職故実を学んだが、思ってみれば有職の家の故実は学者が依拠すべきものではないという。

衣紋会の門弟である行義が教えを受けたという有職の家とは、装束を家業とする公家、つまり衣紋会の宗匠である高倉家のことと理解できる。有職の家や茶道・生け花など、弘賢風にいえば「伎芸者流」との対比で、学者としての姿勢が一層強調された形になっている。

行義は、「朝廷の大事」である官位叙任が私的な情愛と関係性に左右されて官人が然るべき職任にあたらなくなると、害政が施されて天下が安定しなくなると述べる。このような議論が「上」、つまり朝廷をそしり、また宗匠家の権威を傷つけるものであると譴責されても仕方がないと認めながら、先皇の道を徹底的に討論し、これを当時の世に実践しないと無益なものと述べる。そして、持統天皇以来多くなされてきた天皇の火葬が、承応三年（一六五四）後光明天皇の崩御後に魚商人奥八兵衛の建言で止められ、土葬に改められたという伝承を取り上げる。行義は、奥八兵衛が賤しい町人商家の人ではあるが、彼の志は行義自身のような「国学の士」も見習うべきものと評価している(116)。

このように、先皇（前皇）の道に立脚して有職故実を検証・批判し、弊風から脱却することを説く行義の議論は、知識人としての研究の領域にとどまらず、同時代朝廷の現実にも及ぶものであった。

小括

道を知らない伎芸者という批判を受けた行義は、衣紋の権威に頼らない有職故実のあり方を歴史的な視野から模索した。その結果、儒学の説をだいぶ意識しながら、大化—大宝の朝廷で整備された律令体制を、有職故実の模範となる前皇（先皇）の道として理想化する論理を構築した。治国への効用を重視し、延喜以降の弊風と芸能者的な営みからの脱却を唱えた行義の立論は、弘賢らの批判に反発しながら、同時に弘賢らの見方に近づいている。

ただ、幕臣の弘賢や栗原信充の言説で、徳川家康の時代に定まった制度の意義が強調されるのに比べ、行義は、武士としての意識は確かにあったが、有職故実のあり方を総体的に論ずる言説においては、いつも前皇（先皇）の道を重視している。芸能の家元として公家たちがもってきた文化的権威、そして同時代の朝廷の現実についても、前皇（先皇）の道に照らして検証・批判され、ひいては直されていくべきものと捉えている。

おわりに

本章では、近世後期における天皇・朝廷像の変容を、現実の武家社会と朝幕関係の動向を踏まえて分析し、その言説における天皇・朝廷の〈あるべき姿〉の特質について考察を進めた。文政一〇年（一八二七）の「御大礼」、つまり将軍徳川家斉の太政大臣昇進儀礼を契機に起こった論争を出発点として分析を展開した。

まず、本章で明らかにしたことをまとめたい。

第一節では、まず「御大礼」の儀礼開催の実態を検討し、「御大礼」による武家社会の装束調進について、財を費やす風流好事と公家の真似に懸念を示した幕臣屋代弘賢と、これに反論した衣紋会の故実家松岡辰方の論争である「屋松問答」の内容を概括した。

弘賢は、家斉期の幕府奥右筆所に長年勤め、学問の能力を必要とする幕府政策に携わってきた人物である。そして松岡辰方・行義父子は、将軍の昇進儀礼が連続した同時期において、礼服調進・着用を指導する衣紋会の江戸門弟組織の主役であり、その有職故実の実力により武家社会で名声が高まっていた。弘賢にとって、公家の真似というフレーズに事寄せて武家社会の現状を批判する論争の相手として相応しい存在であったといえよう。この論争は単なる知的余興のようにもみえるが、その論点は、財政の逼迫や公家文化の影響といった、武家社会のあり方をめぐる根本問題に触れるものであった。弘賢は、松岡との論争の内容を周囲に積極的に発信しており、自身の主張が武家社会に広く共有されることを意識的に図っていたように思われる。

弘賢に対する辰方の反論は息子松岡行義が代筆した。その反論について弘賢らからは、松岡側が幕府の制度を正しく理解しておらず、質素の規範が失われた平安中期以来の奢侈な故実を権威化する存在で、治国とは無縁な伎芸者流という批判がなされた。

第二節では、行義が弘賢らの批判に示した反応と、そこから展開する有職故実論、そして天皇・朝廷像の特質を検討した。「屋松問答」以来、行義は儒学・漢学の素養に欠けた自身の限界を強く意識し、同時に儒学の理念を取り入れた有職故実のあり方を模索していく。その結果、大化―大宝年間に整備された律令体制を前皇（先皇）の道と理想化し、有職故実の模範とする論理を構築した。

かかる行義の立論で、延喜年間以降の朝廷のあり方は弊風に満ちたものと否定的に捉えられた。この観点は行義と同時代、つまり近世の朝廷と公家社会にも及ぶものであった。弊風を追従する公家たちの文化的権威も、朝廷運営のあり方も、前皇（先皇）の道に則って検証・批判して修正されるべきものと論じられた。

ここで、行義の言説における朝廷像の特質を改めて考えてみたい。

本章の「はじめに」で述べた通り、渡辺浩氏は、近世人の天皇・朝廷像について、礼楽を備えた中華風の君主、平安の「雅び」の保持者、神代につながる神話的存在といったイメージが、天皇・朝廷への憧れの心情を呼び起こしたと評価した。前皇（先皇）が定めた礼制として律令体制を理想化する行義の言説は、渡辺氏が取り上げる三つのなかでは礼楽君主のイメージに比較的近いものであり、儒学者の天皇像に近いものといえる。一方で、行義の立論は、儒学の考え方を取り入れながらも、経書の文言や中国の故事などを直接引いてくる場面はみあたらない。大化の改新・大宝令の制定など、あくまで日本史上の出来事に即してなされる行義の立論は、儒学者のそれとは異質な面がある。幕末より少し遡る時代、儒学者の言説とも、そして古道論を唱える国学者の言説とも区別できる天皇・朝廷像が、故実家の言説のなかで生まれていたのである。

前皇（先皇）の道に対する行義の礼賛は、神代の伝承を重視する考え方や、平安の雅な公家文化への憧れに対する批判とも結びついていた。行義は、朝廷の律令制の全盛期と、摂関政治が本格化した平安中期以降との相克を明瞭に意識していた。その相克への意識は、行義の朝廷論の骨子をなしている[117]。

朝廷の構成員である公家たち、しかも行義自身が所属する衣紋会の宗匠家がもつ文化的権威も検証・批判の対象となっている[118]。芸能や学知を媒介に結ばれる朝廷構成員と朝廷外部との関係性を考えるにあたり、留意すべき事例だと思われる。朝廷とその構成員たちが継承してきた歴史の遺産に由来する複数の朝廷像が、単純に積み重なって朝廷・公家社会の権威上昇へとつながるものではなかったことを、行義の言説は示している。

さて、ここで山田阿波介との問答における行義の立論を振り返りたい。近世当時の朝廷に対する行義の否定的な認識では、官位制度のあり方が一つの根拠となっていた。近世の朝廷官人は位階を与えられても位田が与えられず、職に任じられてもその職掌は伴われず、名ばかりの虚しきものということである。上古の賢明な前皇〔先皇〕たちは理想的な礼制を建てたが、権力が天皇から藤原氏に移った平安中後期から朝廷の礼制が廃れ、奢侈の風潮に流れたという認識がその前提であった。藤原氏による摂関政治が、官位制度を含む前皇〔先皇〕の礼制、つまり、朝廷の〈あるべき姿〉と対峙する現象として描かれたといえる。

ところで、行義と同時期の朝廷では、まさに行義が言及した位田など、律令による封禄制度の仕組みを一部再興する構想が進展していた。行義風にいえば、賢き前皇が定めた制度に対する関心は朝廷内でも高まっていたのである。行義の朝廷像は、必ずしも当時の朝廷運営の動向を正確につぶさに把握したうえでのものではなかった。

律令封禄の再興構想の中心には鷹司政通がいた。行義が摂関政治の台頭を批判し、朝廷が上古の礼制へ回帰することを希求していた頃、ほかでもない時の関白も上古の制度への回帰につながる構想に取り掛かっていたのである。

次の第三章において、政通を中心に律令封禄の再興構想が進展する過程を詳細に明らかにしていく。

（1）　渡辺浩『日本政治思想史　十七～十九世紀』（東京大学出版会、二〇一〇年）二一一頁、二七〇頁、三三六―三三九頁、三九一頁。

(2) 内閣官報局編『法令全書　慶応三年』六頁（第一三、一二月九日。国立国会図書館デジタルコレクション）。

(3) 伊藤武雄『玉松操――復古の碩師』（金雞学院、一九二七年）二五頁等。

(4) 藤田覚「天保期の朝廷と幕府――徳川家斉太政大臣昇進をめぐって」（藤田覚『近世天皇論』清文堂出版、二〇一一年、初出は一九九九年。以下「太政大臣昇進」と略す）。

(5) 有職故実という概念はかなり幅広い内容に渡っている。近現代以降の有職故実研究で分析対象となっているものについては、石村貞吉『有職故実研究』（学術文献普及会、一九五六年）、江馬務『新修有職故実』（『江馬務著作集10』中央公論社、一九八八年所収、初版は一九三〇年）、鈴木敬三編『有識故実大辞典』（吉川弘文館、一九九六年）、佐多芳彦『服制と儀式の有職故実』（吉川弘文館、二〇〇八年）等を参照。有職故実の形成と前近代における歴史的展開については、石村貞吉「緒言」（石村『有職故実研究』）一―一五頁を参照。

なお、この注における参考文献からもわかるように、「有職」と「有識」の表記は統一されていない。本書においては、地の文としては「有職」に統一し、史料の文言を引用する場合に限って「有識」の表記を用いる。

(6) 有職故実の思想的意義に注目する必要性は伊勢貞丈に関する研究で提起されている（田中俊吾〔須佐俊吾〕「日本近世思想史研究の問題点と伊勢貞丈」『中央大学大学院論究　文学研究科篇』三〇、一九九八年、同「実践倫理、生活世界の学としての有職故実――「故実家」伊勢貞丈の思想」『倫理学年報』五一、二〇〇二年）。しかし、近年の思想史研究動向の全体像を示す講座物（苅部直ほか編『日本思想史講座』第一―五巻、ぺりかん社、二〇一二―二〇一五年、同ほか編『岩波講座日本の思想』第一―八巻、岩波書店、二〇一三―二〇一四年）において、なお有職故実関係の議論はほとんどみられない。

(7) 屋代・松岡論争は、松浦静山、中村幸彦・中野三敏校訂『甲子夜話6』（平凡社、一九七八年、三〇五―三〇九頁）、および松岡行義『後松日記』（『日本随筆大成　第Ⅲ期7』吉川弘文館、一九七七年〔以下『後松』と略す〕、八三―八七頁）に収録されている。

(8) 大沼宜規「考証の浸透」（同『考証の世紀』吉川弘文館、二〇二一年、初出は一九九九年）七四―七五頁。

(9) 国立国会図書館所蔵資料のオンライン検索において、「故実家」では一一七件、そのうち「有職故実家」は二四件、一方で、「故実学者」では三件のみがヒットする。国立情報学研究所データベース（CiNii）での検索も、同様の傾向を示す（検索日付：二〇二四年七月二二日）。

(10) 「屋松問答」（国立公文書館所蔵内閣文庫本「視聴草」初集第六所収）等。その他、「屋代手簡」（国立国会図書館古典籍資料室「屋松手簡同注解及松竹余論付」所収）、「屋代松岡問答」（国立公文書館所蔵内閣文庫本「墨海山筆」巻五八所収）等

のように、異本によって表題は一定しない。
(11) 国立公文書館所蔵内閣文庫「御大礼之節津軽越中守御答一件」(『見聞雑記』第四〇冊所収)、松浦『甲子夜話6』(三一四頁、三八一頁)等で、文政一〇年(一八二七)の太政大臣昇進が「御大礼」の語で記される。
(12) 竹尾次春について、詳細は本書第一章を参照。
(13) 国立国会図書館古典籍資料室「松栄色」全九冊。「松栄色」の編纂について、詳細は本書第一章を参照。
(14) 成島司直ほか編『続徳川実紀』第一・二篇(経済雑誌社、一九〇五年)。
(15) 松浦『甲子夜話6』二七九頁。
(16) 国立公文書館所蔵内閣文庫「文政十年相国宣下武門記」。
(17) 「松栄色」第一冊朝日巻。
(18) 原文の内容は、注(7)に紹介した版本を参照。論争の大まかな内容は、大沼「考証の浸透」七四―七九頁でも紹介されている。
(19) 『後松』八四頁。『後松』は、著者の備忘・考証・随想が書き留められたものである。日付の記載はないが、各記事の収録順は概ね執筆の時系列に沿っているようで、執筆の時点がわかる前後の記事から、個々の文章の大略的な成立時点を類推できる。以下の本章で、『後松』からの史料引用における年代の記述も同様の方法による比定である。なお、大沼論文のほか、西村慎太郎「松岡行義考」(『東北アジア文化学会　第一〇次国際学術大会発表資料集』二〇〇五年)、加藤悠希「有職故実家松岡行義の邸宅に関する知識について」(加藤『近世・近代の歴史意識と建築』中央公論美術出版、二〇一五年)においても『後松』が検討されている。加藤氏の分析は主に建築史上の論点に関わるものであり、西村氏の分析は行義の言説全般にわたるが、個々の記事が成立した文脈が詳細に検討されたわけではない。
(20) 屋代弘賢の経歴に関する以下の記述は、大塚祐子編『屋代弘賢略年譜』(私家版、二〇〇二年)、森銑三「屋代弘賢」(『森銑三著作集7』中央公論社、一九七一年)、表智之「一九世紀日本における「歴史」の発見」(『待兼山論叢　日本学篇』三一、一九九七年)、大沼宜規「寛政改革と文人」(熊倉功夫編『遊芸文化と伝統』吉川弘文館、二〇〇三年)、そして、同「寛政の改革と「国学考証派」の登場」および「屋代弘賢の歴史考証」(『考証の世紀』)等を参照。
(21) 本間修平「徳川幕府奥右筆の史的考察」(服藤弘司・小山貞夫編『法と権力の史的考察』創文社、一九七七年)五五六―五六〇頁。
(22) 宮内庁書陵部所蔵図書寮文庫「御門弟名籍」第二冊の入門記録による。なお「衣紋」は「衣文」とも書くが、引用以外の表記は「衣紋」と統一する。

(23)　当該期の和学講談所の御用留によると、辰方は半年に二〇日程度、和学講談所で「史料取立御用」に従事していた。「和学講談所御用留」（斎藤政雄『『和学講談所御用留』の研究』国書刊行会、一九九八年所収）。

(24)　井上容子「衣紋会の組織と活動について」（久留島浩・吉田伸之編『近世の社会集団――由緒と言説』山川出版社、一九九五年）一二一頁（同頁の表を参照）。なお、同論文によると、衣紋会の会頭は複数名で、松岡だけではない。

(25)　坂本辰之助『有馬義源公』（東京郵便通信社、一九〇八年、付録「久留米教育小史」二九頁）、久留米市役所編『久留米市誌（下編）』（久留米市役所、一九三二年）一六〇頁、篠原正一『久留米人物誌』（久留米人物誌刊行委員会、一九八一年）四五二頁。

(26)　中澤伸弘「徳川時代中期の衣紋道高倉家の門人の一考察」（『明治聖徳記念学会紀要』四六、二〇〇九年）二四六頁。

(27)　中澤「徳川時代中期の衣紋道高倉家の門人の一考察」二四四頁の表。

(28)　井上「衣紋会の組織と活動について」一二一頁の表。

(29)　『後松』一六七頁、一八〇―一八一頁、一八三―一八四頁、三〇三―三〇九頁、三四〇頁。

(30)　『後松』四六九頁。

(31)　『後松』四一三頁、六二三頁。

(32)　住居の詳細は不明であるが、衣紋会の門弟を対象とする稽古等にあたるため、久留米藩邸とは別の屋敷があったのではないかと思われる。

(33)　『後松』一二一頁。

(34)　衣紋会の門弟組織に関する以下の記述は、別に出典を示さない限り、井上「衣紋会の組織と活動について」による。

(35)　中澤「徳川時代中期の衣紋道高倉家の門人の一考察」二四四頁の表。

(36)　中澤氏は、当該年に衣紋の需要がある大儀がなかったと評価するが（「徳川時代中期の衣紋道高倉家の門人の一考察」二四六頁）、この見解は修正を要するのではないかと思われる。

(37)　『後松』八八―八九頁。

(38)　『後松』九七―九九頁。

(39)　『後松』五三五頁。

(40)　『後松』五三五―五三六頁。文化一三年（一八一六）当時、二〇代前半であった行義が幕府関係者に直接進言したというよりは、行義の意見を踏まえた父辰方が働きかけたとみるべきではないかと思われる。

(41)　井上「衣紋会の組織と活動について」一三三頁。

(42)『後松』五三六―五三七頁。

(43)「松竹問答」(『日本随筆大成　第Ⅲ期10』吉川弘文館、一九七七年、五〇三―五〇四頁)。

(44)「松栄色」第一冊朝日巻。

(45)『新板改正文政武鑑　巻之三　御役人衆』(文政元年版：千鍾房須原屋茂兵衛、国立国会図書館デジタルコレクション)。

(46)「竹問松答」(宮内庁書陵部所蔵図書寮文庫)全三冊。問答の内容をまとめたのは竹尾次春の方であったと思われる。

(47)「松栄色」第九冊落葉巻所収。

(48)『後松』四一三―四一四頁。

(49)『新板改正文政武鑑　巻之三　御役人衆』(文政九年版、江府書林千鍾房須原屋茂兵衛、国立国会図書館デジタルコレクション)六六丁、および『屋代弘賢略年譜』。

(50)『後松』五四〇―五四一頁。

(51)先述の通り、弘賢は、古器物の展観会である耽奇会の主な参加者でもあった。

(52)川崎重恭『しりうごと』(天保三年刊、『日本随筆大成　第Ⅲ期11』吉川弘文館、一九七七年、四四五頁)。川崎重恭は平田篤胤の門人であり、同書は、文人社会で流行っていた番付を、和学者を対象に行った著述である(『随筆大成』同巻解題を参照)。一八世紀半ば頃に本格的に登場する学者・文人の評判記・番付には、自派の名を売る意図も込められていた。黒住真「儒学と近世日本社会」(黒住『近世日本社会と儒教』ぺりかん社、二〇〇三年、初出は一九九四年)、中野三敏「学者・文人評判記について」(中野『江戸名物評判記案内』岩波新書、一九八五年)。

(53)小林元儁(深川潜蔵)『金剛談』(『日本随筆大成　第Ⅲ期11』吉川弘文館、一九七七年、四八二頁所収)。小林元儁は天保三年(一八三二)に篤胤に入門した人物(同書解題による)。なお、『しりうごと』と『金剛談』は、大沼「考証の浸透」八〇頁でも紹介されている。

(54)屋代・大塚の往来書簡は、国立歴史民俗博物館所蔵平田篤胤関係資料「屋松手簡同評注」、および国立国会図書館所蔵「屋松手簡同注解及松竹余論付」に収録。両方とも内容は同じで、「屋松問答」の本文と、関連する論評・書簡等を収める。原本をまとめたのは弘賢本人と思われる。田安家の田藩文庫に収められた後者(国会図書館本)の伝来経緯は不詳である。平田篤胤関係資料である前者は、弘賢本人が平素近しい関係であった篤胤に示したものと思われる。弘賢と篤胤の関係については、三ツ松誠「「御民」宣長」(『雅俗』一六、二〇一七年)四〇―四二頁。

(55)大塚嘉樹は、滋野井公麗・高倉永範に有職故実の指導を受けた後、江戸で門人を集めた人物という(『国史大辞典』「大塚嘉樹」〔鈴木敬三執筆〕)。

(56) 屋代・岡田間の書簡も「屋松手簡同注解及松竹余論付」、「屋松手簡同評注」に収められている。
(57) 「松栄色」第一冊朝日巻。
(58) 「松栄色」第九冊落葉巻。次春評注は、「屋松手簡同注解及松竹余論付」、「屋松手簡同評注」、および辰方の備忘である「拾砂集」（宮内庁書陵部所蔵図書寮文庫）第七七冊にも収録。
(59) 「松栄色」所収の次春評注には、論評内容をさらに解説した頭注がいくつかあるが、最初の頭注は「輪池云」といい、弘賢（輪池）が書いたことがわかる。ほかの頭注も専ら屋代質問の論評部分についており、その内容も弘賢の執筆とみて差し支えないものである。
(60) 「屋松手簡同注解及松竹余論付」、「屋松手簡同評注」、「拾砂集」第七七冊所収。「松竹余論」の「松竹」とは、松岡・竹尾の苗字からとったもので、次春評注より後に、その内容まで踏まえて書かれたようである。
(61) 鈴木真粛が伊勢貞丈に師事した経緯は、文政元年（一八一八）に編纂した武具の故実書『便蒙古武器図式』（国立国会図書館所蔵）の跋文に記されている（国立国会図書館デジタルコレクション）。
(62) 『国史大辞典』「栗原信充」（鈴木敬三執筆）、『国学者伝記集成2』（名著刊行会、一九七二年）、『国書人名辞典2』（岩波書店、一九九五年）一三三頁、『屋代弘賢略年譜』一〇頁、六八頁、九八頁。
(63) 本段落の記述は、大沼『考証の世紀』五三頁、五九頁、一三八―一三九頁、三一三頁による。
(64) 当時の幕政・幕藩関係については、大口勇次郎「文政期の幕政」（井上光貞ほか編『日本歴史大系3　近世』山川出版社、一九八八年）八八七―八九四頁、藤田覚「近代の胎動」（藤田編『近代の胎動』吉川弘文館、二〇〇三年）、山本英貴「家斉期の幕藩関係」（『歴史学研究』九八九、二〇一九年）等、同時期の朝幕関係と幕府の朝廷優遇については、藤田「太政大臣昇進」および、同『光格天皇』第六章、佐藤雄介「文政―天保期の朝廷財政と江戸幕府」（佐藤『近世の朝廷財政と江戸幕府』東京大学出版会、二〇一六年、初出は二〇〇九年）を参照。
(65) 奥右筆の職掌については、本間「徳川幕府奥右筆の史的考察」を参照。
(66) 「松栄色」第九冊落葉巻。
(67) 家斉の左大臣昇進の翌年である文政六年（一八二三）と、太政大臣昇進の翌年である文政一一年（一八二八）に、江戸城では昇進祝いの意味を込めて公家・上方楽人による管絃が披露された。松浦静山『甲子夜話続篇1』（平凡社、一九七九年、一八七―一九〇頁、三三二―三四一頁）。
(68) 「松栄色」第九冊落葉巻。
(69) 「松竹余論」。

(70)　厳密には、六国史の下限は光孝天皇の仁和三年（八八七）までで、延喜年間（九〇一—九二三）は六国史が扱う範囲に入らない。
(71)　「松栄色」第九冊落葉巻。
(72)　「松栄色」同巻。
(73)　「松竹余論」。
(74)　「屋松手簡同評注」、「屋松手簡同注解及松竹余論付」所収。
(75)　宮内庁書陵部所蔵図書寮文庫。全二〇九冊。
(76)　『後松』五六七頁。行義を「いさむる人」がいて、この部分は実際に伊勢家に差し出した文章からは取り除かれたという（『後松』五六九頁）。
(77)　『後松』五六六頁。この部分は伊勢家に差し出されたようであるが、伊勢家側の反応は不明である。
(78)　『後松』五三五—五三七頁。
(79)　『後松』九一頁。
(80)　『後松』九一—九二頁。
(81)　『後松』一〇〇—一〇一頁。
(82)　松岡父子はすでに文政一二年（一八二九）、大村の第一〇代藩主純昌から作庭の諮問を受けており（『後松』一五七—一五八頁）、天保二年（一八三一）一〇月一三日には辰方が「大村家中門弟有之由」との理由で久留米藩から許可をもらい、肥前大村に訪れたことがあるという（「米府年表」『久留米人物誌』下編附録、二八三頁）。
(83)　『後松』四一〇—四一二頁。
(84)　『後松』四一〇頁。
(85)　この記述は、大宝元年（七〇一）元旦の朝賀の儀に関する『続日本紀』の評「文物之儀、於是備矣」を参照したものではないかと思われる（『新訂増補国史大系2』吉川弘文館、一九六六年）。
(86)　山田以文（天保六年没）の跡を継いだ山田有孝（錦所）と推定されるが詳細は不明。山田以文と有孝は京都で有職・和学者として知られていた。『平安人物志』（文化一〇年・文政五・一三年・天保九年版）、および「「平安人物志」掲載諸家関連短冊」における解説」（以上、国際日本文化研究センター平安人物志データベースにて閲覧）。
(87)　『後松』六〇八—六〇九頁、六二五—六三三頁。
(88)　『後松』六三三頁。

(89) 延喜年間は天暦年間（九四七—九五七）と並んで聖代と評価される傾向があった。『西宮記』など初期の私撰儀式書が主に準拠する「儀式の先例の時代」ということが重要な理由である。田島公「延喜・天暦の「聖代」観」（『岩波講座日本通史5』岩波書店、一九九五年）等。
(90) 中院通方編『飾抄』のことではないかと思われる。
(91) 『後松』九一—九二頁。
(92) 「或侯」の政策は、「家の寺門を廃し、僧侶を追ひ、銅仏を大炮《ママ》に鋳あらためられし」ものというが（『後松』四七六頁）、これは水戸の徳川斉昭のことではないかと思われる。斉昭の廃仏政策については、河野福夫「水戸学と仏教」（『史淵』（九州帝国大学法文学部）四、一九三二年）等。
(93) 前節で触れたが、松岡父子の住居は江戸で、久留米下向は一時的なものとみられる。
(94) 『後松』四七六頁。
(95) 『後松』六〇九—六一〇頁。
(96) 『後松』や久留米藩史の関係文献（久留米市史編さん委員会編『久留米市史2　近世の歴史』一九八二年、『資料編　近世1』一九九三年、『資料編　近世2』一九九三年、および前掲注(25)の文献）をみる限り、松岡父子が久留米の藩政に携わった形跡はない。
(97) 『後松』四一一頁。
(98) 儀制令に「凡春時祭田之日、集郷之老者、一行郷飲酒礼、使人知尊長養老之道」とあるように、地方村落の年配者を対象として酒を饗応する儀礼である（『律・令義解（新訂増補国史大系22）』吉川弘文館、一九六六年）。
(99) 『後松』六三二頁。
(100) 高島拙斎は但馬出身の文政期頃の医家で、京都に遊学して大愚（大愚慈延のことか）に和歌を学び、中立斎先生と呼ばれたという（大日本人名辞書刊行会編『大日本人名辞書　下巻　新版』大日本人名辞書刊行会、一九二六年、一四八二頁）。しかし、その詳しい行跡や点取和歌詠草のことについて詳細はわからない。
(101) 『後松』六五五—六五六頁。
(102) 「礼起於何也、曰、人生而有欲、欲而不得、則不能無求、求而無度量分界、則不能不争、争則乱、乱則窮、先王悪其乱也、故制礼義以分之」（『荀子』礼論）。
(103) 荻生徂徠『読荀子』（『荻生徂徠全集3』河出書房新社、一九七五年）、今中寛司『徂徠学の基礎的研究』（吉川弘文館、一九六六年）。

(104) 徂徠学に関する以下の記述は、相良亨「経世済民の儒学の成立」（相良『近世日本における儒教運動の系譜』理想社、一九六五年）、吉川幸次郎「徂徠学案」（『吉川幸次郎全集23』筑摩書房、一九七六年、初出は一九七三年）、渡辺浩「反「近代」の構想——荻生徂徠の思想」（渡辺『日本政治思想史』）等による。
(105) 『弁名』聖四則（元漢文、『日本思想大系36　荻生徂徠』岩波書店、一九七三年、六三頁、二一六—二一七頁）。
(106) 『後松』七五頁。
(107) 『後松』同頁。
(108) 「竹問松答」の返答者が辰方・行義のどちらにあたるかは不詳であるが、先に取り上げた「竹問松答」次春序の「此父子」の文言から、少なくとも次春側は、父子をともに問答の相手として認識していたと思われる。
(109) 「竹問松答」の次春質問は冗長なものが多いが、松岡の返答は、「御書面之通」などと簡略なものが多く、書き出しに「むつかしき事差置候て」といい、質問のくどさに対する老骨な嫌味が現れた部分もある（「竹問松答」第二冊第四三、「八朔の祝公武一同」条）。
(110) 史料原文のうち、「我徳をもて」は太政大臣に関する職員令の表現とみられる。「四の海浪しづかに」以下の文言は『万葉集』『宴曲集』『太平記』『栄花物語』等に用例がみえるが（「ジャパンナレッジ Lib」(https://japanknowledge.com/library/) 全文検索による）、特定の出典があるというよりは、天下泰平を表す美辞麗句として行義が覚えていたものを思いつき次第で書き込んだものと思われる。
(111) 『後松』六〇八—六〇九頁。
(112) 『後松』五三五頁。
(113) 近世朝廷では堂上家の児童として元服前に叙位されて御所に出仕する御児《おちご》が存在しており、その起源は室町期に遡る（林大樹「近世朝廷の御児について」『天皇近臣と近世の朝廷』吉川弘文館、二〇二一年、初出は二〇一八年）。御所の奥の空間で仕える御児と天皇・女官の関係性には性的要素が介在した可能性も指摘されており（林「近世朝廷の御児について」一〇三—一〇四頁）、こうした御児のイメージが行義の立論に影響を与えたとすれば興味深いが、断定は避けたい。
(114) 『後松』六三一頁。
(115) 『後松』六三二—六三三頁。
(116) 先の（二）では久留米藩主の廃仏論批判に行義が同調した事例をみたが、本史料によると、行義も朝廷儀礼に混入した仏教色への否定的認識をもっていたことがわかる。
(117) これに関連し、本居宣長の思想について、文学の中古主義と古道の上古主義の混在が指摘されたことがある（渡辺浩

「「道」と「雅び」（一）」『国家学会雑誌』八七‐九・一〇、一九七四年、五九―六一頁、村岡典嗣『本居宣長』岩波書店、一九二八年、三七六―三七七頁、四七〇―四七二頁）。しかし、朝廷認識という視点から分析が深まったわけではない。

(118)　行義の言説に、松岡家と高倉家の現実の関係がどのような形で反映されたかについてはあまり具体的な検討ができなかった。今後の課題としたい。

第三章　律令封禄の再興構想と関白鷹司政通

はじめに

天皇・朝廷の〈あるべき姿〉をめぐってはどのような模索が行われていたのか。本章は、近世後期の朝廷内部の動向から、その模索の過程を具体的に辿るものである。

朝廷では近世前期から、廃絶した儀式の再興が徐々に図られてきた(1)。朝儀・神事の復古・再興は強烈な君主意識をもつ一八世紀末の光格天皇によりさらに活発化したことが知られる(2)。ところで、復古の根拠となる歴史の遺産は重層的なものであった。渡辺浩氏が論じた通り、近世の朝廷外部で、中華風の礼楽や平安文化、記紀神話といった、天皇・朝廷への憧れを触発する複数のイメージが存在したことも同じ理由によるといえる(3)。慶応三年（一八六七）、政治体制の〈あるべき姿〉の模範を神武創業に求めた王政復古の大号令が出される過程では、国学者玉松操の建言により、改革の模範として神武創業が当初の建武中興に取って代わったことも知られる(4)。朝廷がもつ歴史の遺産が重層的なものということを改めて確認できる事例であり、王政復古が宣言された時点までも、その歴史上の模範は確定した形ではなかったことを象徴する出来事といえよう。ここで、近世朝廷がめざした再興・復古の理想と模範は歴史上のどこに求められていたかという疑問が生じてくる。

西村慎太郎氏は、近世の朝廷・公家が実際にめざした復古を、同族的結合が形成された平安末期から鎌倉初期を念頭においたものと評価するが、(5)関連の事例発掘と分析が十分に進んだわけではない。特に、幕末政治史と王政復古を視野に入れたうえで近世後期朝廷の再興・復古志向をどのように評価できるかについては、議論を突き詰めるべき部分が多く残っている。

さらに、近世後期の幕府・武家社会における大政委任論の拡散(6)を踏まえると、同時期の朝廷側の意識変容、特に再興・復古に関わる意識の変容過程を辿るにあたっては、現実の統治権力であった武家政権の存在に対する認識の推移も考慮される必要があると思われる。

本章は、かかる朝廷の意識変容過程を、関白鷹司政通の動向と思考に焦点をあててみていきたい。序章で論じた通り、幕末の政通は、日米修好通商条約の勅許問題を契機とする朝廷の政治的浮上と幕末政局の到来においてキーパーソンといえる存在である。(7)幕末における政通の動向に比べて研究の蓄積が少ないその関白在職期、つまり文政・天保年間（一八一八―一八四四）の動向を究明することは、近世後期の研究と幕末研究の接続という朝廷研究史上の課題(8)に答えることにもなる。

関白在職期の政通は、所司代と内々の協議を通じて、将軍徳川家斉の太政大臣昇進に関わる案件をめぐる朝幕交渉で重要な役割を果たしていた。(9)本書第一章で検討した通り、当時の武家官位授与手続きと朝廷の旧儀との乖離に対する問題意識を幕府との交渉の論理として発展させたのも政通であった。

同時期の朝廷では、位田・職田など律令の封禄制度(10)の名目による朝廷構成員への支援拡大が構想されており、政通は、その財源確保のために幕府と交渉を図っていた。幕末期になると、政通が公家・地下官人らのために長年にわたって幕府からの支援拡大を図ってきたことが、条約勅許問題における対幕府協力の動機とも関連して取沙汰されていた。(11)しかし、支援を実現させる形式としての律令封禄再興について、先行研究ではかかる構想の存在が簡単に触れられる程度で[12]、具体的な経緯の分析は進んでいない。

本章の内容をやや先取りしていえば、この構想には、朝廷運営上の極めて現実的な案件であり、かつ、朝廷の長年の悩みでもあった朝廷構成員の困窮[13]への対策のなかに再興・復古理念が盛り込まれたという特徴がある。また、主に政通の手による本構想の関連史料は、先例調査・考証書など、従来の研究であまり扱われなかった類のものが多い[14]。この類の史料には、従来紹介された史料では現れなかった作成者の思考の一端が垣間見られる部分もある。本構想は最終的に実現しないが、以上のような点から、自らの〈あるべき姿〉をめぐる近世朝廷の模索の一例として、検討の価値は大きいと思われる。

本章では、第一に、朝廷で封禄再興が推進される背景、そして本構想による支給計画案の内容と特徴を分析する。第二に、本構想の推進過程における政通の重要な役割を踏まえ、本件と関連する政通の言説にみられる思考・論理について検討を進める。第三に、本構想の理想・模範は朝廷の歴史上のどの時代に求められており、その意義は何かについて考察を進めたい。

近世朝廷の権威強化・荘厳化の志向に関する従来の議論では「再興」と「復古」の語が併用されているが、その使い分けは必ずしも明確ではない[15]。朝廷の権威強化・荘厳化の志向が、再興や復古の形に限られていたわけでもない[16]。本章ではひとまず、直接関係する史料に多く登場する表現に従い、主に「再興」の語を用いることにしたい。

第一節　封禄再興構想の背景と支給計画案の特徴

(一) 文政期の朝幕関係と封禄再興要望

文政九年（一八二六）七月、幕府は将軍徳川家斉と世子徳川家慶の更なる官位昇進の希望を朝廷に示した。これが朝廷から受け入れられ、家斉は現職将軍としては初めて太政大臣に昇進し、家慶は将軍世子として初めて従一位に昇叙することになった(17)。

文政九年（一八二六）一一月五日、帰府を控えていた所司代松平康任が、帰府前に朝廷側の要望事項を聞いておくようにとの幕閣の命を受け、鷹司政通と面談した。政通は、困窮を重ねている朝廷の各御所と朝廷構成員への支援拡大の必要性を主張した。その面談のなかで、「職田・位田・季禄・馬料・口分田・功田・封戸」など古代朝廷の封禄制度が参考例として言及された(18)。第一章で検討した通り、同日の面談で両者は、官位昇進の御礼使者の選定についても議論を交わしていた。

老中昇進後、所司代引渡(19)のため再び上京した翌年二月の康任は、上記の要望の趣旨を家斉・家慶が了承しており、後日に老中首座青山忠裕が昇進御礼使者として上京する際に関連の沙汰があろうとのことを政通に伝えた(20)。

忠裕が上京していた文政一〇年（一八二七）閏六月五日、幕府は仁孝天皇に金二〇〇〇両を献上し、光格上皇と政通には毎年の支援を増額すること（政通の場合は関白在職期間中）を伝えた(21)。同日に公卿・殿上人にも昇進の祝儀として幕府から銀が与えられた(22)。しかし、管見の限り、公卿・殿上人に対しては、上皇・関白への措置のような、毎年における支援拡大の保証はなされなかった。

第一章で検討した通り、衣紋会の江戸会頭であった松岡辰方の備忘「拾砂集」には、忠裕が上京した際、「御蔵米堂上増米・無禄官人江被下米」を朝廷から求められたとの情報が収められている(23)。公家高倉家や幕府小納戸など朝幕双方につながりがある衣紋会の会頭が記した情報であるため(24)、大まかには信頼できる情報と思われる。当時の朝廷では小禄の朝廷構成員の加増を望んでいたが、特定の公家の加増はほかの公家の加増要望を招く恐れのために断念されたともいわれる(25)。つまり朝廷は、一時的な支援のみならず、朝廷構成員への恒常的な支援の規模を拡大することを幕府に求めていたが、受け入れられなかったのである。後日の史料によると、幕府側には、公家の加増は武家社会で加増の出願が続出する事態につながりかねないとの懸念もあったと思われる[26]。朝廷構成員への加増は、武家社会との折り合いにも考慮が必要な事案だったのである。

その後の朝廷が練り出した方策に、律令封禄再興の構想が盛り込まれた。幕府が朝廷に仕える廷臣に支給する役俸（つまり、各家に保障される領地・蔵米の形とは異なる）として米を新たに出し、それを位田・職田など律令封禄の名目で各々に分配する案である[27]。忠裕の上京から二ヶ月後の文政一〇年（一八二七）八月一一日、政通と所司代水野忠邦との面談で、「職田・位田・口分田」の再興が議論されている[28]。政通は所司代に対し、役俸米の支援は加増より幕府の負担が少なくなるとも強調していた[29]。

朝廷のこの要望に、幕閣は文政一三年（一八三〇）に拒否の意を伝えた[30]。しかし、政通はその後も所司代に同様の要望をたびたび提起していたようで、概ね家斉の死去（天保一二年（一八四一））にいたるまで、所司代への要望提起が続いたといわれる[31]。

家斉の異例の昇進に前後し、朝幕関係は非常に良好との認識が朝幕双方で現れていた[32]。当時の政通も、今が「公武一致・上下和睦、格別目出度御時節」であり、封禄再興要望を実現させる適期と捉えている[33]。幕閣も家斉の太政大臣昇進が決まった当初は、朝廷の要望に応じるような態度を示していた。家斉期は全体として、朝廷からの内々の要望に、将軍・幕府が比較的前向きに対応したともいわれる[34]。律令封禄の再興の形による朝廷構成員への支援拡大の構想は、このように幕府に対する朝廷の要望提起が容易になった情勢を受けて推進されたと評価できる。

（二）封禄再興計画案「朱墨井蛙」の概括

封禄再興構想は、思いつきのレベルにとどまるものではなかった。朝廷側では、封禄再興の実現を念頭において具体的な支給計画まで立案されていた。以下、その計画内容を検討したい。

文政一三年（天保元年（一八三〇））末から翌天保二年初め頃、再興封禄の支給計画案「朱墨井蛙」が成立した。宮内庁書陵部所蔵図書寮文庫（以下「図書寮文庫」と略す）鷹司本のものが原本に最も近いもので[35]、政通のもとで作成されたと思われる[36]。これ以降、所司代への要望で示された計画案も前記「朱墨井蛙」の内容を簡潔にまとめた形のものである[37]。この「朱墨井蛙」こそが、構想内容の核心にあたるものといえる。

律令の封禄制度は田地・禄（現物）・封戸・人（労働力）の支給規定で構成される[38]。「朱墨井蛙」は、かかる封禄制度のうち、田地・禄・封戸を再興する計画である。ただし、令で規定された土地・現物そのものではなく、相当する額の米に換算して支給する構想となっている。

支給対象と支給項目・額は、近世の朝廷運営で実質的な意味をもつ番衆制（近習衆・院参衆・東宮付など）ではなく、大半は形式的な補任であった令制の位職を基準にした[39]。ただし、位田は従三位から五位まで、季禄は六位から初位まで、などと、支給対象は令本来の規定範囲とは異なっている。支給額も、令の規定より一定の割合で減額されている。多数の官を兼帯する場合は額が大きい項目だけを支給し、自余の位田・季禄は与えない方針であった。なお、支給対象の分類には令制成立時と異なる近世朝廷の実情もある程度は反映され、院司・准三后・門跡なども含まれている。

「朱墨井蛙」は、「古法並減省之法」と「案」のセットで構成される。「古法並減省之法」は、品田・位田・季禄など各封禄について、律令本来の支給規定と、それを減額して算出された本計画上の支給額を書き上げたものである。「古法並減省之法」の算定法による各封禄の支給対象を記したのが「案」であり、朝廷の人員名簿である「現任一覧」「補略」「地下次第」の文政一三年度本を基準にしている。

「案」の職田の条を取り上げ、構想の中身を少し具体的にみよう。

［史料二］「朱墨井蛙（案）」

職田　半減法　有租四朱四

本法四拾町　職田春米千石　減半　二十町今五百町（石）　太政大臣　欠
三拾町　同七百五十石　同　十五町今三百七十五石　左大臣　藤斉信（二条斉信）
三拾町　同同　同　同同　右大臣　同尚忠（九条尚忠）
二拾町　同五百石　同　十町同二百五十石　大納言　十人
…（中略）…
内大臣　十五町有租　藤忠熙（近衛忠熙）
令外也、故無位職等田…（中略）…暫准左右職田当之了、
従大相国到内府惣計一百六拾五町、春米　四千百二十五石租百八十一石五斗、
用　一百四拾五町、同　三千六百二十五石租百五十九石二斗、
残　二十町、同　五百石、

太政大臣から大納言にいたるまで、令外官の内大臣の分を含む支給額が記載されている。二条斉信・九条尚忠など、文政一三年（一八三〇）当時の現任者の諱も記載されている。この計画のなかで職田は令規定の半分を支給する方針であり、田令の規定とそれを半減した支給額が併記された。単位は令制通りの「町」単位の田地と、その田地の収穫分として実際に支給される舂米の「石」単位分が併記された。米のことを敢えて脱穀後の舂米とした理由は定かではないが、律令の税制で田租として収められた舂米のことを念頭においたようにも思われる。

「朱墨井蛙」は位田・職田について四・四％の輸租を規定している。(40)［史料一］でも輸租額が併記されている。この

租とは、田の受給者から朝廷が徴収するものであり、実際は幕府から宛てられた封禄米から、朝廷が租の分を差し引いてから支給するという意味に理解される。

太政大臣から大納言まで支給される職田の「惣計」一六五町、米では四一二五石のうち、計画の作成時点において受給者が存在していた三六二五石は「用」と表記される。文政一三年（一八三〇）当時の朝廷で太政大臣補任者はいなかったが、受給者がいない太政大臣分の職田二〇町＝米五〇〇石は「残」と表記される。つまり、支給対象にあたる各職の総員数に支給されるべき総額を意味する「惣計」と、支給対象の現任者への支給額である「用」と、当時における欠員分の総額である「残」の数値が別々に算出されている。

（三）「朱墨井蛙」からみる封禄構想の特徴

以上のような構想では、近世朝廷の実情を踏まえた際、どのような特徴と意義が見出されるのか。以下では、それを三つに分けて考えてみたい。

①朝廷構成員の困窮問題への恒常的対策

鷹司政通は先述した文政九年（一八二六）一一月五日の所司代松平康任との面談で、当時の朝廷構成員の窮状を強調した。封禄構想の趣旨を幕府側に説明する書面でも、朝廷官人はいずれも小禄か無禄で、困窮を重ねていると述べられる。(41)

朝廷構成員の困窮は、以前から朝廷を悩ませた問題である。(42) 公家社会には、支度料がかかるため、娘の御所への召し出しを忌避する傾向があるともいわれていた。(43) つまり、朝廷構成員の困窮は天皇・朝廷と朝廷構成員たちの結束を阻害する要因でもあり、封禄再興はその対策として考案された側面があったであろう。

「朱墨井蛙」の封禄支給対象は基本的に各位・職の現任者で、辞職後には封禄も返上されると規定されている。しかし、近世朝廷で位・職の大半は世襲されるため、朝廷構成員の各家にとっては、これがほとんど恒常的な収入に相当する性格をもつといえる。

禁裏の口向や奥からの拝借金・拝領金(44)、鷹司家の名目金貸付など(45)、朝廷構成員に対する臨時的な救済策は種々図られていた。それに比べて封禄構想は、臨時的なものではなく、朝廷構成員全般を対象とする恒常的な制度の形で新たな支援を設けることが図られたという特徴が指摘できる。

近世朝廷の研究で再興理念との関連性が論じられた事例の多くは、儀式に関わる案件である(46)。一方で封禄再興構想では、朝廷構成員全般の暮らしに直結する極めて現実的な問題への対策のなかに再興理念が盛り込まれたことに留意したい。

②現任者数を上回る支給対象の設定

政通は、先述した文政九年（一八二六）一一月の所司代との面談で「浅官史生再興後、未賜八木(*)」といい、一八世紀後半以来多く再興された史生など無位官人層(47)への支援の必要性に言及していた。

「朱墨井蛙」で、その無位官人層に支給される封禄は口分田の名目で設定されている。ただし、ここで口分田の支給対象者の総計は三〇七一人(48)であるが、本計画の基準年度にあたる文政一三年（一八三〇）当時の現任者は二六九人に過ぎない。支給対象となる無位官人のほとんどである二八〇二人分が、計画の成立時は欠員なのであった。

その欠員の大半は、六衛府（左右近衛・左右兵衛・左右衛門）の分である。四府（近衛・兵衛）火長の八〇〇人と看督長八〇〇人はすべて欠員とある。左右近衛府の番長・舎人の総員は八〇〇人とされるが、現員は一六人のみで、七八四人は欠員とある。

当時、近衛府は常置されておらず、天皇・皇族・摂関家の儀式の供奉・補助は、御随身《みずいじん》（府随身・院随身）が勤めていた(49)。文政一三年度「地下次第(50)」に記載された御随身は五五人で、そのうち、「朱墨井蛙」の番長・舎人の現員数と一致する一六人の番長の名前が書き上げられる一方、舎人はみえない（残りは将監と将曹）。つまり、「朱墨井蛙」の近衛府の人数は、僅かな御随身の現員分に大量の欠員分が足された数値であることが、「地下次第」との照合からも確認できる。

　このように大量の欠員分の存在を前提とした総員の算定根拠はどこにあるのか。「朱墨井蛙」口分田条の近衛府人員の記載部分に、政通は「近衛員数、延喜近衛式、（以下、近衛式の原文）「横刀緒、近衛四百八人八人番長」」と、『延喜式』近衛式を参照した頭注を残した(51)。また本構想との関係は不明だが、政通の備忘録「万機井蛙(52)」のなかにも、『延喜式』近衛式の同条文や中務式の時服支給規定を参考に、近衛府の人数を考証したものがある(53)。政通が、何らかの理由により古代朝廷における近衛府の人数に関心をもっていたことは確かである。現員の人数を大きく上回る「朱墨井蛙」の近衛府総員の設定でも、約九〇〇年前の『延喜式』が根拠となった可能性がかなり高い(54)。

③朝廷の支給裁量権と財政確保の可能性

［史料一］でみた通り、「朱墨井蛙」は封禄の支給額として総員・現員・欠員分を別々に算定し、現員分を「用」、欠員分を「残」と記す。また、政通の構想は、「少々ニ而も成被進候者、其振合ニ依、俸録（ママ）、位田・職田・録物（ママ）等之中、其道ニ相応シ候様御評儀（ママ）、御差畧可被成候」と所司代側に説明されていた(55)。これらを合わせて考えると次のように理解できる。幕府が廷臣の役俸として朝廷に米を提供するならば、その総額から朝廷構成員それぞれに相応する封禄の項目と額を朝廷の評議で定めて支給し、そこで残される欠員分は朝廷が預かる方針ということである。

　周知の通り、領地・蔵米など近世朝廷構成員の給与体系は、幕府中心の知行体系に包摂されていた(56)。朝廷構成員に給与を与える主体は朝廷（天皇）ではなく、武家政権である。江戸幕府の成立以降は、一部例外を除いて朝廷が給与支給に関する権限をもった事例は把握されていない[57]。

領地・蔵米とは別枠で、その支給が朝廷の裁量になる律令封禄の再興構想は、従来の近世朝廷の給与体系に照らしてみれば斬新である。幕府から出される財源に頼るうえでの変則的・擬制的な形ではあれ、朝廷（天皇）が朝廷構成員に、律令に基づいて給与を直接支給するという構図が演出できる計画なのである。

また、実際は支給額からの差引になるだろう輸租の仕組みを敢えて設け、衛府で多数の欠員分（＝残額）を設定したことなど、実現した場合に朝廷（禁裏御所）の財政も拡充される内容の計画になっている。

小　括

本節ではまず、律令封禄再興の推進過程を、文政年間の朝幕関係を踏まえて検討した。封禄再興の形による恒常的支援の拡大の要望は、朝廷が将軍の太政大臣昇進を許可した見返りとして提起された。朝廷と朝廷構成員の結束を阻害する要因でもあった朝廷構成員の困窮問題が、要望の重要な動機であった。

次に、本構想の特徴を支給計画案「朱墨井蛙」から分析した。この計画の財源となる米はもちろん幕府から出されるが、幕府が従来から朝廷構成員たちに宛てがった領地・蔵米とは異なり、分配の裁量権を朝廷がもつ構想であったと理解される。なお、欠員分の設定や輸租の仕組みなど、結果として朝廷自体の財政基盤の充実化も可能にする内容になっている。

第二節　封禄再興構想と関白鷹司政通の言説

（一）構想の推進過程における鷹司政通の役割

朝廷内部で、構想が推進された最初の経緯や発案の主体は明確ではない。鷹司政通は幕府との交渉において、この要望が両御所、つまり光格上皇・仁孝天皇の意向によると説明している(58)。

政通は、所司代松平康任が帰府する前に行った面談で律令封禄制度の話を交えながら朝廷構成員への支援拡大を要請した。この日、政通は面談内容を光格上皇に報告したという。同日の政通は仁孝天皇にも拝謁するが、天皇に同様の報告をしたとの言及はない(59)。また、再び上京した康任から前記の要望に対する将軍の了承の旨を伝えられた政通は、これを上皇に報告して上皇が大いに喜んだと記すが、天皇に報告をした状況は記されていない(60)。

したがって、封禄再興構想は、仁孝天皇も認知はしていたようだが、主に光格上皇の意思を受けて推進された案件ではないかとみられる。ただし、構想を具体化するにあたって上皇・天皇の意見がどのような形で反映されたかについては、依然として不明な点が多い。

家斉の太政大臣昇進決定からその死去までの時期（文政九年（一八二六）—天保一二年（一八四一））に武家伝奏を務めた広橋胤定・甘露寺国長・徳大寺実堅・日野資愛による現存の御用日記をみる限り(61)、本件に関連する記事は載っていない。政通は、武家伝奏に構想の内容は示しておいたようである(62)。しかし、結局、武家伝奏が本格的に携わることはなかったと思われる。第一章で検討した事例同様、政通と所司代が武家伝奏を経ずに内密な交渉を行った事例の一つとして評価できる。

天保三年（一八三二）、所司代太田資始に仕える儒者荻野与一が、高山寺の前十無寿院・大徳寺の黄梅院和尚を経由し、鷹司家諸大夫種田顕遂に封禄再興構想の内容を内々に尋ねてきた(63)。これに対し、顕遂は「朱墨井蛙」をもとにした計画案を荻野与一に示した。その控えとして伝来する「位田・職田等之事」(64)の末尾に顕遂の返信が写されている。所司代の儒者からの、さらに寺院を経由した問い合わせへの返答ではあったが、実質的には所司代本人への返答として理解できよう。以下に一部を引用したい。

［史料二］　種田顕遂書簡写

位田・職田之事梵僧雑話（前十無寿院・黄梅院和尚）伝承、密々深御配慮之御事誠銘肝之至、如何様共致勘弁、竊写致密啓度存候得共、表立御取調之義ニ而は無之、畢竟寡君（鷹司政通）御勘考之処斗御直筆御密書之義、尤私ニは於御前拝見仕候義は有之候得共、多数中〳〵覚不申、勿論只其節斗之御事ニ候間写等之儀は迚茂不相成候処、頃日幸程能拝見之儀有之候ニ付、聊愚臣心得ニ仕度旨相願、肝要之御思惟之処已致抜書、御多数之思食ハ書外之事ニ候間、迚も是ニて可相分義とも不存、全具之旨趣は御直話ニ無之而は意味深長、難得其旨

顕遂は次のように述べる。自身は政通の御前で封禄構想の関連資料をみせてもらう機会があったがその内容を覚えることは難しい。閲覧を許されたのはその場限りで、書写はできずにいた。近頃、これを自身の心得にしたいと政通に申し出てようやく概要だけ書写できた。しかし、政通が考えているところの多くはその本文中には現れていない。本構想は「意味深長」で、政通から直に話を聞かない限りは理解が難しい。顕遂はこのように述べるが、本史料は、実は政通も了解のうえで荻野側に送付されたようである(65)。

「位田・職田等之事」の扉の丁には政通の自筆とみられる覚書があり、資始側とのやりとりよりさらに後日、井伊掃部頭が「大老職之後」に封禄構想の内容について内々に日野故一位に尋ねたので本史料と同じ案を示したという。

これと関連し、井伊掃部頭が「院中堂上方一統ら禄物被下度旨」を拝承し、詳しい内容を院伝奏日野資愛に内々に尋ねたと資愛が政通に内々に示談し、かつて顕遂が返答した内容に準じて対応したという覚書が残る(66)。これらの史料を合わせて考えると、彦根の井伊直亮が天保六年（一八三五）一二月に幕府大老になった後、院伝奏であった資愛（天保七年八月から武家伝奏、弘化三年（一八四六）没）に院参衆への禄物支給の要望について尋ね(67)、天保三年（一八三二）の「位田・職田等之事」に準ずる案が直亮側に示されたことになる。

封禄再興構想を十全に理解する人は政通のみで、鷹司家諸大夫も、関連資料の閲覧・書写は自由にできなかったとされる。政通本人ではなく、鷹司家諸大夫や院伝奏が幕府側から本件について聞かれた際にも、その返答は、政通との相談のうえで、政通の計画案に準じてなされたといわれる。

以上のことから、朝廷で封禄再興構想が具体化され、幕府との交渉が図られる過程では政通の役割が大きかったといえる。したがって、本構想に込められた理念の特質を論じるためには、これと関連する政通の言説について検討を深める必要性が大きい。次の（二）からは、従来の研究であまり検討されなかった政通の備忘録・考証類を利用し、その作業に取り掛かりたい。

（二）構想の趣旨と朝廷の歴史に関する言説

政通の備忘「万機井蛙」の第九六冊、「品田封戸以下位田職田等之事」と題する巻物をみよう。ここには、基本的に「朱墨井蛙」と同じ構成の封禄支給計画案とその写しが収められている(68)。写しの末尾には「稿　政通、執筆　輔熙」とあり、原本の内容を政通が執筆し、子の鷹司輔熙がそれを筆写したことがわかる。作成当初は光格上皇など他人に示す目的があったかもしれないが確証はなく、管見の限り備忘「万機井蛙」の一部としてのみ伝来する。

そのうち、季禄の支給計画が記載された部分をみたい。

［史料三］「万機井蛙」第九六冊、季禄の条

正六位官　季禄　以下同、従六位官　同
正七位官　同、従七位官　同
正八位官　同、従八位官　同
大初位官　同、少初位官　同

季禄者、旧令式自長官到主典上日之法也、而今度官省以下未再興、旧儀興一二、依博愛建制、事物悉皆再興之期、尚宜在制法矣…（以下略）

「旧令式」、つまり古代の令と式における季禄は一定の上日（出勤日数）を満たした場合に支給されたが、この計画では、六位から初位の官人に、出勤日に関わらず支給する方針となっている。これについて政通は、官省以下が未だ再興していない近世当時において、本構想は旧儀の一部を取捨選択した再興であり、事物が悉く再興する今後、新たな制法がなされるべきと述べた。

政通は本計画の変則的再興の性格を認めながら、このような制度を建てるのは博愛によるとも述べている。計画案「朱墨井蛙」の冒頭でも、「五章」と題し、「博愛建制、進賢植能、希勤省秩、用度不節、至誠安懐」と封禄再興の趣旨を表しているが、［史料三］の「依博愛建制」は、この「五章」の一つ目の句とも通じている。

このような認識に関連し、［史料三］で取り上げた計画案全体の末尾に構想の趣旨を表した文章を、以下で検討してみたい。

［史料四］「万機井蛙」第九六冊

（付箋）仁倹、謂、令一町廿五石、正税納一石一斗、授田者給全町）

本朝往昔、以事物仁倹、治天下国家、開累代泰平、不有及他邦処、故挙異国称君子国也、不可有今世、為功田世々、或為累世功秩、古代尚存遺風、今亦興復条制、実察鴻恩仁愛深焉

ここで、昔の日本の朝廷は天下国家を仁倹に治めたと述べられ、その上段に、令の田租は一石一斗（収穫の四・四％）であると付箋で注記されている。

仁倹な統治により、他に類例のない泰平が実現した古代の日本は、異国から君子国と称えられた。そして今、封禄の条制を興復することで、実に鴻恩仁愛が感じられるとされる。

政通は、朝廷への臨時的支援に比べ、恒常的支援の新設を嫌がる傾向が強かった幕府[69]に対しては、本構想が新規ではなく律令封禄の再興にあたるものであり、「文学古実《ママ》」と「旧儀」を重視する幕政方針にも適うとの論理を駆使した[70]。しかし、同じく政通の作でありながら、幕府側に提示されない［史料三・四］は、朝廷構成員を救済する愛の心を、専ら古の朝廷制度を継承した側面から説明している。このレトリックにおける愛の主体は、朝廷（天皇）と捉えた方が適切である。

先述の通り、朝廷構成員の困窮は天皇・朝廷と朝廷構成員の結束とも関わる課題であった。これも、封禄再興構想が朝廷構成員に対する朝廷（天皇）の愛によると強調される理由であろう。

次に、古代朝廷の統治に対する［史料三・四］のような称賛の言説がどのようにして生み出されたものかを考えたい。

図書寮文庫の鷹司本に、律令の税制・封禄制度を調査・考証した政通自筆の書類がまとめられた巻物「賦税雑勘」

が伝来する(71)。内容の大半は関連文献の抜書であり、政通本人による覚書・随想も含む。使用された紙はほとんど七曜暦の紙背である。このような形式と内容から、他人の閲覧を想定したものではなく、政通本人の備忘として随時作成した書類を後にまとめたものと思われる。その七曜暦の年代(72)から、封禄再興構想との関係で成立した可能性が高いと判断される。

以下、「賦税雑勘」のうち、荻生徂徠の随筆『南留別志』から田制に関する記述が抜粋されたものの一部を取り上げたい。

［史料五］「賦税雑勘」田制之事

田賦（制）之事

徂来（ママ）先生南留辺（ママ）志巻之四云、

一町ノ田より米二十五石とる、此内正税ハ一石一斗なり（〔朱割書〕正税四朱四）、位田・職田ハ税をいたさす廿五石を皆納事也、太政大臣の職田四十町千石…（中略）…国守なとハ五位の位田とかもくハへて僅に現米二百五六十石なり、紀貫之土佐守になりたる時、海賊にあハん事をおそれたる、さもあるへしと思ハる、惣して郡県の代ハ唐・日本（「と」脱カ）も臣下のゆたかならぬ事（〔朱割書〕愚案、豊饒ト云ハ、米地広キヲ云ニハアラシ、上下和睦シテ用度不乱、其分限ヲ守リ五倫正ク勧善懲悪シテ養老ス、千百万米地アリトイヘトモ、百姓苦、賦役（カ）ヲ重トキハ人ウラム、不足才用、古代、如当時堂室~~ノマ、キシオ~~（抹消）ニアラス、屋オク（ママ）ノ数少ク、故ニ翫物ナク、亦家令ハ上ヨリ下サル故ニ費用モ自然薄ク衣裳モ数少シ、誠ニ上下平均にして無貧富、徳化ノ国風也、故他方ヨリ称君子国ト）、かゝる事の様にて大八洲のよく治まりつるハ淡海公の制度の徳なりとしるへし、延喜式にのせたる供御の品々を見るに恭倹のいたれる、異国にもあるましきなり、賢愚ハ代々にことなれとも制度の力にて仁倹の徳をうしなハす、古法をよく守れるにておたやかに治まれる

也〔朱割書〕愚案、保元乱発ヨリ君臣ノ礼ナク、古風スタレ、事物反革ス、人ハ常倫乱サシハ国風スナヲ也〕

この引用部は文政八年度暦の紙背に書かれており、抜書の途中に、政通が割書で「愚案」を書き加えている。中国・日本いずれも郡県の時代には官人の収入が少なかったと徂徠が論じる部分に付された政通の「愚案」は、文章として整っておらず、やや煩雑な書き方になっている。その意味としては、豊かさとは田地が広いことをいうのではなく、上下の階層が良好な関係で、みだりな出費を抑制して分限を守ることが大事で、逆に田地が広くとも百姓が苦しんで賦役が重なると人々が恨みをもつということである。続いて、古代の日本は建物やモノが質素で、家務に従事する職員である家令は朝廷から与えられるため費用の支出は少なく、上下の階層に貧富の差がなく均一で、その徳化の国風により他国から君子国と称されたと述べられる。

それに続く『南留別志』本文では、後世の模範となる制度である律令を作った淡海公、つまり藤原不比等の功績が称賛される。古代にはこの制度の力による仁倹の徳があったとも評価される。そこでまた「愚案」が書かれ、保元の乱以降に君臣の礼がなくなって古風が廃れたが、人々の基本的な倫理が乱れたのではなく、これをみると国風が素直なことがわかるという感想が述べられる。

仁政・倹約の意味での「仁倹」は漢籍にも用例があるが、(73)［史料四］のように古代朝廷の仁倹を称える政通の言説は、直接的には古代の律令制を高く評価する徂徠の言説に影響された可能性が高いとみられる。(74)制度を作る統治者の役割を重視した徂徠がその観点に基づいて日本の古代史を論じた部分に、政通も共鳴したのである。(75)

(三)　武家政権に対する姿勢

先の（二）で、鷹司政通が武家の時代の画期とされる保元の乱以降を否定的に認識したことをみた。では政通は、同じく武家政権が続いていた近世当時の現実についてはどのような考えをもっていたのか。

これと関連し、「万機井蛙」第六六冊「田禄之事」をみたい。本史料は当該期、有職故実に関する先例の調査で実力を認められていた公家竹屋光棣(76)が執筆したものである。封禄再興構想を具体化する作業の参考資料として用いるため、政通が光棣に執筆を依頼したものと思われる。律令封禄制度に関する調査・考証に、口分田・職田・季禄の支給計画の試案が加わった構成である。同史料において、伊藤東涯の『制度通』(77)と『延喜式』主税寮式を参照して律令の税制（租庸調）のあり方を評価している部分を取り上げてみよう。

［史料六］「万機井蛙」第六六冊「田禄之事」租調庸之事

（『制度通』第八の抜粋引用に続く）

謹按、令ノ比ノ制、田一段ノ地ニ獲稲五十束ニテ舂米二石五斗ヲ得、田四町ニテ米百石ヲ得、其中ヨリ租四石四斗ヲ上ヘ納ル也…（中略）…当時ノ四ツ物成ニ比スレハ甚少シ、一ツマテモ不及也、四分四厘ハカリニ候歟（但、不算、不委細候）、但、往古トテモ必令条ノ如ク一定セシニハ非ス、時世ニヨリ少異有之候歟

（『延喜式』主税寮式の抜粋引用に続く）

古ハ租ノ外ニ調ヲ出ス、其物ハ前ニ令式等ヲ引テ注カ如シ、当時ハ別ニ調ヲ出スコトハ先無之哉ノ様ニ覚悟候（但、不、委曲候）但、往古調ヲ出シ候モ多分ノ事ニハ非ス候歟、此調ト租トヲ合セ候而茂当時ノ四ツ物成ヨリ少ク候…（中略）…役ハ当時モ夫役ニ取リ候同事ニ候歟、又夫ニ不取時ハ夫米トテ役代ノ米ヲ差出ス、口米ヲモ添テ出ス由也（或、口米ヲ不出モアリ）

右当時之儀、別而不案内、唯承及候分言上候、不足御信用

古代の令の田租律は近世当時の四ツ物成より遥かに少なく、収穫の一割にも及ばない四・四%である。律令制では租とは別に調があったが、多額のものではなかったはずで、仮に律令制の租・調を合わせても近世当時の年貢率よりは低い。律令制の庸に相当する夫役の負担は近世当時にも存在する。光棣の認識は、以上の通りである。

光棣は往古の税制にも時世による変動はあったといい、最後には、近世当時に関する認識は特に信用に値しないと、控え気味に論をまとめた。自信がないといいながら敢えてそれを記したのは、このような令の税制と近世当時のそれとの比較が政通より問われた内容であったからではないかと思われる。光棣は、以前から政通からの調査依頼でやりとりを行った経験があり(78)、政通の趣向や考え方をかなり把握していたとみられる。本史料の意見も、ある程度は政通の考えに配慮、ないしは忖度して書かれた可能性がある。

鷹司・竹屋家を含む近世公家の多くも領主であることは武家と変わらず、しかも近世公家領の年貢率は高い方だったとも知られる(79)。しかし、本史料を含む封禄構想の関連史料で、近世領主としての朝廷・朝廷構成員の立場に対する考慮はみえない。

次に、「賦税雑勘」の別の箇所から、朝廷と武家の歴史に対する政通本人の観点を検討したい。

［史料七］「賦税雑勘」四海時風反革之論

　四海時風反革之論

夫レ我朝ハ、自天神始テ人皇ノ系統尽ヿナシ、故ニ大臣ヨリ元首ニイタリテモ世継カケス、他邦ノ及処ニアラス、故ニ天下之制令始テヨリ損益アレトモ大旨不変、及千歳之盛化、誠ニ筆カミにも尽しかたし、しかるに保元の乱よりせん（戦）国ニなり、義兵之征スクナクナリテ驕勇おこりて世道衰、むかしになき格式、○家々自由之法（朱書）興りてより天下の民二ツトナリ、君臣之道不正、賢才世ニ埋レテ征伐年々不絶、建武、再王者之道起ルトイヘトモ、年次ニして尚又王道衰フ言語絶、天正大勇興テ治乱之端少顕、而尚柄臣自由、伊尹之志ヲ失テ万民有恐懼、思、慶長之後ハ四海か波静、前戸トザ、ス、道ヲチタルヲヒロワス、弓矢袋ニ入の御代、五百年余りの廃道ヲコリテ造化天下ニ満々テリ《(ママ)》、尚此上天下之黎百《(カ)》、泰平之誠の楽ヲ慮、常倫カケス、君ニハスタレタル道ヲ、コシ、絶タル世ヲつキ、臣ハ忠信ヲモトシ《「ト」脱カ》事、君民ハ業勤、五穀豊饒ニ民戸平均ニして、数万歳に到りテモ我朝ノ庿《(カ)》政ヲ少シニ而もツキタ《(カ)》ランニハ、神明可祥、民ノ多福、コレニシカサルヘケンヤ

文政七年（一八二四）の七曜暦の紙背に書かれた本史料は、管見の限り他書からの抜粋ではなく、未だ草稿段階の自作文章のようで、やはり文章としてはさほど整っていない。以下に説明するが、前掲［史料四・五］の記述と似た表現も登場する。政通が律令制の調査・考証のなかで思い浮かべたことを、史論として書き下ろしたものと考えられる。

皇統の持続と古代朝廷の統治による秩序と繁栄を他国と比較して称え、保元の乱により戦乱の時代が到来したとする前半部の記述は、［史料四・五］の認識に通じている。昔になき格式と家々の自由の法が発生し、天下の民が二つになったとする次の記述は、政治体制が封建化し、源平・南北朝の戦乱が続いたことを表現したと思われる。後醍醐天皇の新政については、王者の道が復活したが間もなく衰えていったと嘆かれる。

道が廃れた五百余年の世は慶長以降に終息し、君、つまり天皇が道を起こし、絶えていた世を継ぎ、臣下は忠信の理念を大事にして君臣が各々の業に勤め、民の生活が豊かで均一になっているとされる。最後の部分は解釈がやや難解であるが、数万歳の後にいたるまで我が朝の政治を少しでも継承していくためには、今の時代（近世）のように神明の加護があり、民が多福することが大事だと述べているのではないかと思われる。

廃れていた道を起こした云々の表現は、慶長以降を対象とする議論の文脈を考慮すれば、朝廷内の動向に限らず、

天下泰平をもたらした主体を天皇と表現したと捉えるのが妥当だと思われる。今の世では臣も忠信を大事にしていると称える部分から、天皇・朝廷に対する幕府の待遇にも一定の評価をしているといえるが、全体として、江戸幕府・徳川将軍家が果たした歴史的役割はあまり明確には記述されていない。

前掲［史料三・四］でも、封禄再興の意義が古の朝廷制度を継承した博愛、あるいは鴻恩仁愛と評価される一方、幕府の寄与について明確な言及はない。支給計画案「朱墨井蛙」においても、幕府から封禄の財源が出されることは明示されていない。

朝廷内部で流通される歴史認識が、幕府の功績を無視しなければならないものとは必ずしもいえない。かつて後水尾上皇は、朝廷公事・作法の書「当時年中行事」を執筆して皇子たちに伝えたが、その序文では歴史を振り返り、徳川家康から家光三代の忠節を高く評価した。家康が叛逆の徒を鎮圧して天下泰平を実現させ、絶えたものを継承して廃れたものを興し、上（天皇）を尊敬して下（民衆）を思う志が深く、衰微していた朝廷が再び光輝を放つことになったと、その功績を大いに称えていた(80)。

政通は、封禄再興構想を実現するための幕府側とのやりとりでは幕政への賛辞を惜しまなかった(81)。しかし、幕府役人に示すことを目的としない［史料三・四・七］のような言説では、江戸幕府・徳川将軍家への評価はより不明確な形になっている。

小　括

封禄の再興は、鷹司政通が仁孝天皇と光格上皇、特に上皇の関心と意向を受けて推進したようである。ただし、構想の具体化と対幕府交渉の過程では政通本人の役割が大きかったことを踏まえ、本節では、従来あまり注目されなかった備忘・考証類から、本構想に関わる政通の思考の様相を検討した。

本構想は幕府の支援で成り立つものだが、幕府に示されない言説で政通は、構想の趣旨を、専ら古の制度を継承した朝廷の愛の心として説明した。その基底には、古代朝廷の統治を肯定し、武家の時代を否定的に捉える歴史観があった。慶長以降は泰平の時代として肯定されるが、徳川将軍家・江戸幕府が果たした役割に対する評価は明瞭ではない。

以上で検討した政通の言説にみられる特徴を手がかりに、次節においては、朝廷再興における理想・模範の問題について考察を進めたい。

第三節　朝廷再興における理想と模範

（一）封禄再興構想で意識された歴史の遺産

鷹司政通が古の朝廷の統治を理想的に描いたことは繰り返し述べた。ここからは、封禄再興構想において理想・模範とされた古とは何かについて、もう少し具体的に考えたい。

前掲［史料三］「万機井蛙」第九六冊、季禄の条の引用部には、その後に以下の内容が続いている。

［史料八］「万機井蛙」第九六冊、季禄の条

諸司職掌、与旧儀与今法有差遣(違の誤記)者宮内・織部・左右京・兵庫之類故、有損益依大化勅旨者乎〔（付箋）〕

〔（付箋）日本記(ママ)孝徳天皇二年、春正月甲子朔、賀正礼畢、即宣改レ新之詔、曰、其一曰、罷二肯(昔の誤記)在天皇等所レ立子代之民、処々屯倉及別臣・連・伴造・国造・村首所有部曲《タモテルカキヘ》之民、処々田荘《トコロヲ》一、仍賜二食封大夫以上一、各有二(「レ」点の誤りカ)差、降一(ママ)以二布帛一賜二官人・百姓一、各(ママ)有レ差、又曰、大夫所レ使治レ民也、能尽二其治一、則民頼之、故重二其禄一所二以為一レ民也〕（返り点・ルビは付箋の記

載。句読点は引用者による）

［史料三］の引用部分で説明した通り、律令制における季禄は一定の出勤日数を満たした場合に支給されたが、政通の支給計画では、六位から初位の官人に、出勤日に関わらず支給する方針であった。［史料八］はかかる計画の趣旨が述べられた部分と思われる。朝廷諸司の職掌は本来の姿（旧儀）と近世当時の姿（今法）が異なるので支給額も律令の規定に比べれば増減があるが、その増減は大化の勅旨に基づくべきものという。そこに貼ってある付箋では、『日本書紀』大化二年（六四六）正月朔条所収の、土地・民の私有を否定するいわゆる公地公民の理念と、朝廷から食封のような重い禄をもらう大夫が民に善政を施す義務を唱えた改新の詔の第一条が抜書されている。

改新の詔は、単に朝廷が廷臣に禄を支給することの古い先例として引用されたと考えることもできるが、公地公民の理念や善政の義務といった詔の中身が、支給計画の立案において具体的に参照できる側面はあまり考えられない。政通がこの詔のことを、本構想全体に関わる指針として意識していたが故に、これを敢えて抜書したと捉えた方がより適切ではないだろうか。

［史料四・五］で、政通は古の日本が対外的に君子国と知られていたことを重視している。備忘録「万機井蛙」第八四冊「勘物類集」にも「称君子国之事」の条があり、『続日本紀』慶雲元年（七〇四）七月甲申朔の記事が抜粋されている。遣唐使粟田真人が帰国した後に、唐の人が「海の東に大倭国があり、これを君子国という。人民は豊かで楽しく、礼義を重んじる（海東有大倭国、謂之君子国、人民豊楽、礼義敦行）」と言ったと伝える場面である。中原の東方を君子の地とみなす認識は『論語』や『山海経』にもみられるが[82]、政通の君子国観は、大宝令制定後の初の遣唐使であった粟田真人による伝聞が直接の典拠になったと思われる。

次に、「賦税雑勘」に収められた、律令の徴税・封禄制度に関する概括的な論説をみよう。

［史料九］「賦税雑勘」古田法封戸之事　愚案

古ヘハ凡唐之制ニヨツテ租調庸ニテ民ヲ治ラル、ト見エタリ、田賦ヲ租ト云イ、年貢ナリ…（中略）…職田・位田ハ六十六ヶ国ノ内ニテ其レ〳〵ノ田地ハノケ置ル、ト見エタリ、品位田、延喜式ニ以同町給トアリ、欠ノ田ハ地子斗ヲ納ラレテ田獲稲ハノケヲカル、ト見エタリ、其ノヱ（ママ）ニ百姓モ男女トモニ段ノ田ヲ賜ワルユヘニ別段ニ作得ナクトモ世業ハツ、クト見ユ、其外学校田以下色々ノ名目田アルコト同式ニ委敷見ユ、是レモ公田や別田や数々ノ法式アルコト令・延喜式ニ見ユ、又封戸ハ、天下中ノ家屋敷ヲ人数戸帳ニ記テ、年毎ニシラヘラル、ト見エタリ、上・下ノ戸名アリ、其上々戸ハ中男（年十六才以上）一人、正丁（年廿一才ヨリ六十才ヲ云）五人アルヲ上々戸トシテ課戸ト云、又課口トモ云（〔頭注〕東大寺三倉院古文書之内ニ委敷ノコレリ、有写、百官諸司ノコトモアリ、天武朝被鋳（カ）印トおモワル）

表題末尾の「愚案」の記載から、他文献の抜粋ではない政通本人の作文とわかる。令と『延喜式』、特に後者に基づき、職田・位田・品位田・学校田・封戸などに関する考証を行っている。ところで、封戸を設定する根拠となる戸帳については、上段の頭注で、本文の記述に関連する記録が東大寺三倉院、つまり正倉院の古文書に詳しく残っているとし、その古文書の写本があると述べている。正倉院文書の戸籍類を参照した記述であると思われる。正倉院文書のなかには、民戸に関わる文書だけでなく、朝廷の百官諸司に関連するものもあること、そして、天武天皇治世の印という推測が付け加えられている。(83)

天保四年（一八三三）一〇月、元禄以降初めて正倉院宝庫が開封されるが、この開封は同七年五月までと、異例の長期にわたった。穂井田忠友により正倉院文書が初めて調査・整理されたのも、この開封期間中の天保六—七年である。(84)政通は忠友が正倉院文書の調査成果をまとめてから遠くない時期にその内容を把握し、ここで参照したものと思われる(85)。

このように、封禄再興構想に関係する考証が進むなかで、律令制形成から確立期における朝廷の歴史と関係史料に関心が寄せられている。『制度通』や正倉院文書など、朝廷外部で進んだ律令制研究の成果が政通の考証に影響を及ぼしたことにも留意したい。

(二)　封禄再興構想における再興理念の意義

北畠親房は『神皇正統記』で、「光孝ヨリ上ツカタハ一向上古ナリ、ヨロヅノ例ヲ勘《かんがふる》モ仁和ヨリ下ツカタヲゾ申メル」と述べた(86)。この文言は新井白石『読史余論』の冒頭にも引用される(87)。光孝天皇の治世より前の時代は遠い上古であり、朝廷政事の模範になる先例は、光孝天皇が死去した仁和（八八五―八八九年）頃、つまり摂関政治が台頭する以降の時期に確立したものという認識が長らく存在したのである。

朝廷の理想の時代観として、延喜（九〇一―九二三）・天暦年間（九四七―九五七）を聖代とみなす認識の存在がよく知られている(88)。延喜・天暦が、朝廷の儀式で拠るべき先例の作られた、規範となる時代とされたのがその重要な理由であった(89)。初期の私撰儀式書『西宮記』（九七〇年頃成立）の勘物には延喜・天暦の先例が特に多い一方で、仁和より前の先例は格段に少ないことが知られている(90)。

近世の朝廷が摂関期以前の歴史に全く無関心であったわけではなく(91)、文化年間の太政官印の再興(92)のように、律令制の再興にあたる試みもあった。ただし、第一節（三）①で述べたように、朝廷の再興理念は多くの場合、儀式の遂行に関連する案件で現れてきた。そこで摂関期以前の歴史に模範を求める余地は、あまり多くない。

また、「はじめに」でも触れたが、公家社会で復古志向と結びつく各家の由緒意識は、同族的結合が形成された平安末から鎌倉初めを意識したものと評価される。天明の大火後における内裏と公家屋敷の復古的再建も結果として、絵巻物などが残る平安後期ないし鎌倉期の姿に則る形になったことが指摘される(93)。

一方、前節でみた通り、封禄再興構想では、改新の詔・君子国説・正倉院文書など、律令制形成から確立期における朝廷の人民支配や外交活動の歴史と、それに関わる遺産が意識されていた。律令制に基づく統治機能が低下・変質していくとされる摂関期(94)より古い時代の朝廷像・国家像に目が向けられたといえる。

本書第二章でみた通り、政通と同時代、江戸の有職故実家松岡行義は、既存の有職故実には延喜以降の弊風があると批判し、大化の改新から文武天皇の大宝令にいたる古の礼制こそが有職故実の模範と論じた。延喜以降は天下の権が藤原氏に移り、朝廷は奢侈風流に流れて礼制が廃れた時代と評価された(95)。行義は、中世の婬乱驕奢の弊風を反映した『伊勢物語』『源氏物語』などの書物ではなく、六国史と律令格式を「皇朝の経典」として重んじるべきとも説いていた(96)。

渡辺浩氏の議論では、本居宣長らの国学者が朝廷を雅な平安文化が維持されている世界とみて憧れをもっていたことが指摘される(97)。一方、雅な平安文化に否定的で、それと律令制本来の朝廷の姿との相克を強く意識した行義は、近世当時の朝廷に対しても批判的であった。行義が、室町以来の朝廷で堂上家の元服前の小児が叙任されてきた慣例が令の叙任年齢規定に背くものと指摘し、近世当時の朝廷は旧制を守らず、中古の弊風を踏襲していると批判したことは(98)、前章でみた通りである。

政通の構想のなかでは、摂関期以降の朝廷体制の変化が批判・否定されたと捉えることは難しい。政通は、前掲[史料三]では「旧令式」といい、[史料九]と同じ「古田法封戸之事」の別の箇所においては「令式ノ比」と述べるなど、「令」と「式」の時代における朝廷の歴史像を一括りで把握する傾向があった。律令制の形成から確立期の遺産に一定の関心をもちながらも、なお摂関期における律令制の変貌に対する認識は明確ではないという特徴が、行義との比較からは読み取れる。

小　括

鷹司政通の封禄再興構想は律令制を根拠とするものであり、本構想に関係する政通の言説では、律令制形成から確立期の朝廷の歴史が強く意識されていた。模範の先例が摂関期以降の時代に求められてきた儀式・建築などの再興に比べると、再興が図られた事柄の面でも、意識された時代の面でも特異な事例といえる。本構想に関係する政通の言説で、摂関政治を画期とする朝廷の変化に対する認識は必ずしも明確ではない。しかし、朝廷外部の知識人が、朝廷は律令の礼制を守らず、摂関期以降の弊風から脱却していないと批判していたのと同じ時代、朝廷内では摂関期以前の歴史と律令制について関心が高まり、そこへの回帰をめざす構想が、時の関白によって具体化されていたことは興味深い事実といえる。

おわりに

本章は、天皇・朝廷の政治的浮上と王政復古の実現より時代を遡り、近世後期朝廷の、自らの〈あるべき姿〉をめぐる模索の過程をみる素材として、律令封禄の再興構想を取り上げて検討を行った。

まずは、本章で明らかにした内容をまとめたい。

第一に、封禄再興の推進過程を、当時の朝幕関係を踏まえながら究明した。朝廷が本構想による支援要望を幕府に提起したのは、将軍徳川家斉の太政大臣昇進を認めた頃から家斉の死去と前後する時期までとみられる。本構想は実現にいたらないが、家斉時代の幕府が朝廷の要望に比較的前向きであったことは、本件が推進された背景として重要といえる。

第二に、本構想を具体化し、その実現に向けた幕府との交渉を推進する過程では、関白鷹司政通の役割が大きかったことがわかった。関白と所司代が武家伝奏を経由せず、内々に協議を進めるという、当該期の他の案件でみられる朝幕交渉の形態が本件でも現れている。

そして本構想に関わる政通の動向は、思いつきのレベルにとどまるものではなかった。政通は支給計画「朱墨井蛙」の立案と関連資料の調査・考証に、かなり熱心に取り組んでいた。

第三に、政通の計画案「朱墨井蛙」を中心に、構想の中身を明らかにした。封禄に関わる令の規定における田地・禄物などは、米に換算して支給すると計画された。朝廷構成員に対し、従来の領地・蔵米とは別に、事実上の恒常的給与に準じる支援を行うことがめざされている。その米は幕府から出されるが、これを朝廷構成員に支給する裁量権は朝廷がもつ計画であったと理解される。

政通の言説では、封禄再興構想が朝廷構成員に対する天皇の愛によるものと強調される。朝廷構成員の困窮が、天皇・朝廷と朝廷構成員との結束に関わる問題であったこともその理由といえよう。

第四に、本構想に関連する政通の言説から、その歴史観や武家政権認識の一端を窺うことができた。

本構想に関連する政通の言説では、改新の詔・君子国説、そして正倉院文書から把握できる税制のあり方など、律令制形成から確立期の朝廷に関連する史実が多く意識されていた。政通は、律令に基づく古代朝廷の統治を質素な仁政と称え、保元以来の武家の時代を否定的に捉えている。幕府側に示されない備忘録・考証類では、近世の泰平をもたらした江戸幕府・徳川将軍家の役割に対する評価も明確ではない。

第五に、封禄再興構想と政通の言説がもつ意義を、朝廷再興の理想・模範という問題から考察した。

朝廷の儀式・建物などの再興では、摂関期以降の先例が理想・模範とされた場合が多い。一方で封禄再興構想は、摂関期より遡る時代の歴史が多くの根拠を提供したものである。再興が図られた事柄の面でも、その根拠となった史実の面でも、ほかの多くの再興の試みとは区別される特徴をもっている。

当時の朝廷外部からは、朝廷が本来の律令制の遺産を大事にせず、摂関期以降の弊風から脱却していないという批判があった。確かに、封禄再興構想に関係する政通の言説で、摂関期を画期とする律令制の変貌に対する観点は明確に示されない。概ね、大化の改新以来の律令制形成・確立から『延喜式』にいたる時期の歴史像が一括りで捉えられる傾向が見出される。しかし、時の関白が律令制形成・確立期の歴史と制度に多大な関心を寄せている点だけをみても、朝廷外部からの弊風云々の朝廷像は、もはや同時代朝廷の実態とは乖離した部分があることがわかる。

次に、本章で明らかにされたことがもつ研究史上の意義について整理したい。

第一に、本章は、これまで検討が少なかった鷹司家の学芸史料、より具体的にいえば政通が残した先例調査・考証書や計画案の類に分析の焦点をあてた。それにより、幕末政局のキーパーソンともいえる政通の、従来あまり知られてこなかった関白在職期における思考の一端に迫りえたことの意義は大きいと思う。朝廷関係者の思考と論理を把握するため、同様の史料群については今後とも検討を深める必要があると考える。

第二に、検討した事例が朝廷の再興理念としてもつ特質と意義を、再興が図られた事柄の性格という問題に留意して考え直した。つまり、封禄再興構想の検討により、近世後期朝廷においては、儀式・儀礼的要素の再興にとどまらず、朝廷構成員の困窮という現実生活面の問題についても再興の理念を盛り込むことが試みられた点が指摘できた。

第三に、朝廷の再興理念について、その根拠となる歴史の重層性を踏まえた分析を本格化した。朝廷運営のなかで摂関期以降の先例が理想・模範とされてきた点を踏まえて封禄再興構想の内容を検討することで、律令制形成から確立期の遺産が重視されたその特徴的性格がより明確にされた。

朝廷の再興理念を検討するにあたり、どのようなもの・ことの再興が図られていたか、また、その再興の理想と模範は過去のどの時代に求められていたかは、引き続き留意されるべき問題と考えられる。

次には、本章で明らかにした事柄を踏まえて今後の課題を提起したい。

課題の一点目は、朝廷が継承した歴史の重層性がもたらす緊張である。本章第三節で取り上げた松岡行義の主張や、「天智上皇《ママ》以上、神武天皇・神代」への復帰を説いた幕末の真木和泉の主張[99]、そして王政復古の大号令では、律令制や記紀神話を根拠に、より近い過去および同時代の朝廷のあり方が批判・否定されている。朝廷が継承する歴史遺産の重層性は、近世の朝廷内部ではどのような緊張をもたらしていたのか（あるいは、もたらしていなかったのか）。これは天皇・朝廷の変容をみるにあたっての重要な論点であり、関連の事例について考察を続ける必要がある。

課題の二点目は、政通の姿勢が後の時代に与えた影響という問題である。律令封禄の再興をめぐる朝廷内の意思決定や幕府との交渉過程で政通がとった姿勢、そして本章で垣間見られた政通の歴史観の片鱗などが後日の行動に継承された側面があるか否かについて検討を深める必要がある。

以上の二つの論点について考察を深める手がかりとなるのが、学問に関わる朝廷・公家社会の動向である。一九世紀前半の朝廷において、摂関期以前の朝廷の歴史や制度に対する関心は政通一人に限られたものではなく、仁孝天皇の書物学習などでも現れていた。そして、天皇の書物学習をはじめ、学問の能力を必要とする朝廷の案件には朝廷外部の学者も一定の関わりをもっていた。かかる案件をめぐる意思決定過程をみるなかで、朝廷運営における政通の特徴的な姿勢もさらに浮き彫りになってくる。第二部第四章以下では、学問に関わる朝廷の動向、そして政通の思考と行動に迫っていく。

（1）米田雄介「朝儀の再興」（辻達也編『日本の近世2　天皇と将軍』中央公論社、一九九一年）、山口和夫「朝廷と公家社会」（山口『近世日本政治史と朝廷』吉川弘文館、二〇一七年、初出は二〇〇五年）。

（2）藤田覚『幕末の天皇』（講談社、一九九四年）、同『近世政治史と天皇』（吉川弘文館、一九九九年）、同『光格天皇』（ミネルヴァ書房、二〇一八年）等。

（3）渡辺浩『日本政治思想史　十七〜十九世紀』（東京大学出版会、二〇一〇年）二一一頁、二七〇頁、三三六―三三九頁、三九一頁。
（4）伊藤武雄『玉松操』（金雞学院、一九二七年）等。
（5）西村慎太郎「近世公家の由緒と伝説」（『国文学　解釈と鑑賞』七〇‐一〇、二〇〇五年）二〇六頁。
（6）藤田覚「朝幕関係の転換――大政委任論・王臣論の成立」（藤田『近世政治史と天皇』）、小関悠一郎「松平定信明君像と「安民」＝勤王論の系譜」（浪川健治編『明君の時代』清文堂出版、二〇一九年）。
（7）井上勝生「幕末政治史のなかの天皇」（井上『幕末維新政治史の研究』塙書房、一九九四年）、家近良樹『幕末の朝廷』（中央公論新社、二〇〇七年）。
（8）田中暁龍「近世の天皇・朝廷研究の到達点と課題」（『歴史評論』七七一、二〇一四年）一四頁。
（9）藤田覚「天保期の朝廷と幕府――徳川家斉太政大臣昇進をめぐって」（藤田『近世天皇論』清文堂出版、二〇一一年、初出は一九九九年、以下「太政大臣昇進」と略す）、同『光格天皇』二二三―二二九頁。
（10）高橋崇『律令官人給与制の研究』（吉川弘文館、一九七〇年）、山下信一郎『日本古代の国家と給与制』（吉川弘文館、二〇一二年）は「給与」の語でまとめるが、皇族の封戸など出自に帰属する要素もあり（この点は高橋『律令官人給与制の研究』五二八頁でも指摘される）、労働の見返りの意味が強い現代語の給与と区別するため、本章では「封禄」と総称する。封禄の概念は、封戸・禄を中心に論じられる場合（時野谷滋『律令封禄制度史の研究』吉川弘文館、一九七七年）、幕府の知行制まで含む場合（『古事類苑』洋巻一、封禄部）等、一定しない。本章で封禄とは、律令における皇族・廷臣への支援一般の意味として、かつ、武家政権の給与・宛行は含まない概念として使用する。
（11）井上「幕末政治史のなかの天皇」二九七―二九八頁。
（12）大久保利謙「幕末京都の学習院」（大久保『明治維新と教育』吉川弘文館、一九八七年）二〇―二一頁、李元雨『幕末の公家社会』（吉川弘文館、二〇〇五年）三八―四一頁、藤田「太政大臣昇進」二四五―二四六頁、長坂良宏「文政期の朝幕関係」（長坂『近世の摂家と朝幕関係』吉川弘文館、二〇一八年、初出は二〇一五年）二二五―二二九頁等。
（13）橋本政宣「江戸時代の禁裏御料と公家領」（橋本『近世公家社会の研究』吉川弘文館、二〇〇二年、初出は一九七八年）、高埜利彦「後期幕藩制と天皇」（高埜『近世の朝廷と宗教』吉川弘文館、二〇一四年、初出は一九九三年）。
（14）管見の限り、同様の史料群を本格的に分析した研究は、西村慎太郎「寛政期有職研究の動向と裏松固禅」（吉田早苗研究代表『近世公家社会における故実研究の政治的社会的意義に関する研究（科研研究成果報告書）』二〇〇五年）など、わずかな事例に限られる。

(15) 焼失した内裏再建や新嘗祭の再興等で、古の「本来の形」の復元が意識的にめざされ、そのための資料調査・考証が精緻化したことを、藤田は「ただの再興ではない復古」と評価する（藤田『光格天皇』「第三章　朝儀の再興・復古」）。ただし、再興と復古を分ける基準について、光格以前との比較等による具体的な説明がなされたわけではない。

(16) たとえば、近世後期の朝廷では天皇の諱の欠画令が出されているが、これは天皇家の歴史では前例のない中国の制度の採用であった（林大樹「近世後期の天皇避諱欠画令」『天皇近臣と近世の朝廷』吉川弘文館、二〇二一年、初出は二〇一五年）。

(17) 本書第一章、藤田「太政大臣昇進」、同『光格天皇』第六章。

(18) 宮内庁書陵部所蔵図書寮文庫（以下「図書寮文庫」と略す）「鷹司政通記草」第二冊。

(19) 所司代引渡については、荒木裕行「所司代赴任時の老中上京について」（荒木『近世中後期の藩と幕府』東京大学出版会、二〇一七年、初出は二〇一三年）。

(20) 「鷹司政通記草」第一一冊、文政一〇年二月五日条。

(21) 「鷹司政通記草」第一一冊、文政一〇年閏六月五日条。

(22) 「資善卿記」（図書寮文庫）第一冊。

(23) 「拾砂集」（図書寮文庫）第六七冊所収「青山下野守殿御上京之節被仰入」。

(24) 衣紋会と松岡辰方については、本書第二章、および井上容子「衣紋会の組織と活動について」久留島浩・吉田伸之編『近世の社会集団』（山川出版社、一九九五年）、大沼宜規「考証の浸透」（『考証の世紀』吉川弘文館、二〇二一年、初出は一九九九年）を参照。

(25) 「鷹司関白幕府へ廷臣賜禄交渉ノ件」（宮内庁書陵部宮内公文書館、以下「廷臣賜禄」と略す）二つ目の書付。「廷臣賜禄」は、川崎武之助（川崎正蔵の孫）の所蔵文書を、大正一三年（一九二四）に臨時帝室編集局で採集・謄写したものである。本来は「鷹司家旧蔵書付」であったと記されるが、流出経緯や原本の所在は不明。

(26) 本書第二章で小納戸として登場した内藤忠明の場合、禁裏付として在職中の嘉永二年（一八四九）、「御堂上御加増と有之候へハ関東ニテ又追々加増願候向も可出来」との見解を、武家伝奏三条実万との密談で示したことがある（東京大学史料編纂所蔵「三条実万公記」第七冊別記「公用密事」嘉永二年四月二八日条）。

(27) 「廷臣賜禄」二つ目の書付。

(28) 「鷹司政通記草」第一二冊。

(29) 「役俸之儀ニ付関東使者演舌書並再達書」（図書寮文庫、以下「役俸之儀」と略す）二つ目の書付。本史料の異本「文政十三年堂上以下加増之件ニ付武辺返答留」（図書寮文庫）が長坂「文政期の朝幕関係」二二五―二二九頁に紹介されたが、本章では、より原本に近いと思われる「役俸之儀」を主に参照した。
(30)「役俸之儀」一つ目の書付。
(31)後日の三条実万は、「位・職田事ナト御取調も有之、内々関東へも申参リ候歟、然処何之御沙汰も無之、唯今ニテハ御絶念も有之哉、是ハ水野越前守《（水野忠邦）》之比より備前守《（牧野忠雅）》在役中ニも彼是被仰遣候事」と回顧している（「公用密事」嘉永二年四月二八日条）。
(32)藤田「太政大臣昇進」二四六頁、および同二四九頁の注一六。
(33)「役俸之儀」二つ目の書付。
(34)佐藤雄介『近世の朝廷財政と江戸幕府』（東京大学出版会、二〇一六年）二七七―二七八頁。
(35)「朱墨井蛙」（図書寮文庫、二六五‐六四六）。
(36)以下、「朱墨井蛙」による記述は出典の注記を省略する。題目の「朱墨」とは、本文の記述で朱・黒字を併用したことによる作名と思われる。概ね支給対象が黒字、支給額が朱字であるが、色の使い分けの基準は必ずしも一貫していない。
(37)「位田・職田等之事」（図書寮文庫、二六五‐七二九）、「朱墨井蛙」（同、二六五‐七三〇）。
(38)律令封禄制度の種類については、高橋『律令官人給与制の研究』一―二頁、山下『日本古代の国家と給与制』二―四頁を参照。
(39)近世朝廷運営における番衆制と律令官制の並存については、村和明『近世の朝廷制度と朝幕関係』（東京大学出版会、二〇一三年）五頁、三二一頁。
(40)職田の場合、当初の令では京官の職田は不輸租田で、貞観・延喜式の段階では輸租田となっていた（高橋『律令官人給与制の研究』一八六―一八八頁）。
(41)「廷臣賜禄」、「役俸之儀」。
(42)橋本「江戸時代の禁裏御料と公家領」、高埜「後期幕藩制と天皇」。
(43)佐藤雄介「三条実万と幕末の朝廷財政」（佐藤『近世の朝廷財政と江戸幕府』）二四九―二五一頁。
(44)橋本「江戸時代の禁裏御料と公家領」、高埜「後期幕藩制と天皇」、佐藤『近世の朝廷財政と江戸幕府』。
(45)佐藤雄介「近世後期の公家社会と金融」（『日本史研究』六七九、二〇一九年）、同「近世後期・幕末の鷹司家貸付所名目金と心観院」（朝幕研究会編『論集　近世の天皇と朝廷』岩田書院、二〇一九年）。
(46)米田「朝儀の再興」、藤田『光格天皇』第三章等。
(47)近世後期における下級官人の再興については、西村慎太郎「地下官人化する百姓・町人たちとその身分的特質」（西村『近

世朝廷社会と地下官人』吉川弘文館、二〇〇八年、初出は二〇〇五年）を参照。
(48) 当初の「朱墨井蛙」では三一二〇人と誤算され、後日の異本（「朱墨井蛙抄」図書寮文庫、一六六―四八七）で三〇七一人と訂正されている。
(49) 少し後の天保五年（一八三四）になって御随身が近衛府と改称される（梅田康夫「地下官人考」大竹秀男・服藤弘司編『幕藩国家の法と支配』有斐閣、一九八四年、松田敬之「近世期の近衛府官人（御随身）」『花園史学』二四、二〇〇三年）。
(50) 東京大学史料編纂所所蔵『地下次第』八（陽明文庫本の写真帳、六一一四三―四八）。
(51) この頭注は「朱墨井蛙」の異本である注(48)所掲「朱墨井蛙抄」に記載されている。
(52) 「万機井蛙」（図書寮文庫、鷹―七一九）、全九九冊。その大半は、朝廷運営の先例調査書である。
(53) 第九七冊「員数之事　史生以下」（天保三年暦の紙背）。
(54) ただし、『延喜式』中務・近衛式の規定は「朱墨井蛙」の人数と正確には一致せず、政通の算出過程の詳細はわからない。なお、中務・近衛式の当条文はいずれも左近衛府の規定で、右近衛府はこれに準じるものである。
(55) 「役俸之儀」二つ目の書付。引用部を含め、全体として政通の意思を第三者が伝える形であり、作成者は鷹司家の家来と思われる。
(56) 橋本「江戸時代の禁裏御料と公家領」、村和明「公家の知行・役料と家綱政権」（村『近世の朝廷制度と朝幕関係』）。
(57) 近世に成立した堂上公家の新家六家（弘化四年（一八四七）以降は一〇家）に限り、禁裏御所から直接蔵米が支給された（村「公家の知行・役料と家綱政権」四六頁）。なお、各公家の家ではなく、御所での役職に対して幕府から設定された役料の配分については、天皇・上皇が考える余地があったらしいことが指摘されており（村和明「近世朝廷と統一政権」牧原成征・村編『日本近世史を見通す1』吉川弘文館、二〇二三年、一一四―一一五頁）、研究の進展が待たれる。一方、豊臣政権期から家康の将軍就任前までは、天皇が公家領・屋敷の支配権を行使した事例が確認できる（山口『近世日本政治史と朝廷』三五―三七頁、三八七頁）。
(58) 「廷臣賜禄」、「役俸之儀」。
(59) 「鷹司政通記草」第二冊、文政九年一一月五日条。
(60) 「鷹司政通記草」第一一冊、文政一〇年二月五・六日条。
(61) 広橋胤定・日野資愛「公武御用日記」（国立公文書館所蔵内閣文庫）、甘露寺国長「国長卿記」第三一―三五冊（国立公文書館所蔵内閣文庫）、徳大寺実堅「公武御用日記」（東京大学史料編纂所蔵）。
(62) 「朱墨井蛙」の異本が国立公文書館所蔵内閣文庫「万機井蛙」（一四六―〇六四八）と東京大学史料編纂所蔵「朱墨井蛙案」

（徳大寺家本－四七－九）として伝来するが、内閣文庫本には甘露寺国長が天保三年（一八三二）に政通の許可を得て書写したとの奥書があり、徳大寺家本は、「朱墨井蛙」を政通から借りた徳大寺実堅の書写ではないかと推測される。

(63) 前十無寿院・黄梅院和尚について、詳細はわからない。

(64) 「位田・職田等之事」（注(37)所掲）。

(65) 「史料二」の末尾には「右ハ、掛川侍従《太田資始》儒者荻野与一、以栂尾僧前十無寿院・大徳寺黄梅院和尚伝頃日深懇望之旨、顕遂朝臣以一封送之写」という文言が付されている。このやりとりの顛末を報告された政通が書き残したとみるべきであろう。

(66) 「廷臣賜禄」二つ目の書付本文の前に記載。書付原本の包紙に書いてあった文言とされる。

(67) 注(25)で述べた通り、この覚書は大正年間の写しとして伝来するものである。覚書の「院中堂上方一統ゟ禄物被下度旨拝承」の「ゟ」が「江」を誤写したものとすると、（院参衆に限らない）堂上家一統に幕府が禄物を支給することを院中（光格上皇）が望んだという意味にも解釈されようが、ひとまず断定は避けたい。

(68) ただし、本史料には「朱墨井蛙」になかった支給対象者の辞官や褒賞時の取扱方が書き加えられている。また、親王に対する封禄支給計画の草案のような文章と、律令の褒賞基準（大功・上功・中功・下功）を書き上げた別の状物が合巻されている。

(69) 佐藤『近世の朝廷財政と江戸幕府』二〇五頁、長坂「文政期の朝幕関係」二三一頁。

(70) 「役俸之儀」二つ目の書付。

(71) 「賦税雑勘」は書誌情報に登録された表題であり、現物の表題は「勘物」である。

(72) 文政七・八・九・一二年度、および天保二年度のものである。

(73) 「二世…(中略)…使使責譲高以盗賊事、高懼、乃陰与其婿咸陽令閻楽、其弟趙成謀曰「上不聴諫、今事急、欲帰禍於吾宗、吾欲易置上、更立公子嬰、子嬰仁倹、百姓皆載其言」」（『史記』巻六、秦始皇本紀）。

(74) 徂徠学については、相良亨「経世済民の儒学の成立」（相良『近世日本における儒教運動の系譜』理想社、一九六五年）、渡辺浩「反「近代」の構想」（渡辺『日本政治思想史』）等を参照。

(75) 藤原不比等に対する『南留別志』のこの評価は、徂徠に関する渡辺氏の論考（渡辺「反「近代」の構想」一八五頁）でも引用されている。

(76) 本書第一・二章も参照。

(77) 『制度通』は近世における律令研究の代表的な成果と評価される（吉川幸次郎「伊藤東涯「制度通」解題」『吉川幸次郎全集17』筑摩書房、一九七五年、和光三津夫「江戸期における律令学」『律令制の研究』慶應義塾大学法学研究会、一九八一年)。政通の「賦税雑勘」でも随所で『制度通』が参照されている。
(78) 修学院御幸の再興でも光棣は政通の依頼で膨大な先例調査書を執筆した。「光格上皇修学院御幸雑例」(図書寮文庫)として残る。
(79) 神崎彰利「近世における公家領の構造」(『明治大学刑事博物館年報』一二、一九八一年)一〇―一一頁。
(80) 本史料については、山口和夫「近世の朝廷・幕府体制と天皇・院・摂家」(山口『近世日本政治史と朝廷』)二四五―二四六頁、和田英松『皇室御撰之研究(本編)』(明治書院、一九三三年)三二四―三二九頁、米田「朝儀の再興」一五五―一五九頁を参照。本文で参照した部分の原文は「東照宮、叛逆の徒をたいらけ、四海の波風をしつめ、絶たるをつき、すたれたるをおこし、上を尊敬し、下を憐愍せらる、志深かりしかは、金闕ふた度光をか〻やかす」であるが、ここの「絶たるをつき、すたれたるをおこし」と同様の文言が、[史料七]では行為の主体が変わった形で書かれていることにも留意したい。なお、平井誠二氏は、「当時年中行事」の当該部分は幕府の目に触れることを前提とした記述であり、後水尾天皇の本心とは言い難いと評価する(平井誠二「前期幕藩制と天皇」石上英一・永原慶二ほか編『講座前近代の天皇2』青木書店、一九九三年、一六四頁)。
一方、本居宣長は「今の御世は、いにしへにもまれなるまで、よく治まりて、いともめでたく、天の下栄えにさかゆるま〻に、よろづに古へをたづねて、絶たるをおこし、おとろへたるを直し給ふ御世にしあれば」と、天下が繁栄し、万事について古のことを調べて絶えたものを興し、衰えたものを直している復古的な雰囲気があると評価したことがある(『玉勝間』六の巻、古き名どころを尋ぬる事、大野晋・大久保正編集校訂『本居宣長全集1』筑摩書房、一九六八年、二〇〇―二〇一頁)。これらの言説と政通のそれとの具体的な影響関係は、現段階では断定が難しい。
(81) 「鷹司政通記草」文政九年一一月五日条、「廷臣賜禄」二つ目の書付、「役俸之儀」二つ目の書付。
(82) 『論語』子罕第九「子欲居九夷、或曰、「陋、如之何」、子曰、「君子居之、何陋之有」」、『山海経』海経第四巻、海外東経「君子国在其北、衣冠帯剣、食獣、使二大虎在旁、其人好譲不争」。
(83) 天武朝の印云々は、百官諸司に関連する文書に押された印が天武朝に作られた印という意味ではないかと思われるが、詳しくはわからない。なお、「天武」の「天」は「文」の誤りかもしれない。
(84) 天保の正倉院開封と穂井田忠友の正倉院文書整理については、皆川完一「正倉院文書の整理とその写本」(皆川『正倉院文書と古代中世史料の研究』吉川弘文館、二〇一二年、初出は一九七二年)が詳しい。
(85) 図書寮文庫の鷹司本には正倉院文書を写した全五巻の「東大寺正倉院古文書抄写」が伝来しており、これが[史料九]で参照された「三倉院古文書」の写本にあたる可能性がある。全五巻のうち、上・中・下の巻数が付された三軸は、皆川「正倉院文書の整理とその写本」の写本分析によると、天保七年（一八三六）五月の仁孝天皇への献上本と同じ内容である。忠友や奈良奉行、あるいは勧修寺門跡（東大寺寺務）等、天保開封の関係者から政通に贈呈されたのではないかと考えられる。なお、忠友の正倉院文書整理は、光格上皇からの希望を勧修寺門跡が伝えて開始されたと伝えられる（西田直養「篠屋漫筆」正宗敦夫編『穂井田忠友家集（附小伝）』歌文珍書保存会、一九一一年、九二―九四頁所収、この「篠屋漫筆」の伝承は、皆川「正倉院文書の整理とその写本」にも紹介される）。天保の開封や忠友の正倉院文書整理と朝廷との関係について、具体的な経緯の検討は今後の課題としたい。

(86)『神皇正統記』光孝天皇（岩佐正校注『日本古典文学大系87』岩波書店、一九六五年、一二五頁所収）。
(87)『読史余論』（国書刊行会編『新井白石全集3』国書刊行会、一九七七年、三九九頁所収）。
(88) 延喜・天暦聖代観については、主に田島公「延喜・天暦の「聖代」観」（『岩波講座日本通史5』岩波書店、一九九五年）を参照。
(89) 佐々木恵介『天皇と摂政・関白（天皇の歴史3）』（講談社、二〇一一年）九九―一〇〇頁、西宮記研究会編『儀式書を中心としてみた平安時代政治機構の総合的研究』（科学研究費補助金〔総合研究A〕研究成果報告書：平成二年度、一九九一年）。
(90) 佐々木『天皇と摂政・関白』一〇〇頁、西宮記研究会編『儀式書を中心としてみた平安時代政治機構の総合的研究』。
(91) 近世中期の公家社会でも、六国史や律令関係文献の学習・校合・貸借は行われていた（佐竹朋子「一八世紀公家社会における学問と家業」『ヒストリア』二三五、二〇一二年）。
(92) 野村玄「近世における太政官印再興の歴史的意義」（大石学編『近世公文書論』岩田書院、二〇〇八年）。
(93) 西村「近世公家の由緒と伝説」二〇六頁、藤岡通夫『新訂　京都御所』（中央公論美術出版、一九八七年）二〇八―二〇九頁、二二三―二二五頁。
(94) 佐藤信『列島の古代（日本古代の歴史6）』（吉川弘文館、二〇一九年）一七三―二〇〇頁等。
(95) 松岡行義『後松日記』（『日本随筆大成　第Ⅲ期7』吉川弘文館、一九七七年、六二三頁）。
(96)『後松日記』六五五―六五七頁。
(97) 渡辺『日本政治思想史』二七〇頁、三三六頁。
(98)『後松日記』六〇八―六〇九頁。
(99)「経緯愚説」（奈良本辰也校注『日本思想大系38　近世政道論』岩波書店、一九七六年、三六五頁）。

第Ⅱ部　朝廷・公家社会における学問・思想の動向と鷹司政通

第四章　仁孝天皇の和漢書物学習と公家社会

はじめに

光格天皇と孝明天皇との間には、仁孝天皇が三〇年間も在位していた（文化一四年（一八一七）―弘化三年（一八四六））。光格天皇・孝明天皇の間に挟まれた仁孝天皇の時代における朝廷運営については、儀式などの再興、禁裏御所の財政や朝廷構成員への支援問題とそれをめぐる朝幕交渉、光格上皇院御所の運営体系などが明らかにされてきた。[1] しかし、時の天皇、仁孝天皇については、幼時から目が悪くて病弱であったといわれたことが指摘されているが、[2] 天皇の思考と行動が朝廷運営のなかでどのような意味をもったかについては検討が遅れている。光格天皇に注目する近世後期の朝廷研究を、幕末期の朝廷研究と接続させていく必要性が唱えられているが、[3] 仁孝天皇に関する研究はその接続のために解決すべき重要な課題の一つだといえる。

一方、思想史では、近世後期の幕藩権力において学問が重視されるようになり、[4] 学問の場で個人の力量を示し、またネットワークを形成する機会が増大したことなどが、政治変革の背景として注目されている。[5] 本章はこのような思想史の議論も踏まえ、研究が比較的遅れている仁孝天皇の在位期を対象に、学問が朝廷運営に与えた影響を明らかにしていく。

藤田覚氏の研究は、近世後期における天皇の意識変容を示す事例として、光格・仁孝天皇が行った書物学習に注目した(6)。また佐竹朋子氏は、野宮家と三条実万の事例を中心に公家の思想形成過程を考察するなかで、仁孝天皇の禁裏御所における書物学習の実態も分析した(7)。佐竹氏は、『日本書紀』以下の六国史が御前で会読されたことや、学習の前段階に校合作業が行われてテキストの正確な理解が図られたことなどを指摘し(8)、このような動きにみられる公家たちの勉強熱が、孝明天皇の時代における学習院の設立につながると評価している。

本章も、仁孝天皇が禁裏御所で行った書物学習を素材として議論を進めたい。現在の到達点である佐竹氏の研究を踏まえ、本章で究明すべき部分を示そう。

第一に、佐竹氏の研究は堂上公家集団の思想形成に焦点をあてたが、本章は天皇を中心とする禁裏御所での書物学習を重点的に検討する。仁孝天皇御前の書物学習は、主に史書を学習する会読と、主に儒学経書を対象とする講義に大別できる。会読には、漢籍を読む漢御会と国書を読む和御会がある。先行研究では主に和御会のことが論じられてきたが、本章では漢御会や講義を含め、その全体の運営実態を改めて分析する。

ここで、仁孝天皇御前の書物学習の基本的なあり方を確認したい。会読や講義で仁孝天皇はほかの参加者に教授を行うのではなく、天皇本人が学ぶ立場にあった。会読は天皇がほかの公家たちとともに同じ書物を読んでいくという点で、専担の公家一人が特定の書物について天皇に教える講義とは区別される。仁孝天皇の会読と講義は、関連史料では「御会」「御会読」「御講釈」などと、「御」をつけて記されるのが一般的である。特に会読については、禁裏御所における天皇中心の行事という点を明確にし、公家同士で行う勉強会と区別するため、本章では「御」の字をつけて御会読と表記することを原則とする。講義の場合は史料上の呼び方がさらにばらついているため、便宜上、地の文としては御前講義、あるいは単に講義と表記する。

本章の内容をやや先取りしていえば、禁裏御所では中世後期以来の内々・外様番に加え、一七世紀後半から新たに近習小番がおかれていた。(9) 本章は近習小番制との関係に留意しながら御会読や御前講義の運営実態を把握していく。なお、漢御会と御前講義の関係者は重複する人物が多く、また漢御会より和御会の方が、仁孝天皇の在位後半における変化が特に著しい。したがって本章では、漢御会・御前講義・和御会の順に検討を進めていきたい。

第二に、学習内容について、御会読と御前講義で学習された著作の性格を踏まえた考察を深めたい。また、御会読・御前講義での学習内容と、同時代の朝廷外部における学問・思想動向との接点が現れるところにも注目したい。

第三に、先にも述べたが、仁孝天皇の思考と行動に関する研究はほとんどなされていない。本章は、御会読と御前講義の運営で発揮された仁孝天皇の主体性を明らかにし、さらに、東坊城聡長・三条実万など、御会読・御前講義に関わった公家たちの役割にも注目し、近世後期の朝廷運営で仁孝天皇御前の書物学習がもった意味をより明らかにしたい。

第一節　御会読・御前講義の運営実態

(一) 漢御会

ここでは、漢籍を学習した漢御会の実態を分析する。

仁孝天皇は文化一四年（一八一七）三月に受禅した。同年六月二〇日、近習東坊城聡長は、同日から「和漢御会読」が始まるので当番の人たちは参加するように議奏園池公翰が申し渡したことを、(10) 近習番頭から告知された。(11) 近習などの禁裏小番は議奏の支配下にあり、(12) 御会読関係の連絡事項も、議奏から近習の番頭を通じて各番組に伝達されたのである。翌文政元年（一八一八）一一月二五日には『貞観政要』の御会読、(13) 同二年九月一四日には『史記』の御会読、(14) そして同四年三月二九日にも『史記』の御会読があった。(15) 同六年八月二二日には、近習柳原隆光の日記によると御前で『漢書』の御会読があった[16]。

近習勘解由小路資善の日記によると、文政一〇年（一八二七）二月七日に『後漢書』の御会読があった[17]。天保二年（一八三一）八月一〇日からは『三国志』の御会読が始まり[18]、同六年一二月一五日まで続く[19]。

翌天保七年（一八三六）二月一四日からは『晋書』御会読が始まる[20]。同一一年二月四日からは『資治通鑑綱目』が会読された[21]。『資治通鑑綱目』の御会読は、弘化二年（一八四五）一一月まで開催が確認できる[22]。

文政一三年（一八三〇）九月一五日の『後漢書』御会読には天皇と五人の近臣、そして聡長が参加したという[23]。天保七年（一八三六）二月一四日の『晋書』初回では、三条実万・葉室顕孝・東坊城聡長・高辻以長・勘解由小路光宙などが参加してテキストを読んだことがわかる[24]。このうち、以長・光宙は近習、実万は議奏、顕孝は統仁親王（後の孝明天皇）に仕える東宮三卿の一人、聡長は東宮祇候衆であった[25]。毎回の漢御会には、天皇と五人ほどの公家が参加したとみることができる。

文政一二年（一八二九）一二月四日に舟橋師賢が聡長に伝えた当月の「御会読参仕分配」の告知では「十二月五日師賢《（舟橋師賢）》、十日在賢《（舟橋在賢）》、十五日師賢、二十日五条殿《（五条為定）》、廿五日東坊城殿《（聡長）》、三十日在賢」とある。師賢・舟橋在賢・五条為定・聡長の名が記され、それぞれの参加日が指定されている[26]。同一三年閏三月一五日には在賢が聡長と唐橋在経に、当日の御会読では『後漢書』李固伝の「「……況受顧遇而容不尽乎」商不能用」の部分まで読まれたことを伝えている[27]。天保六年（一八三五）一〇月二三日には「御講釈・御会読等御用」をしばらくの間中止するとの連絡が、議奏から聡長・在賢と高辻以長に伝わった[28]。漢御会は月六回程度開催されたこと、そして聡長・師賢などにすべての御会読日における出席が指示されたのではなく、各々特定の参加日が指定されたことがわかる。

当時の聡長・師賢らは全員が近習衆であったが、師賢・在賢が聡長に上記のような連絡をした文政一二―一三年（一八二九―一八三〇）頃、聡長の近習番頭は別の人物であった[29]。また、聡長の日記で確認される御会読参加はほとんど近習当番による参内と同日であるが、文政一一年（一八二八）八月二〇日には、御会読のために禁裏御所に向かう途中で、清水谷家の前でその延引を告知する文書が届けられて直ちに帰宅したという。[30] したがって、非番の日にも御会読のために参内する場合があったことがわかる。

文政一三年（一八三〇）一〇月四日には、漢御会の参加者が読み間違ったときに聡長が指摘をしないことは良くないと仁孝天皇が思っていると、議奏鷲尾隆純が聡長に漏らしたという。[31] このような天皇の考えは、聡長が彼らの読み間違いを指摘すべき立場にあることを前提にするものである。

東坊城・五条・舟橋など、出席日が指定され、互いに学習状況の情報を共有する近習の人々は、すべて紀伝の家とされた菅原氏か、明経の家とされた清原氏である。[32] 彼らと議奏との間では、漢御会の運営について、近習番組を経由する連絡とは別の意思疎通がなされていた。彼ら菅原・清原氏の近習衆は漢御会の学習を主導する責任を担ったものと思われる。

また、御会読参加者の読み間違いを気にしていたという仁孝天皇は、漢籍の誤読を認知できるほどの学識をもっており、積極的な姿勢で学習に臨んだといえる。したがって、仁孝天皇の御会読は形式化した行事ではなく、実質的な意味をもつ学問の場として運営されたと評価できよう。

(二) 御前講義

次に、主に経書をテキストとする仁孝天皇御前の講義について検討したい。

関白鷹司政通は文政一〇年（一八二七）二月二日の日記で、[33] 舟橋師賢による『論語』の講義が始まったと記す。そこで、師賢は前年（文政九年）一二月一二日に御侍読を命じられたと付け加えている。[34] 勘解由小路資善に届いた文政一〇年五月二七日付の近習番頭広幡基豊の廻状では、『論語』の御前講義を当番の公家が聴聞することを天皇が命じたと議奏園池公翰から申し渡されたといわれる(35)。同年七月二四日には、当日で『論語』の御前講義が完了し、来たる二七日から『孟子』の御前講義を行うとの指示が議奏から番頭経由で回った(36)。文政一一年一〇月一三日（このときは資善が番頭）には、来たる一七日から『大学』御前講義を開催することが通知されている(37)。

近世後期、禁裏御所のなかの近習番所は、内々・外様番所に比べると、天皇がいる常御殿との距離が近かった。しかし、一応離れたところに位置していた(38)。したがって、近習衆の御前への呼出には、別途の判断が必要となる。御前講義の聴聞は、形式としては議奏の申渡で伝わっているが、天皇の御前に召されることなので、仁孝天皇本人の意向が反映されたとみてよいであろう。

清原氏の師賢に加え、天保期には菅原氏も御前講義を勤める。五条為定の日記「菅葉」によると、為定は天保五年（一八三四）八月七日、聡長から以下のような話を聞いた。前年（天保四年）より菅原氏の唐橋在経による『国語』の御前講義が行われていたが在経が没したので、今度は聡長の講義を聞きたいという天皇の意向を議奏が前日に聡長に伝えたということであった(39)。御前講義は、漢御会のように学習指導役にあたる複数の公家が出席日を分けて出るのではなく、一人が専担する形式であったことがわかる。

天保六年（一八三五）正月二九日、『国語』御前講義の初回に、聡長は「翰林之生」、つまり学問の家の出身として重い責任を感じながら臨んだ。天皇は講義に大きく満足し、幾久しく講義をするようにと仰せがあったという。聡長は、家業を全うできることを毎日のように家廟で懇願し、「北野」、つまり菅原氏の先祖菅原道真に助けをもらったという、異例に長い感想を述べている(40)。天保八年二月八日から、聡長は『中庸』の御前講義を始めた(41)。同年四月三日からは、やはり聡長の『詩経』御前講義が始まり(42)、同一二年五月一六日まで続いた(43)。そして同月二二日からは同じく聡長の『礼記』御前講義が始まり(44)、弘化二年（一八四五）八月六日まで開催が確認できる(45)。

公家の学問家業と天皇への学問教授について、興田吉従《よさゆ》が文化一一年（一八一四）に編纂した『諸家々業記(46)』の記述をみよう。吉従は時の所司代である小浜藩主酒井忠進に仕えた漢学者であった[47]。『諸家々業記』の編纂も忠進の命によるものと、同書の刊記にはいう。この『諸家々業記』の「儒門　紀伝道」の条は、菅原氏について、「大学頭・大内記・文章博士等、必件家之内にて被任…(中略)…東宮学士も菅家之内にて被任候例に候」といい、大内記や文章博士・東宮学士のように天皇家の教育や朝廷の文書作成に関係する職には、必ず菅原氏が任じられるという。

周知の通り、近世朝廷の官位叙任はほとんど形式化したものである[48]。では、天皇家の実際の教育はどのように行われていたのか。同じ『諸家々業記』の「儒門　明経道」の条は清原氏について、「当時之振合、主上御学問之御師範と申ハ清家に限り候事にて、もとより菅家之方も文章博士・大学頭等に被任候得者、御師範と申に無之にてハなく候得共、申さハ菅家之方ハ表向と申様なる儀にて、御内証之御師範と申ハ必清原両家之内え被仰付候事に候」とある。菅原氏は天皇の表向きの、言い換えれば形式上の教育係であり、天皇家の内証の師範、つまり、より実質的な教育の仕事については清原氏の舟橋・伏原両家の公家たちに仰せが下されるというのが、文化一一年（一八一四）頃に所司代に仕えていた在京学者の理解であった。光格天皇譲位・仁孝天皇受禅の僅か三年前である。

仁孝天皇の漢御会と御前講義では、東坊城・五条・高辻・唐橋など菅原氏も運営の担い手となっていた。学問の家としての菅原氏の役割に、文章博士の補任など形式的な側面のみならず、実質的な側面がより強化されていたといえるのではないか。

一方、清原・菅原氏に加え、藤原北家日野流の勘解由小路資善も仁孝天皇に対する御前講義を担当している。勘解由小路家の家譜には、天保七年（一八三六）末以降、資善が仁孝天皇の勅命を受けて伊藤仁斎の『論語古義』『孟子古義』の講義を数年間行ったとされる[49]。仁斎を受け継ぐ古義堂の五代目伊藤東峯は、天保七年一二月二一日に書き留めた覚書で、鷹司政通から聞いた話として、この頃に資善が仁孝天皇の御前に呼ばれ、『論語古義』の講釈が行われたと記した[50]。同一四年五月二三日、資善も「論語御卒業、次可講孟子古義哉旨有御沙汰」と日記に記している[51]、『論語』

の御前講義が終わり、次は『孟子古義』、つまり仁斎の注釈による『孟子』の御前講義を始めることを天皇から命じられたとのことである。(52)

㈢　和御会

次に、国書を読む和御会の運営実態を分析しよう。

文化一四年（一八一七）六月二〇日に和・漢御会読開催の告知があったことは先述した。(53)文政四年（一八二一）八月三日に東坊城聡長は、『延喜式』の御会があり、仁孝天皇の御前でテキストを順番で読み上げたと記している。(54)近習柳原隆光は同六年九月二九日の黄昏の頃、俄に「倭御会」があって『続日本紀』が従来の如く読み上げられたという。(55)同年一〇月一一日にも俄に「倭御会」があり、『続日本後紀』が読み上げられた。(56)同七年閏八月九日の聡長は天皇の御前で『日本文徳天皇実録』の御会があったと記しており、(57)勘解由小路資善は同一〇年九月九日に、『日本書紀』の御会読があったと記している。(58)

天保三年（一八三二）一二月二三日からは『延喜式』の御会読があった。(59)同六年閏七月二七日には、翌月から『儀式』（『貞観儀式』）を読むと近習衆に通知されている。(60)『儀式』の後、同七年四月一七日からは『令義解』が読まれる。(61)同年一〇月四日には、今後『日本書紀』を読むと近習衆に通知された。(62)『日本書紀』の御会読は同一〇年五月二六日まで行われ、(63)同一一年二月七日からは、『続日本紀』御会読が始まった。(64)

『続日本紀』の和御会が実施されていた天保一一年（一八四〇）七月一二日、五条為定の「菅葉」では、聡長からの伝言として、禁裏御所で『続日本紀』御会に続けて『日本後紀』御会を行うことが予定されていると言及される。(65)『日本後紀』は大半が散逸していることもあり、『続日本紀』の後のテキスト選定をめぐっては多少の混乱もあったようである。(66)結局は『日本後紀』の逸文を蒐集・復元した書物である『日本逸史』が同一四年七月四日から読まれた。(67)

弘化元年（一八四四）八月五日からは『続日本後紀』が始まる[68]。翌弘化二年（一八四五）正月二八日からは『日本文徳天皇実録』が読まれた[69]。同年五月二四日から六国史最後の『日本三代実録』が始まり、同年一二月七日まで続いた[70]。『日本後紀』が『日本逸史』に代替された形ではあるが、六国史全書がテキストになったのである。

為定は、天保三年（一八三二）一二月二三日の『延喜式』初回の様子について、この御会読は「臨期」、つまり予定外のことで、当日の近習小番衆のうちに読み上げの役は為定しかおらず、最初は他の参加者もいなかったが、後ほど三条実万・聡長などが加わって御会読が行われたと記した[71]。

小番衆の読み上げ役の存在が前提とされ、菅原氏の為定がそこに含まれる点は、漢御会運営の仕方と類似する。また、為定と同じく菅原氏の近習であったが当日は非番であった聡長も後ほど和御会に加わったとされている。

後の天保一三年（一八四二）二月二九日、山科言成が近習番頭広幡基豊から伝えられた翌月和御会の告知には、参加の日割と、三組で計一五人の名前がみえる。参加者が増えているので三組に分けた方が望ましいという議奏三条実万の意見によって組が増やされたという。それとは別に、毎回出席する者（人名の記載はない）は従来のように出席させればよいとのことであった[72]。

天保一三年（一八四二）四月三〇日の言成は、当時の近習番頭であった基豊から通知された翌月分の和御会日割の廻文を次のように書き留めている。

［史料二］「言成」第一二冊、天保一三年四月三〇日条

和御会参上一列廻文到来、

五月己亥　三日　廿一日　新宰相中将殿（中山忠能）　内蔵頭殿（山科信成）　新勘解由次官殿（北小路説光）　右小弁殿（勧修寺顕彰）　基豊（広幡基豊）

九日　廿七日　春宮権大夫殿（久我建通）　右衛門督殿（万里小路正房）　園池三位殿（園池実達）　頭弁殿（烏丸光政）　蔵人権弁殿（裏松恭光）　広橋侍従殿（広橋胤保）

十五日　源宰相殿（綾小路有長）　三位中将殿（徳大寺公純）　頭左中弁殿（甘露寺愛長）　蔵人左少弁殿（日野資宗）　柳原侍従殿（柳原光愛）

来五月続紀御会御定日如当月被聞食之旨被触候ニ付、別紙之通御参可給哉、御差支候はゝ無御遠慮可示給候、仍申入候也、

四月三十日　　基豊

三組立てで、計一六人の名前がみえる（この一六人を表1としてまとめた（一七五頁））。このうち、一五人は先の二月二九日付で通知された日割における記載者と一致している。したがって、［史料一］に書き上げられた人名は、この頃の和御会組編成の一般的状況を示すものとみて差し支えなかろう。

この一六人のうち、一五人は近習衆である。主に近習衆の参加者同士で、毎回五人ほどが出席できるように参加日を分けた組編成と理解できる。弁官・蔵人を多く輩出する家柄であり、日記など先例の文献を理解する必要が大きかった藤原北家の勧修寺流と日野流(73)の出身が過半を占める。近習ではない一人、広橋胤保は東宮祇候衆である。(74)なお、おそらくこの組編成は参加者の全部ではなく、先の二月二九日付の通知同様、これとは別途に毎回の出席者も存在したと思われる。

この一六人のなかに菅原・清原氏はいない。また、弘化二年（一八四五）七月三〇日の言成は「来月御会、和巳亥漢寅申」と、和漢御会両方の開催日に関する告知内容を日記に書いているが、(75)同日の聡長は「漢御会、来月寅申之日御参可被成也」と、漢御会日の告知のみを日記に書いている。(76)最初から和御会の告知が聡長に回らなかったか、それとも聡長が敢えて漢御会の告知だけを日記に書き留めたか、ということになる。これは、参加者が増えた後期の和御会運営で、菅原・清原氏以外の公家たちの役割が増大したことを示していると思われる。

第二節　御会読・御前講義の学問的・政治的意義

（一）学習内容の特徴

まず、漢御会と御前講義の特徴を考えよう。

かつて後水尾天皇も公家衆と御学問講を行ったことが知られており、[77] 桜町天皇は近習の出席のもと『貞観政要』御会を行ったとされる。[78] ただし、後水尾天皇の御学問講は節会の習礼や楽などの稽古を含むものであり、桜町天皇の御会は、その学習の実態や持続性について不明な点が多い。

光格天皇の時代には『貞観政要』『十八史略』『漢書』など、近習衆との漢籍御会読・輪講が持続的に開催されている。[79]

そして仁孝天皇の漢御会にいたっては、『史記』から『晋書』までに限られるものの、中国の諸史書のなかでも、歴代王朝の正史と位置づけられる紀伝体史書を時代順に読む試みがなされている。天保一〇年（一八三九）から読まれた朱熹の『資治通鑑綱目』[80] についていえば、王朝の正統性を論ずるその歴史観が南朝正統論に与えた影響で知られていることも興味深い。[81][82]

御前講義については、勘解由小路資善が伊藤仁斎の『論語古義』『孟子古義』を用いたことを述べた。後日の弘化四年（一八四七）三月九日、学習院開講の際にも、資善が『論語古義』講釈を行うことになっていた。[83] 仁斎の学問を受け継ぐ古義堂は、以前から公家との交流があったが、この時期における交流は特に活発であったと指摘されている。[84] かかる動向が仁孝天皇の御前講義や学習院の運営に一定の影響を与えたと評価できよう。

仁孝天皇の御会読では、和御会が漢御会と並行された。朝儀に関する多数の著作を残した後水尾・霊元・中御門天皇、[85]『日本書記』学習に熱意を示した桃園天皇など、[86]国書の学習と研究に積極的な天皇は以前から存在した。しかし、多数の公家が参加する定期的な行事となった御会読で国書学習が重んじられたことは、仁孝天皇の書物学習で特筆すべき点といえる。以下で、和御会の学習内容の特徴をより具体的に分析したい。

『令義解』和御会が続いていた天保七年（一八三六）一〇月二日、次は『西宮記』を読むとの天皇の意が、議奏・近習番頭経由で山科言成に伝わる。しかし、同四日には、天皇の指示内容が変更された。『令義解』が終わった後には『西宮記』ではなく『日本書紀』を読むこと、かつ、『日本書紀』のうち、神代巻は学習から除外するということであった。[87]それ以降、天保八年六月一三日に欽明天皇紀が読まれ、[88]同一〇年五月二日には天武紀・持統紀が読まれたことが確認できる。[89]

かつての宝暦事件で問題になった桃園天皇の『日本書紀』学習は、竹内式部門下で垂加神道の説を教わった公家たちによる神書、つまり神代巻中心の講義である。[90]これに比べ、仁孝天皇の『日本書紀』御会読では主に人皇の代を扱う巻が読まれ、さらに『続日本紀』などほかの六国史の御会読が続いたのである。

本書第三章でも述べたが、朝廷・公家社会では、『西宮記』など私撰の儀式書が参照する先例の多い延喜（九〇一―九二三）・天暦（九四七―九五七）年間頃が理想・模範の時代とされてきた。[91]仁和三年（八八七）を下限とする六国史の対象範囲は、この理想・模範の時代より遡るものである。『儀式』も、朝儀が内裏を中心とする形に縮小する摂関期[92]より前に成立した官撰の儀式書である。神代巻を除く『日本書紀』・六国史と『令義解』『延喜式』、そして『儀式』が読まれた仁孝天皇の和御会は、全体として、律令国家体制の形成期から摂関期以前までの朝廷の歴史と制度が、学習範囲の中心になっているといえよう。

「菅葉」の天保三年（一八三二）一二月六日条によると、議奏の実万から近習番頭基豊を通じて次のことが通知された。『延喜式』御会読では、雲州本、つまり文政一一年（一八二八）の出雲松江藩松平家の刊本を御会読の底本にするという。必ずしも雲州本を善説とするわけではないが、これが新刻なので採択するというのが仁孝天皇の意向であった。これについて為定は、前日に近習番所で雲州本を検討したが「古本」に比べて特に長所はないとの感想を述べている[93]。

同月二三日の『延喜式』初回では、『延喜式』自体の上表文・序・目録に加え、雲州本刊行時に付された松江藩主松平斉貴の序も読まれたという[94]。雲州本は、松江藩の松平斉恒から斉貴へと継承された校訂事業の成果であり、和学講談所の塙保己一などがその編纂に関わったことも知られる[95]。

為定は雲州本を高く評価していないが、『延喜式』研究史において雲州本の価値は認められている[96]。結果的には雲州本が採択されたことで、和学講談所など同時代の朝廷外部で進んだ国書研究の成果が朝廷の御会読にも受容されたといえる。

なお、天保三年（一八三二）一二月二三日の『延喜式』初回では「難解か所等有御尋、臣下亦互出問彼是」と、難解な部分などについて天皇が質問をし、公家たちもかれこれと質問をしたという[97]。同七年二月二四日の『儀式』和御会では、山科言成が読み上げた『儀式』五月五日節会の条について、議奏三条実万から、服飾に関わる三つの不審な点について尋問があったという[98]。これらの事例にも、御会読に臨む仁孝天皇や実万の積極的な姿勢が窺われる。質疑・討論の存在は同時代の藩校・私塾における会読の様子とも類似する部分であり、留意すべき点と思われる[99]。

仁孝天皇は、天保一〇年（一八三九）五月二日の和御会で「近日」のように親王を御前に召したとあるように[100]、統仁親王の学習参加を促していた。孝明天皇の践祚後、学習院開設の際に諸臣に回された回章では、学習院設立の理由として公家の風紀改善を望む先帝仁孝天皇の意が強調された[101]。これらの事例は、学問に対する仁孝天皇の姿勢が孝明天皇に影響を与え、孝明天皇の時代にも意識されていた側面を示している[102]。

（二）朝廷運営との関係

孝明天皇の在位期である嘉永四年（一八五一）七月二〇日、東坊城聡長に権大納言への推任[103]が通知された。左中弁日野資宗から届いた宣下通知の別封には「両朝侍講筵並御謚号、且学習院建学以来又役分厲勤之賞、有家例之間、被推任之事」とあった[104]。今度の推任は、仁孝・孝明天皇への講筵、つまり教育の勤めと、光格・仁孝天皇の漢風謚号[105]、そして学習院運営の功績による褒賞という。約九〇〇年ぶりの天皇号・漢風謚号再興や、中世以来の朝廷で初めての教育機関であった学習院設立の意義は先行研究でも論じられているが[106]、天皇への教育の勤めも漢風謚号・学習院に関する功績とともに、聡長の推任の理由として特記されたのである。

これについて聡長は、仁孝・孝明天皇の侍講を務めたことは学問の家として名誉なことであるが、寒暑を問わず侍座するほど苦労したとも回顧した。そして、謚号のことについては、光格上皇の崩御後に仁孝天皇・鷹司政通などの意を受け、日野資愛と自身などが取り掛かり、公卿の合議や幕府との協議があったと回顧した。また、その後に学習院を建てることになり、勘解由小路資善と自身が力を尽くし、ついにことが成就されたと回顧している[107]。

資善と聡長は、弘化二年（一八四五）、開講予定であった学習院の学頭兼奉行に任じられた[108]。また、資善と資愛は仁孝天皇の崩御後、菅原氏とともに謚号の案を提出したが、これは、彼らが仁孝天皇生前の「御同学」であるとの理由によるという[109]。資愛・資善と聡長は、議奏や武家伝奏を長く務めた。議奏として仁孝天皇の御会読運営を指揮し、その本人も御会読の場に積極的に参加した三条実万も、嘉永元年（一八四八）から武家伝奏を務めた。

嘉永三年（一八五〇）、京都町奉行所与力・同心が朝廷関係者の風聞を集めた「官家風聞書」を作成した[110]。所司代引渡のために上京した老中松平乗全への提出を目的に作成された本史料は、しっかりとした調査のうえ、概ね正確な情報を載せたと評価される[111]。本史料において、武家伝奏のなかでは実万、議奏のなかでは聡長と中山忠能・広橋光成が博学の人とされ、その能力が高く評価される。実万・聡長・忠能・光成は、いずれも仁孝天皇の御会読や六国史校合に参加した人物である。また、表1に示した通り、仁孝天皇の和御会に参加した公家の多くも後に議奏・武家伝奏を務めた。学問に優れていた人物が朝廷運営で優れた力量を発揮することが当該期に限る傾向とはいえないが、天皇本人が学問に強い意志を示すなかで、公家と天皇とが接する定期的な学問の場の整備・拡大も伴われたことは、当時の朝廷運営を考えるにあたって注目すべき現象と評価したい。

古義堂の伊藤東峯と公家との関係については先にも触れたが、東峯は特に政通との交流が多かったと指摘される(112)。資善の『論語古義』御講釈が始まる天保七年（一八三六）末頃、仁斎の四書古義（『論語古義』『孟子古義』『大学定本』『中庸発揮』）が禁裏・仙洞御所に献上されるが、これも政通の取り計らいで実現したと東峯は記した(113)。

政通は和御会の校合作業にも関与した。天保一一年（一八四〇）七月一二日、政通から広橋光成（議奏）と野宮定祥（東宮三卿）・聡長・為定の四人に『日本後紀』の校合作業が命じられた(114)。「菅葉」同日条によると、これより先に、禁裏の文庫に『日本後紀』の善本がないので鷹司家・近衛家などの所蔵本を参考に校合することが天皇から命じられたという(115)。議奏に校合作業を指示した時点の政通は、鷹司家所蔵本を校合の参考資料にするという天皇の指示を了解していたのであろう。六国史の校合に対する政通の関与については、佐竹朋子氏も、宝暦事件と比較のうえで、仁孝天皇の和御会が「天皇と関白の

表1　天保13年（1842）4月30日の和御会参上指示

名前	氏	小番	参上日割	両役在役
中山忠能	花山院流	近習	3・21	議
山科信成	四条流	近習	3・21	
北小路説光	日野流	近習	3・21	
勧修寺顕彰	勧修寺流	近習	3・21	
広幡基豊	正親町源氏	近習	3・21	議
久我建通	村上源氏	近習	9・27	議
万里小路正房	勧修寺流	近習	9・27	議
園池実達	閑院流	近習	9・27	議
烏丸光政	日野流	近習	9・27	議
裏松恭光	日野流	近習	9・27	議
広橋胤保	日野流	東宮祇候	9・27	議
綾小路有長	宇多源氏	近習	15	
徳大寺公純	閑院流	近習	15	議
甘露寺愛長	勧修寺流	近習	15	
日野資宗	日野流	近習	15	武
柳原光愛	日野流	近習	15	議

注）各組ごと記載順．氏の記載がないのはすべて藤原北家．両役在役の列において，「武」は後日における武家伝奏在役を，「議」は後日における議奏在役を意味する．

出典）図書寮文庫「山科言成卿記」第12巻．

協調体制のもとで行われていた」という特質を指摘している(116)。

おわりに

仁孝天皇の御会読と御前講義について本章で明らかにしたことをまとめ、展望を提示したい。

第一に、本章は、御会読・御前講義の運営実態を明らかにした。漢・和御会は、天皇とその他の複数の参加主体を想定する書物学習であった。参加者は禁裏御所の近習小番衆が中心で、運営に関する指示・連絡は、天皇から議奏を通じて近習衆に伝達されていた。

御前講義は、基本的には天皇本人が講義を受けることであったが、近習衆が同席して聴聞することが促された。漢御会と御前講義、および初期の和御会では菅原・清原氏の近習衆が大きな役割を果たした。天保後期の和御会ではそれ以外の参加者が増え、活性化の様相を呈している。

第二に、本章は、御会読・御前講義の学習内容の特質を明らかにした。天皇が公家たちとともに漢籍学習を行った例は以前からあるが、仁孝天皇の漢御会においては、中国の正史を時代順に読んでいく試みがなされた。天皇が国書学習に積極的だった例も前から存在するが、仁孝天皇の御会読は和御会と漢御会を並行するものであった。多数の公家が参加する朝廷の定期的・持続的な学問の場で国書学習が大きな比重をもつにいたったのである。和御会では摂関期以前の官撰書が読まれており、律令国家体制の形成から摂関期以前までの歴史と制度が、学習において重んじられたといえる。『論語』『孟子』の御前講義における伊藤仁斎の注釈書の採用、『延喜式』和御会における雲州本の採用など、近世の朝廷外部社会で発展した学術成果を受容する試みもなされた。

第三に、本章では学習に臨む仁孝天皇の姿勢について検討が進展した。仁孝天皇は御会読で自ら質問を出し、参加者の読み間違いを気にかけていた。そして仁斎の注釈書による勘解由小路資善の御前講義を清原・菅原氏の御前講義と並行して実施させた。積極的な姿勢で学習に臨んでいたといえる。

東坊城聡長・勘解由小路資善・日野資愛・三条実万など、御会読で仁孝天皇とともに学習するか、あるいは御前講義を担当した経験をもつ公家の多くがその後の朝廷運営で活躍した。これまでの研究で、仁孝天皇は光格・孝明天皇に比べて注目されてこなかった。しかし、近世後期の朝廷運営をみるにあたっては、学問の面で発揮された仁孝天皇の主体性が与えた影響について今後も検討を続ける必要があると考えられる。

学問を天皇の諸芸能における第一とする『禁秘抄』や禁中並公家中諸法度の規定でも知られるように、天皇が治者として学問に励むことは、従来から朝廷の規範であった[117]。ただし、仁孝天皇の御会読と御前講義では、天皇と複数の公家が共有する学問の場が拡大され、その場に参加した公家の多くが朝廷運営で活躍していく点も重要である。学問を通じた人材育成が積極的に図られ、学問の場が政局運営と深く結びつく傾向は同時期の武家社会でもみられるが[118]、朝廷でそれと類似する動きが徐々に現れつつあったと思われることについては、なお留意する必要があろう。

第四に、幕末政局を展望するうえでは、時の関白鷹司政通の位置づけが重要であることを指摘したい。

仁孝天皇の御会読は孝明天皇の践祚後に実現する学習院設立の背景として評価されている[119]。学習院の設立は、公家社会における摂家の権威が動揺・沈下する流れの延長上で、摂家の統制下にあるものとは異なる文化的空間が登場した出来事と評価される[120]。ここで、仁孝天皇の書物学習と時の関白である政通との関係を考察する必要性が生じてくる。

筆者が確認した限りでは、禁裏御所の御会読や御前講義で、基本的に政通が同席することはなかった。主に、摂家以外の公家が務める近習小番が、テキストの読み上げや聴聞などの形で関わっていた。仁孝天皇の書物学習は、摂家の主導性を伴わない平公家たちの学問の場となっている点では、少し後の時代に設立される学習院と同様であったといえる。ところで、当時の政通は六国史の校合に関与するなど、仁孝天皇の書物学習に対して概ね協力的であったと考えられる。

仁孝天皇の和御会では、主に摂関期以前に成立した官撰書による歴史と制度の学習がめざされ、人皇以前の神代の伝承、あるいは摂関期以降の私撰書は排除された。これは、「令式」の制度を考証することに熱心で、「令式」の時代における朝廷の歴史像を肯定する認識を繰り返し示した政通の動向とも通じる部分がある。

幕末には孝明天皇と政通との対立が政局混乱のトリガーになるが、幕末に遡る仁孝天皇の時代においては、天皇と関白との間で、古代朝廷の歴史と制度をめぐる共通の志向が現れていたのである。このことをどのように評価すべきであろうか。

政通の学問の営みと時の朝廷運営との関係を考える有用な手がかりとなるのが、本章でもたびたび言及された古義堂伊藤家との接点である。次章において、古義堂と公家社会、特に鷹司家との関係について具体的な分析に取り掛かりたい。

（1）藤田覚「天保期の朝廷と幕府——徳川家斉太政大臣昇進をめぐって」（藤田『近世天皇論』清文堂出版、二〇一一年）、同「天保期の朝廷と幕府——朝覲行幸再興を中心に」「天皇号の再興」（藤田『近世政治史と天皇』吉川弘文館、一九九九年）、佐藤雄介「文政—天保期の朝廷財政と江戸幕府」（佐藤『近世の朝廷財政と江戸幕府』東京大学出版会、二〇一六年、初出は二〇〇九年）、長坂良宏「文政期の朝幕関係」（長坂『近世の摂家と朝幕関係』吉川弘文館、二〇一八年、初出は二〇一五年）、村和明「光格上皇御所における堂上公家の機構」（村『近世の朝廷制度と朝幕関係』東京大学出版会、二〇一三年、初出は二〇〇二年）。

（2）藤田覚「近世の皇位継承」（歴史学研究会編『天皇はいかに受け継がれたか』績文堂出版、二〇一九年）一二七—一二八頁。

（3）田中暁龍「近世の天皇・朝廷研究の到達点と課題」（『歴史評論』七七一）一四頁。

（4）辻本雅史「寺子屋から国民教育へ」（『岩波講座日本の思想2』岩波書店、二〇一三年）、同編『教育社会史』（山川出版社、二〇〇二年、第六章〔辻本雅史執筆〕）。

(5) 三谷博「「公論」慣習の形成――幕末から明治へ」(三谷『日本史のなかの「普遍」』東京大学出版会、二〇二〇年、初出は二〇〇四年)、前田勉『江戸の読書会』(平凡社、二〇一八年、初版は二〇一二年)、朴薫「東アジア政治史における幕末維新政治史と「士大夫的政治文化」の挑戦」(清水光明編『「近世化」論と日本(アジア遊学185)』勉誠出版、二〇一五年)等。
(6) 藤田覚『幕末の天皇』(講談社、一九九四年)第三章、同『光格天皇』(ミネルヴァ書房、二〇一八年)一八六―一九三頁。
(7) 佐竹朋子「学習院学問所設立の歴史的意義」、同「三条実万の学問履歴」(佐竹『近世公家社会と学問』吉川弘文館、二〇二四年、初出はそれぞれ二〇〇三年・二〇〇五年)。
(8) 仁孝天皇期の六国史校合については、小倉真紀子「近世禁裏における六国史の書写とその伝来」(田島公編『禁裏・公家文庫研究　第三輯』思文閣出版、二〇〇九年)が、その校合作業で検討された版本について書誌学的分析を行っている。
(9) 近習小番については、本田慧子「近世の禁裏小番について」(『書陵部紀要』四一、一九八九年)、李元雨「平公家の日常生活」(李『幕末の公家社会』吉川弘文館、二〇〇五年)六四―七五頁、林大樹「近世の近習小番について」(林『天皇近臣と近世の朝廷』吉川弘文館、二〇二一年、初出は二〇一八年)を参照。歴代の近習小番在職者の情報を詳細に整理した林氏の研究は貴重な成果である。各公家の近習小番勤仕状況に関する本章の記述は、概ね林氏の整理による。
(10) 本章における武家伝奏・議奏の補任情報は、「武家伝奏・議奏一覧」(『日本史総覧　補2　通史』新人物往来社、一九八六年、五〇三―五五四頁)による。
(11) 宮内庁書陵部所蔵図書寮文庫(以下「図書寮文庫」と略す)「東坊城聡長日記」(以下「聡長」と略す)第一〇冊。以下本章における引用史料の句読点は、すべて引用者による。
(12) 近習の編成と運用については、本田「近世の禁裏小番について」六〇―六九頁。
(13) 「聡長」第一二冊。
(14) 「聡長」第一四冊。
(15) 「聡長」第一六冊。
(16) 東京大学史料編纂所蔵「隆光卿記」第四冊。
(17) 図書寮文庫「資善卿記」(以下「資善」と略す)第一冊。
(18) 「聡長」第二九冊。
(19) 「聡長」第三一冊。
(20) 「聡長」第三三冊。
(21) 「聡長」第三七冊。

(22) 図書寮文庫「山科言成卿記」〔以下「言成」と略す〕第一五冊、弘化二年一〇月二九日条に収められた、翌月の御会読開催に関する近習衆宛の通知による。著者山科言成も当時の近習小番の一人である。
(23) 「聡長」第二七冊。
(24) 「聡長」第三三冊。
(25) 天保七年刊『万世雲上明鑑』（深井雅海・藤實久美子編『近世公家名鑑編年集成16』柊風舎、二〇一一年所収）。東宮の職制については、村和明「皇嗣付の職制と天皇・上皇」（村『近世の朝廷制度と朝幕関係』）が分析している。
(26) 「聡長」第二六冊。
(27) 「聡長」第二七冊。
(28) 「聡長」第三二冊。
(29) 文政一二年（一八二九）後半は平松時保（「聡長」第二六冊、同年一二月二四日条による）、翌一三年前半は坊城俊明（「聡長」第二七冊、同年五月二六日条による）。近習の番組は、毎年正月・七月に定期的な結改が行われた（本田「近世の禁裏小番について」六九頁）。
(30) 「聡長」第二五冊。
(31) 「聡長」第二七冊。
(32) 古代の紀伝道・明経道の確立と菅原・清原氏の台頭については、桃裕行『上代学制の研究（修訂版）』（思文閣出版、一九九四年、初版は一九四七年）を参照。近世後期当時の紀伝・明経道と菅原・清原氏については、本節（二）の後半で検討する。
(33) 図書寮文庫「鷹司政通記草」第一一冊。
(34) 政通本人の日記をはじめとする当時の公家日記の残存状況によって、このことの事実関係は照合できない。ただ、東京大学史料編纂所蔵「舟橋家譜」（舟橋康賢提出、一八七五年）にも、師賢が文政九年（一八二六）一二月一九日から仁孝天皇の侍読を務めたとされている。
(35) 「資善」第一冊。
(36) 「資善」第一冊。
(37) 「資善」第二冊。
(38) 本田「近世の禁裏小番について」六五頁、七九頁。
(39) 図書寮文庫「菅葉」第四冊。

(40)「聡長」第三二冊。
(41)「聡長」第三四冊。
(42)「聡長」第三四冊。
(43)「聡長」第三八冊。
(44)「聡長」第三八冊。
(45)「聡長」第四三冊。
(46)『諸家々業記』（近藤瓶城編『改定史籍集覧（第一七冊）』近藤出版部、一九〇三年、二二七―二四〇頁）。
(47)『平安人物誌』（文化一〇年版）巻上　儒家、および「「平安人物志」掲載諸家関連短冊」における解説」（国際日本文化研究センター平安人物志データベース）。
(48)近世の朝廷運営における、形骸化され、あるいは形式的に再興されていた制度や慣行と、より実質的な意味をもつ番衆制の並存については、村『近世の朝廷制度と朝幕関係』五頁、三三一頁で指摘される。
(49)東京大学史料編纂所蔵「勘解由小路家譜」（勘解由小路資生提出、一八七五年）。
(50)天理大学附属天理図書館蔵古義堂文庫史料「東峯覚書」。本史料は、加藤仁平『伊藤仁斎の学問と教育』（目黒書店、一九四〇年）六三三頁に「靖共雑記」という表題で参照されている。当時の古義堂・伊藤東峯と公家社会および鷹司政通との関係については、本章の第二節で述べたい。なお、同じ天保七年頃の資善が残した正式の日記は、管見の限り伝来しない。
(51)「資善」第四冊。
(52)ただし、勘解由小路資善は、常に天皇の機嫌を伺うために参内し、ついでに講義を行うという形をとったようである（東京大学史料編纂所蔵「資善卿日記　天保十三年」三月一七日条「参内、伺御機嫌、召御前講論語」、六月二一日条「参内未刻、伺御機嫌、召御前講論語衛霊公篇初」、七月五日条「参朝、伺御機嫌、召御前講論語」、「資善卿記」第四冊、天保一四年三月四日「御機嫌伺参上、召御前講談如例」、九月五日「御機嫌伺召御前、講談如例」等）。菅原氏・清原氏いずれにもあたらない資善が御前講義を担当することについて朝廷内で何らかの異議申し立てがあったことによる可能性もあるが、断定は保留したい。なお、清原氏や菅原氏の方が経書の御前講義で用いた注釈については、管見の限り定かではない。
(53)「聡長」第一〇冊。
(54)「聡長」第一七冊。
(55)「隆光卿記」第四冊。
(56)「隆光卿記」第四冊。

(57)「聡長」第二一冊。
(58)「資善」第一冊。
(59)「菅葉」第三冊。
(60)「言成」第五冊。
(61)「言成」第六冊。
(62)「言成」第六冊。
(63)「言成」第九冊。
(64)「言成」第一〇冊。
(65)「菅葉」第一〇冊。
(66) 天保一三年（一八四二）一一月二〇日の山科言成は、「今日続紀御満巻、此次和御会、続日本後紀可被聞食…（中略）…云々」と、『続日本紀』の次に、『日本後紀』ではなく『続日本後紀』を読むとの天皇の意向が、議奏から伝わったという（「言成」第一二冊）。
(67) 図書寮文庫「橋本実久日記」第三一冊。著者橋本実久は当時の議奏。
(68)「橋本実久日記」第三二冊。
(69) 図書寮文庫「橋本実麗日記」第九冊。著者橋本実麗は当時の近習。
(70)「言成」第一五冊。
(71)「菅葉」第三冊。
(72)「言成」第一二冊。
(73) 松薗斉『日記の家』（吉川弘文館、一九九七年）、橋本義彦「勧修寺流藤原氏の形成とその性格」（橋本『平安貴族社会の研究』吉川弘文館、一九七六年）、中美那『中世文人貴族の家と職』（東京大学大学院人文社会系研究科博士論文、二〇〇九年）。
(74) 天保一三年五月改版『雲上明覧大全』（深井雅海・藤實久美子編『近世公家名鑑編年集成17』柊風舎、二〇一一年所収）。
(75)「言成」第一五冊。
(76)「聡長」第四三冊。
(77) 本田慧子「後水尾天皇の禁中御学問講」（『書陵部紀要』二九、一九七八年）。
(78) 佐竹朋子「一八世紀公家社会における学問と家業」（佐竹『近世公家社会と学問』初出は二〇一二年）一四五頁。

(79)　藤田『光格天皇』一八六―一九三頁。
(80)　中国での正史の範囲は時代により一定しないが、現在では乾隆四九年（一七八四）の勅命で定められた二十四史を基本とする（「正史」『日本大百科全書』〔宮崎市定執筆〕、「正史」『集英社　世界文学大事典』〔今鷹眞執筆〕、ジャパンナレッジLib）。
(81)　尾藤正英「正名論と名分論」（家永三郎教授東京教育大学退官記念論集刊行委員会編『近代日本の国家と思想』三省堂、一九七九年）。
(82)　ただし、当時の仁孝天皇は元来、司馬光の『資治通鑑』を読む意向であったが、『資治通鑑』は版本が少なく、『資治通鑑綱目』なら版本が多くあろうとの聡長の意見が反映されて同書が採択されたようである（「聡長」第三六冊、同年九月一二日・二〇日条）。『資治通鑑綱目』に対する朝廷の姿勢について、現段階で明確な評価は留保したい。
(83)　開講当日の資善は臨期不参で休講となった。中嶋諒「学習院大学図書館所蔵漢籍から見なおす京都学習院の教育」（『学習院大学史料館紀要』二二、二〇一六年）七四頁。
(84)　加藤『伊藤仁斎の学問と教育』六〇五―六二八頁。近世後期の古義堂伊藤家と公家社会の交流については、本書第五・六・七章でより詳細に検討する。
(85)　米田雄介「朝儀の再興」（辻達也編『天皇と将軍』中央公論社、一九九一年）。
(86)　徳富猪一郎『近世日本国民史22　宝暦明和篇』（民友社、一九二六年）。
(87)　「言成」第六冊。
(88)　「言成」第七冊。
(89)　「言成」第九冊。
(90)　徳富『近世日本国民史22』。
(91)　田島公「延喜・天暦の「聖代」観」（『岩波講座日本通史5』岩波書店、一九九五年）。
(92)　古瀬奈津子『摂関政治』（岩波新書、二〇一一年）七一―八八頁。
(93)　「菅葉」第二冊。
(94)　「菅葉」第二冊。
(95)　『延喜式』雲州本に関する本章の記述は、大日方克己「雲州本延喜式と藍川慎・屋代弘賢・塙保己一」（『日本歴史』七六二、二〇一二年）による。
(96)　「延喜式解説」（皇典講究所ほか校訂『延喜式（上）』一九二九年）、黒板勝美「凡例（延喜式）」（『新訂増補国史大系26』

国史大系刊行会、一九三七年）。為定の評価には、武家が編集した刊本に対する抵抗感が働いた可能性もあり、仁孝天皇の新刻云々は、かかる公家社会の雰囲気に配慮したものかもしれない。『日本後紀』和御会で、より最新の版本である幕府和学講談所本『日本後紀』ではなく『日本逸史』が採用されたことも同様の理由による可能性があるが、やはり判断は留保したい。

(97)「菅葉」第二冊。
(98)「言成」第六冊。
(99) 近世後期に流行した会読は身分・格式を超えた学習の場になり、これは政治問題に関する活発な議論を可能にし、幕末維新変革の土台になったと評価される（前田『江戸の読書会』）。本文にあげた事例が仁孝天皇の御会読一般に共通するかは不明で、御会読への参加が参加者の意識に与えた影響の究明も容易ではないが、これは当時の朝廷運営全体と結びつく重要な問題であるため、引き続き検討していきたいと考える。
(100)「言成」第九冊。
(101)「隆光卿記」弘化四年三月三日条（『孝明天皇紀』第七冊、巻一四（宮内省先帝御事蹟取調掛、一九〇六年刊本、国立国会図書館所蔵）弘化四年三月九日条所収）。
(102) 明法家の官人勢多章武も、後日になって仁孝天皇の国史・漢籍の御会読と学問重視の姿勢を回顧した（『思ひの儘の記（日本随筆大成　第Ⅰ期13）』一九七五年、三―四頁）。
(103) 里見安直『官職知要』に、「推任とは、こなたより申上ざるに、上として賞してなされしをいふ」とある（『古事類苑（政治部洋巻第一巻）』神宮司庁、一九〇九年、八八九頁）。
(104)「聰長」第五六冊。
(105) 光格・仁孝天皇の漢風諡号と菅原氏との関係については、本書第六・七章で詳しく検討する。
(106) 藤田「天皇号の再興」、大久保利謙「幕末京都の学習院」（大久保『明治維新と教育（大久保利謙歴史著作集4）』吉川弘文館、一九八七年）、佐竹朋子「学習院学問所の果たした役割」（『近世の天皇・朝廷研究』二、二〇〇九年）。
(107)「聰長」第五六冊。
(108) 大久保「幕末京都の学習院」二三頁。
(109) 藤田「近世の皇位継承」一三一―一三二頁。
(110) 荒木裕行「京都町奉行所における朝廷風聞調査について」（松澤克行研究代表『近世の摂家・武家伝奏日記の蒐集・統合化と史料学的研究』科研報告書（平成二二―二五年度）、二〇一四年）。

(111) 荒木「京都町奉行所における朝廷風聞調査について」九一頁。以下の史料内容の説明は、同論文に収録された翻刻による。
(112) 加藤『伊藤仁斎の学問と教育』六二六―六二八頁。
(113) 「東峯覚書」。
(114) 「菅葉」第一〇冊。
(115) 「菅葉」第一〇冊。
(116) 佐竹「学習院学問所設立の歴史的意義」三一九頁。
(117) 松澤克行「近世の天皇と芸能」(渡部泰明ほか『天皇と芸能』講談社学術文庫、二〇一八年、初版は二〇一一年)、藤田『光格天皇』一八一―一八六頁。
(118) 三谷「日本における「公論」慣習の形成」、前田『江戸の読書会』、朴「東アジア政治史における幕末維新政治史と「士大夫的政治文化」の挑戦」。
(119) 佐竹「学習院学問所設立の歴史的意義」。
(120) 松澤克行「近世の公家社会」(『岩波講座日本歴史12(近世3)』岩波書店、二〇一四年)五九―六一頁。

第五章　古義堂五代目伊藤東峯と公家社会の交流

はじめに

本章の目的は、一九世紀前半の朝廷と朝廷外部との学問・文化面の関係を、儒学者伊藤仁斎を継承し、古義堂を運営してきた伊藤家と公家社会との交流を中心に考察することである。

仁斎は公家社会と活発な交流があったことが知られる[1]。しかし、仁斎・伊藤東涯以降の古義堂については、加藤仁平氏の網羅的な分析[2]以来、研究がほぼ凍結されていた。近世朝廷の研究者が古義堂伊藤家の存在に注目することもなかった。かかる経緯により、仁斎・東涯以降の伊藤家が公家社会とどのような交流関係をもち、それがどのような歴史的意味をもつかについては、戦後を通じて全くと言ってよいほど検討が進んでいない。京都の文化的条件が朝廷をとりまく歴史変革の過程とどのような関係にあるのかという論点に関連しても、古義堂と公家社会の交流は非常に重要な検討素材だといえる。

加藤氏は、一九世紀前半の古義堂伊藤家の当主であった五代目伊藤東峯が公家・親王家と活発に交流したことを明らかにした。しかし、その内容としては、東峯時代の門人帳に記載された公家・親王家関係の入門者を書き上げ、東峯の日記に記述された公家との交流の事実を抜き出して載せた程度にとどまっている[3]。事例を断片的に羅列して交流の活発さを指摘することから一歩進み、交流の全体像とその意味について理解を深める必要がある。

古義堂伊藤家と公家社会との交流に関する研究は、次の二つの分析が必要である。第一に、一定の時代的範囲を検討対象とし、その交流関係全体の推移が示す特徴を分析すること。第二に、かかる交流関係のなかで、朝廷をとりまく歴史変革の過程に重要な意味をもつ事例に焦点をあててさらに分析を深めることである。

本章では、上記の第一の課題に重みをおきつつ、第二の課題についても一定の展望を示すことにしたい。加藤氏の先行研究でも注目された東峯の当主時代（文化一四年（一八一七）―弘化二年（一八四五））を対象とする。朝廷では光格天皇が譲位して仁孝天皇が在位し、鷹司政通が関白を長く務める時代である。

分析の中心となる史料は、天理大学附属天理図書館蔵の古義堂文庫史料として所蔵・公開されている東峯の日記である。[4]「東峯先生家乗」（以下「家乗」と略す）という表題がついており、全一二冊の東峯自筆本である。「家乗」は加藤氏の著書でも参照されているが、前述の通り、記事や事例を抜粋・羅列した程度である。加藤氏の著書以降は、全く分析がなされていない。本章においては、現存する「家乗」の記事に言及される公家との交流について、同じく古義堂文庫史料として伝来する「東峯来簡集」のなかの公家書簡を部分的に活用しつつ、いくつかの論点に即して検討を行いたい。本章の前半では東峯と公家社会との交流関係全般について、そして本章の後半では摂家鷹司家との交流関係に分析の焦点をあてる。[5]

第一節　伊藤東峯と公家社会との交流

（一）教育面の交流

第一に、伊藤東峯は公家社会と教育の面でさまざまな接点をもち、緊密な関係を維持・発展させていたことを明らかにしたい。

文化一四年（一八一七）五月、東峯の兄で古義堂の四代目にあたる伊藤東里が死去し、東峯が古義堂を継いだ。このとき、伊藤家の出身で備後福山藩の儒者であった伊藤蘆汀が「家学相談」のため藩から五〇日の暇を許され、上京して古義堂の運営に関わることになった(7)。同年七月二〇日、古義堂では蘆汀が講義を始めることを告げる講釈始の儀礼が催されるが、ここには六条・八条・綾小路・庭田などの公家が出席している(8)。

講釈始が七月に開催されるのは特殊例であり、本来は年初の古義堂における定例行事である。「家乗」によると、文化一四年（一八一七）以来、古義堂では毎年正月一三日に、その年の講義の始まりを告げる講釈始の儀が催された。正月一三日の「家乗」が残っている年に限ってみると、古義堂の講釈始には常に複数の公家が出席している。「家乗」で出席が確認できる公家は花山院・綾小路・六条・八条・東園の五家である。文化一五年（一八一八年）と文政二年正月一三日の講釈始には徳大寺家が出席しなかったことが書き加えられており(9)、本来は出席予定であったと思われる。

東峯が公家たちに儒学を教える際には、講釈始のときと違い、基本的に東峯が公家の屋敷を訪問した。東峯が訪問した公家は、文政五年（一八二二）までには一条家・鷹司家、そして今出川・烏丸・東園・日野西・持明院・中山・六条・庭田家で、合わせて一〇家が確認できる(10)。この年以降の「家乗」は三年間の空白があるが、それに続く文政八年以降は久我・清水谷・広橋・正親町三条・広幡・柳原の六家が新たに確認できる(11)。

東峯が公家たちに教える形の学習とともに、東峯が公家らとともに書物を読む「御会」も行われた。この御会は、公家の方が東峯を訪問して行われる場合もあった。文政四年（一八二一）五月一三日には綾小路が東峯に御会の開催を頼み、五月二五日に仁斎の『童子問』の御会が綾小路邸で始まった。ここには八条・六条も参加した。それ以来、文政五年二月一六日にいたるまで、綾小路・八条・六条の全員あるいは一部が毎月二―三回ほど東峯を訪問しており、東峯が綾小路邸を訪問したとの記事もある(12)。『童子問』の御会がその訪問目的だったと考えることができる。

文政八年（一八二五）以降の日記の欠落期間を挟み、文政一二年以降は徳大寺家の徳大寺実堅と世子徳大寺公純が伊藤家を訪問して教育を受けている(13)。

東峯の時代に古義堂との学問的な交流が確認できる以上の公家のなかには、五摂家のうち一条・鷹司の二家、その次の清華・大臣家一二家のうち六家が確認できる。その次の家格にあたる羽林家は一〇家が確認できる(14)。

一方、名家にあたる烏丸・日野西・広橋・柳原の四家が確認できるが、この四家はすべて藤原氏日野流である。本書第四章にも言及した通り、日野・勧修寺流は朝廷で文書作成などの実務に従事してきた伝統をもつ家であり、仁孝天皇が禁裏御所で開催した和御会に参加した近習小番の公家のなかでも日野・勧修寺流の公家が特に多かった。仁斎の注釈を用いて仁孝天皇に『論語』『孟子』を講義した勘解由小路資善も日野流である。管見の限り、「家乗」で勘解由小路家に対する東峯の教育は確認できないが、先代東里の死去後、弔いのため伊藤家を訪問したことが最初に確認できる公家が勘解由小路である(15)。東峯が仁斎著述の再板費用の助成を要請した公家のなかにも勘解由小路家が含まれる(16)。時代はさらに下るが、天保一四年（一八四三）正月二五日の資善は、日記に古義堂の講釈始のことを記している(17)。

一方、日野流と同じく仁孝天皇の和御会で多数が参加した勧修寺流の公家は、この時期に東峯との密接な交流が確認できない。勘解由小路家をはじめとした日野流の公家に、古義堂との関係や学問的交流に対する特別な指向が一族レベルで存在したのではないかと思われる。

次に、古義堂史料として伝来する公家の書簡を参考に、教育面における交流の実態をもう少し具体的にみたい。東峯に到来した堂上公家の書簡のうち、最もまとまった形で残っているのは六条有言と八条隆祐からの書簡である。有言と隆祐は、いずれも仁孝天皇の在位期に禁裏御所の近習小番を務めた人物である(18)。そのうち、有言の書簡のなかには次のようなものがある。

［史料一］「東峯来簡集」所収六条有言書簡（五月廿七日付）[19]

梅天濛々敷候、弥御無異珍重存候、然は愚息稽古安之助毎々苦労存候、左伝読書相済候故文選可然ニ存候間両三度読候、尤左伝之後安之助講談有之度ニ候へとも、先比御噂も有之事故其元御差図有之候迄ハ何候而も読書事と存候、然当春比ゟも毎々安之助講談可致之趣如何致候やと申候得共承居候、右之筈(カ)相心置候へとも一向毎々講談之義申出、有言ゟハさし止候間有容一向々々心配のよしニ候、安之助読書四五会も断申候仕合、仍長沢主膳とくと其元面会可談と存候て行向候処他行やのよし、明朝は定之会日故在宅と存、可行向覚悟候処、昨日ゟ少々所労、仍書中ニ而御談申入候、委曲は面上万々可被述候、有言一向不存事ニ候へとも安之助講談は不好候、乍失敬生質(ママ)少し不普通候様ニ令察候、元来其元さし図有之迄と申置義をおして毎々自分講談申出され候事少々心得違事ニ而は無之哉御座候、頼候とも先断其元差図之上領掌事当然御座候、此迄之趣意貴家御風意相違之事哉、甚ニ失敬難申入義ニ候へとも余り毎々被申出事

詳細は後述するが、天保二年（一八三一）に差し出されたものと思われる。本史料によると、東峯の甥である安之助[20]が、有言の子六条有容の教育を担当していた。有言は、有容の『左伝』読書が完了した後に『文選』の読書を行うことが良いと思っていたため、『文選』の読書が二―三回程度実施された。ただし、安之助の方は『左伝』読書の後に講談を行うことを希望していた。その詳細は記されていないが、ここでいう読書とは、基本的に教育を受ける者（この場合は有容）がテキストを読み上げ、教育を行う者（この場合は安之助）が適宜読み間違いなどを指摘する形の教授法であったと思われる。一方で講談とは、何らかのテーマやテキストについて、教育を行う者が比較的自由に解説する形の教授法ではないかと思われる。有言は「御噂」、つまり、東峯から示されていた意見に従い、東峯からの指図があるまでは何よりもまずは読書だと思っていた。しかし、年明け以降、安之助は有容に講談を行いたいと言い出

した。有言は安之助を差し止めており、有容も心配の様子であるという。これまで、安之助は『文選』の読書を四―五回も断っているともいう。これについて有言は、長沢主膳（六条家の家来か）を一度伊藤家に遣わしたが、あいにく東峯が留守中であり、その翌日は有言自身が伊藤家に行こうと思ったが所労で外出できなかったと、書面での話となった経緯について了解を求めながら、かなり思い切ったことを述べた。東峯の指図に従わず講談を行うことを強引に主張する安之助は性質が「不普通」で、少し「心得違」ではないかということである。引き続き古義堂からの出講を依頼するためには、まずはこれまでの経緯を東峯に伝えて東峯側の意向を把握することが当然だといい、安之助の態度が古義堂の方針とは相違するものか否かを確認している。

「家乗」によると、安之助の六条家への出講は文政一三年（一八三〇）から始まった。同年八月末に東峯が有言に提案し、両者が四日ほど話し合って有言が承諾したことであった。(21)伊藤家の年譜には、安之助が同年九月から六条家へ仕え、翌天保二年三月に帰ってきたとある。(22)「家乗」には、天保二年（一八三一）二月二二日に六条家へ参上した東峯が、三月から育佐（安之助）に暇を下さることを願い出たとある。(23)

［史料二］と日記・年譜の情報を照合すると、安之助の六条家出講の経緯は以下のようにまとめられる。安之助は東峯の提案で有言の了承を得られ、有容の読書を担当した。教育にあたっては東峯の方針に従うことが条件であった。安之助には講談を行う意向があったが、有言は東峯の指示があるまでは主に読書を行わせようとした。年が変わってから有言は講談を行うことを強く主張し、有言と有容を困惑させた。東峯が間に立ち、三月から一旦出講を辞めさせたこともあり、その後、何とかして再開されたようだが、安之助は講談にこだわって読書を断ることを繰り返し、五月末頃には有言も我慢できなくなっていた。(24)

安之助の六条家出講は良い結果にいたらなかったが、その経緯からは東峯と六条家との関係性が垣間見られる。東峯が有言に対して伊藤家関係者の六条家出講を提案し、いったんは承諾された。それほど東峯と有言とは近しい間柄であり、かつ、東峯が有言から学問的な信頼を受けていたのである。

(二) 学問的な事柄に関わる依頼

第二に、東峯は教育以外の面でも、公家たちから学問的な事柄に関する依頼や諮問をしばしば受けていたことを明らかにしたい。

東峯は公家たちから、新しく生まれた子の作名や、[25] 斎号の作名を依頼されることがあった。[26] 徳大寺実堅は文政一二年（一八二九）、東峯に別荘の亭号の考案を依頼している。[27] これは京都大学清風荘の前身となった清風館のことと考えられる。[28] 公家の葬式の際、墓誌、あるいは棺蓋に記載する文言の執筆を依頼されたこともある。[29]

文政一二年（一八二九）三月一七日には花山院家から、死去した花山院愛徳の諡号と墓誌の執筆を依頼された。東峯が花山院家に草稿を提出した後、花山院家内部の意見で東峯の草稿に大幅な修正が加えられた。銅板で制作された完成版の墓誌の内容は、東峯の草稿から半分以上が改作されたものであった。愛徳の後を継いだ花山院家厚は四月六日に使者を東峯に遣わし、その間の経緯について了解を求めている。[30] 東峯に諮問した公家たちが東峯の学識を尊重し、東峯の気持ちに配慮する姿勢を示したことがわかる。

公家たちは、儒学や漢文執筆に関する事柄のみならず、日本の歴史に関する疑問点についても東峯に頼っていた。仁孝天皇の近習であった八条隆祐が東峯に宛てた書簡をみよう。

［史料一二］「東峯来簡集」所収八条隆祐書簡（七月四日付）[31]

其後者不沙汰候、残炎難凌候、御清康令恭賀候、然者乍御面倒当春御頼申入候子昂之軸不苦候ハヽ、許借之事願入申候、於御領掌ハ辱候、猶又任序御尋申入候、皇朝ヲ君子国と称御事国史ニハ書《ママ》有之候得とも漢土之書ニ書載有

之候事哉、若御覚も候ハヽ示給候様願入候、異称日本伝とか申本も有之候へ共不令所持、其内ニ可有之哉、何分御書記も候ハヽ、御教示願入候、仍如此候也

本史料の差出年次は不明である。子昂（趙孟頫）の書の軸を拝借したいという願いの後、ついでにと言いながら、日本を「君子国」と称することは六国史に書いてあるが、中国の書に同じ用例があるかについて心当たりのことがあるかを尋ねている。中国・朝鮮の書籍から日本関係記事を集録した松下見林の『異称日本伝』にも言及し、隆祐本人はこの書物をもっておらず、そのなかに日本を「君子国」と称した用例があるならば教えてほしいとも述べている。

第三章でみたことであるが、当時の関白鷹司政通が残した言説では、古代の日本が他国から「君子国」と呼ばれたことが繰り返し強調されていた。唐の人が日本を「君子国」と称したという遣唐使の報告内容を収めた『続日本紀』の記事がその典拠とみられる。藤田覚氏は、仁孝天皇と公家たちが六国史の学習を行うなど、日本の政治・社会の仕組みを歴史的に理解しようとする動きが広まり、これが天皇号再興の背景になったと評価した(32)。［史料二］の問い合わせ内容は、これらの事例とともに、一九世紀前半の公家社会において日本の歴史に対する関心が高まり、他国における日本の歴史的なイメージが意識されるようになった様相を示している。儒学者がもつ知識とは、中国・朝鮮などの書物に表れた日本観や、日本で成立した漢文体の書物にも及ぶものである。したがって、古義堂伊藤家が公家たちのアドバイザーとしてもつ役割も、儒学など中国の歴史・文化に関する事柄のみならず、日本の歴史に関する事柄にも及ぶものであったことがわかる。

学問に関わる公家たちの依頼は、その家のことや個人的な関心事にとどまらず、朝廷運営上の動きに関わる場合もあった。以下、八条隆祐の他の書簡をみよう。

［史料三］「東峯来簡集」所収八条隆祐書簡（八月廿四日付）(33)

尚々初ノ四冊ハ追々御会読有之候事故令抑留置候也

秋冷相加候懇御安康令賀候、然は去日は御出辱存候、三国志和板在之旨委令申置彼是御面倒ニ御座候、唐本ニ而宜候間懇恩貸願入候、禁中御会読ハ未一之巻も不相済候、一日も已前独見致度候、拝借之四巻ハ一覧了候、何卒四五冊ツ、恩貸願入候、相済候ハ、先返却致（カ）可申候、御会之砌更可申出候間此者江許借之事願入候、仍先申越候也

隆祐は東峯より『三国志』を借りて閲覧していたようである。ここで隆祐は、和板ではなく唐本でもよいといって貸出することを求めている。東峯の手元の和版『三国志』は全巻が揃ったものではなく、中国版の巻が混ざっていたものと思われる。

隆祐は、禁裏御所の御会読では未だ『三国志』の一之巻が終わっていないが、自分としてはその先の部分を一日でも早く読んでおきたいと述べている。隆祐が以前に借りた全四巻は閲覧が終わっており、残りの分を四―五冊ずつ貸し出してほしく、各巻を読み終えればその都度東峯に返却したいとした。御会の際にまた貸出を申し出るので、此者（書簡を東峯に伝達した八条家の家来か）に本を預けてほしいという。ただいま借りている全四巻分は近いうちに禁裏御所の御会読で読まれるので自分の手元におくとのことが付け加えられている。

第四章でみた通り、仁孝天皇は禁裏御所で和漢書物の御会読を実施していた。漢籍を読む漢御会のうち、『三国志』の御会読は天保二年（一八三一）八月一〇日から始まっている(34)。八月二四日付の本史料も、同年に書かれたものと思われる。隆祐は『三国志』など中国の正史類をすべて所蔵していたわけではなく、東峯の所蔵本を順次借りて漢御会の予習をしていた様子が窺われる。学問に熱心な天皇に付き合うためにも、公家たちには古義堂伊藤家の蔵書を頼り

にする必要があったといえる。

公家たちは、書物学習以外の朝廷運営の案件についても東峯と相談していた。天保二年（一八三一）七月一八日、東峯は広橋光成から、検非違使の職を辞退する文書について相談を受けた(35)。これより先の文政一三年（一八三〇）末には天保改元が行われるが、東峯はこの改元についても一一月九日以来、光成から相談を受けている。当時の光成は、朝廷で複数の年号案について議論する難陳の儀式に参加する公家の一人であったが、一一月一二日、東峯は難陳の件で広橋邸を訪問したと「家乗」に記す。朝廷で天保改元が決まった翌日である一二月一一日、東峯はこの事実を自身の義兄である神職生嶋経彭と義父の医師福井榕亭に伝える一方、難陳が無事に終わったお祝いのために広幡邸を訪問した。一二月一五日には福井榕亭が、その間のことが無事に終わったことを祝うため東峯を訪問した(36)。東峯が光成の相談に応じて改元難陳に関するアドバイスを提供する過程について、東峯周辺の人々も関心をもっていたことがわかる。

（三）公家との関係が伊藤東峯にもつ意味

第三に、当時の東峯本人が以上のような公家との関係を重視していたことを論じたい。東峯は文政四年（一八二一）正月の講釈始の儀につき、公家のなかでは綾小路家の二人と六条・八条・東園が訪問したこと、花山院家からは急用のため断られたこと、そのほかに門人二〇名などが出席したことを記す(37)。ほかの年の講釈始の記事においてもこのように、ほかの門人についてはまとめて出席人数のみを記す一方で、公家については出席者の名前を一つ一つ記載し、また出席予定者の不参加についても別に記載している。

これより先の文政三年（一八二〇）正月、東峯は痘瘡を患っていた。このときには、講釈始より二日前の正月一一日に、痘瘡により堂上公家の講釈始参加を断るため使者を遣わしたとする。講釈始の当日である一三日には、「講釈につき堂上方招候筈のところ、頭瘡《ママ》につき当年は堂上無之候、其外門人例年の通り招」といい、講釈始のため本来なら堂上を招いたはずのところ、今年は痘瘡により堂上はおらず、そのほかの門人たちは例年のように招いたと記した(38)。病気にかかったことで、講釈始の訪問予定者のうち、堂上公家の訪問だけを断ったのである。正月二八日には一条家より読書のため参殿の仰せがあったが、やはり痘瘡を理由に七—八日の延引を要請したという(39)。東峯がほかの門人よりも公家たちの健康を大きく配慮したためか、それとも公家たちに病気を忌避する意識がより強かったためかはわからない。同年二月二六日、痘瘡から全快した東峯は、「堂上方諸方へ全快之由申に上る」といい、本人の全快を知らせるため複数の公家屋敷を訪問した。二日後の二八日には、鷹司家と一条家に本人の全快を報告するために参上したという(40)。病気を理由に公家からの訪問や公家への出講を断ることができたので、仮に東峯が公家との関係に消極的だったならば、全快を報告するための訪問を後回しにすることもできたであろうが、そうした形跡はみられない。東峯は、どのような理由であれ、公家たちとの往来が断絶した状況が長引かないように心掛けていたといえよう。

（四）朝廷の動向に対する伊藤東峯の関心

第四に、東峯は朝廷の動向に少なからぬ関心を示していたこと、公家たちから朝廷の内部情報を入手しやすかった環境がその理由の一つであることを明らかにしたい。

「家乗」の記事は、大半が親戚・姻戚や門人との往来、慶弔事や節日の際の贈物など、交際に関係するものである。当時の社会動向や風聞について記し、感想などを認めた事例はそれほど多くはない。そのなかで、仁孝天皇受禅の翌年である文政元年（一八一八）の大嘗祭について、「家乗」同年一一月一日条では、今月に御所で大嘗祭があるので今日から御所で天皇が御斎になり、四方六門に札を立て、僧尼の姿をした者の往来と諸寺の鐘、そして汚らわしいことが禁じられ、今月中は葬式などを内々に行うことが指示されたという、比較的に詳細な記事を残している。大嘗祭の際、禁裏御所紫宸殿の前庭に仮設された悠紀殿・主基殿についても、その境内や屋根の姿、壁や垣の姿についても把握しており、その様式が「甚古風の様子」にみえるとの感想を述べている(41)。

大嘗祭の開催後には、悠紀殿・主基殿の柱や屋根の部材が公家藤波家に下賜されたことを記し、東峯自身が藤波邸に訪問した際に松の皮付の柱一本を拝領したいと申し上げ、藤波家の役人から、東峯の意向を当主に報告するので近日中に再び訪問するようにいわれたこと、一両日ほど後に東峯が藤波家を訪問した際、願いの通り柱一本を下賜されたことを記している(42)。

伊藤家は、身分的には町人社会に属する。「家乗」には町内寄合への出席、町の廻状の内容、子供を出産した町内の家から餅を配られた出来事なども記されている(43)。伊藤家で町内寄合が開催されることもあった(44)。天保七年（一八三六）の日記にあたる「家乗」第一一冊の場合、その全体が町寄合で議論された事項に関する記録である。当時の伊藤家は、町人としての立場でありながら、なお公家との交際を通じて朝廷の重要な神事で用いられた建物の部材を下賜されるような立場でもあったのである。

東峯は、朝廷内の改元手続きに関わる情報をその公表前から把握していた。「家乗」によると、文化一五年（一八一八）の文政改元の際、改元の事実を知らせる町触が東峯に届いたのは五月一一日である。しかし、東峯はすでに四月二二日、当日の御所で改元の難陣があって文政に改元されたことを記している(45)。禁裏御所内で開催され、基本的に朝廷外部には即時公開されないはずの儀式に関する情報を、東峯はどのように入手できたのだろうか。先述の通り、文政一三年（一八三〇）の天保改元の際に東峯は広橋光成の相談を受けるが、改元の儀があった一二月一〇日には、夜戌刻に広橋から使者が来て天保に改元したと伝えられたことを記す。翌日の東峯は、柳原家に改元難陣の書類を借用することを要請したと記している(46)。

東峯は公家たちから個人的なことや家のことのみならず、朝廷運営に関連することについても相談を受けていた。

それに伴い、公家たちから朝廷内部の情報を伝えられ、時には東峯本人が先に、かかる情報の提供を公家たちに求めることができたのである。

第二節　伊藤東峯と鷹司家との交流

（一）伊藤東峯と鷹司家との密接な関係性

加藤氏の著書では、伊藤東峯の「家乗」のなかで、公家のなかでも鷹司家との交流の記事が特に多くみられることが指摘される(47)。しかし、その交流の内容について具体的な分析がなされたとはいえない。本書の第Ⅰ部でみてきた通り、この時代の朝廷運営のなかで鷹司政通が果たした役割の大きさを考えると、東峯と鷹司家との関係についてはさらに詳細な分析が必要であるといえる。

「家乗」によると、鷹司家では毎年正月三日に講釈始が開催されており、東峯は事実上、この行事を執り行う役目を受け持っていた。文政五年（一八二二）の記事によると、この講釈始では、東峯が鷹司家の本殿で政通とその子鷹司輔熙に『論語』学而編を講義し、次に輔熙が学而編を読み上げる順で開催されたことがわかる。贈物の下賜も伴われた。同日の東峯はこれに続き、政通の父鷹司政熙が住む田中御殿に訪問し、同様に講釈始の儀を執り行っていた(48)。

東峯は、政通が参加する朝廷の儀式に随伴することもあった。文政二年（一八一九）元日には、政通の依頼を受け、政通の禁裏御所への参賀、翌日には仙洞御所への参賀に近衛代として同伴した(49)。文政四年五月一九日には、輔熙の大納言拝賀の儀式に同伴することを要請され、同月二六日に雑色として同伴して禁裏・仙洞御所と大宮御所を回っている(50)。

「家乗」で、東峯が毎年の決まった日に鷹司家以外の公家の屋敷で講釈始の行事を執り行ったり、鷹司家以外の公家が朝廷の儀式に出仕する際に東峯が同伴したりした事例はみられない。この点からも、東峯と鷹司家が相対的に密接な関係にあったことが確認されるといえる。

さらに、鷹司家もほかの公家たちのように、漢文の知識が必要な案件について東峯からアドバイスを提供されていた。たとえば、政通は遊印の文言の考案を東峯に依頼し、東峯が二四個の試案を提出したことがある(51)。東峯に対する政通の諮問は私的な案件に限られるものではなく、朝廷運営の案件、特に古の制度を再興する構想に関連していた可能性がある。次の（二）において詳しく検討したい。

（二）伊藤東峯に対する鷹司政通の諮問と朝廷運営

政通が東峯の添削を受けて執筆したと思われる漢文体の文章を一つ取り上げたい。

宮内庁書陵部所蔵図書寮文庫の鷹司本のなかには、「聖恩感記」という表題で、政通の自作文章がいくつかまとめられた冊子が伝来する(52)。そのなかに、天皇の徳を称える和文体と漢文体の文章が連続で入っているが、「感閲神明於二典敍」という表題がついた漢文の方では、次のような記述がみられる。

［史料四］「感閲神明於二典敍」（「聖恩感記」中）

唐虞三代より以還、聖賢文明の道、煥乎たるかな、成章なること。大極より延喜朝にいたり、達徳をもって天宥《なだ》まる大業を得。故に順《すなお》にさらに離る丶べからざるなり。義章・制度、時気を権《はか》り、天下に揖行す。文質の兼全なるものや、七代の聖教と大漢の三章、貞観の美政および二典、盛徳・盛化は十治にも無きことなり。故に他邦において君子国と称歎するかな

（原文：自唐虞三代以還、聖賢文明之道、煥乎成章、自大極到延喜朝、以達徳得宥天大業焉、故不可順更離也、義章制度、権

時気摂行于天下、文質兼全者也、七代聖教・大漢之《三》章・貞観美政及二典、盛徳○《盛》化無十治也、故於他邦称歎君子国矣）

尭舜以来、聖賢が開いた文明の道は輝かしいものであり、日本では、世の始まりから延喜年間（九〇一―九二三年）にいたるまで、朝廷の統治で泰平が達成されたと称えられる。古代の日本は、尭・舜の時代や前漢の法三章、唐の貞観の治など、中国史上の善政の時代に比べられるほど法と制度が十全に備わり、君主の徳と感化は中国よりも優れていたとされる。かかる理由により、日本は他国から君子国と呼ばれていたと論じられる。君子国云々の部分など、本書第三章で検討した政通の言説とも通じるものがある。

一方、古義堂文庫史料として伝来する伊藤東峯関係史料のなかには、「聖恩感記」に収められたものと同じ「感閲神明於二典叙」が伝来している[53]。［史料四］として取り上げた「聖恩感記」の文言と同じ箇所では、「自唐虞三代以還、聖賢文明之道、煥乎成章、自大極到延喜朝、以達徳《度》得宥天大業焉、故不可順更離也、義章制度、権時気摂○《行》于天下、文質兼全者也、七代聖教、大漢三章・貞観、美政及二典、盛徳盛化無十治也、故於他邦称歎君子国矣」（傍線は引用者）のように、一部に東峯の添削が加えられている。政通は、「感閲神明於二典叙」の元となった文章を執筆するなかで東峯に添削を依頼しており、東峯がこれに応じて検討する過程で残されたものが現在の古義堂文庫史料に含まれる「感閲神明於二典叙」と考えることができる。

政通が「感閲神明於二典叙」を執筆した経緯と目的は判然としないが、律令封禄再興の計画書「朱墨井蛙[54]」の作成と関連していた可能性がある。第三章で検討した通り、朝廷では文政後半から位田・職田など古代の律令に規定された廷臣の封禄を再興することが構想された。この構想に基づいて政通が作成した封禄支給計画書「朱墨井蛙」の異本であり、当時の武家伝奏徳大寺実堅が政通から借写したと思われる冊子「朱墨井蛙案[55]」には、その冒頭に「聖恩感記」と同じ和・漢文が対となっている形で入っており、まるで序文のようになっている。

東峯の「感閲神明於二典敍」添削と「朱墨井蛙」との関係を確証することはできない。しかし、この頃の東峯はなぜか、律令の封禄制度や中国の歴史について、政通から立て続けに相談や依頼を受けている。「家乗」によると、東峯は文政一三年（一八三〇）一二月一日に鷹司邸で政通と面談したところ、位田のことについて内々に話があった。この日、東峯は政通の御前で「二時斗」、つまり四時間ほどいたと記し、その後に菓子を下され、その次に御読書、つまり教育にあたったという[56]。東峯が鷹司邸を訪問したことを記す「家乗」の記事のなかで、通常の教育とは別に行われた政通との面談がこれほど長引いた事例はほかに確認できない。八日後の一二月九日には、東峯が周の文王と武王の年数について調べた内容を政通に差し上げたと記される[57]。そして、政通が「朱墨井蛙」を執筆したのも同じ文政一三年の年末頃である[58]。

これらの動きを総合してみると、政通は律令封禄再興の計画を立案する過程のなかで、古代天皇の事績を中国古代の君主の事績になぞらえて賛美する和・漢文の序文を計画書の冒頭に入れることを考え、再興構想について東峯に詳しく説明するとともに、その漢文序の添削、および中国古代の君主の事績に関する調査を依頼したのではないかと思われる。

弘化二年（一八四五）東峯の没後、勘解由小路資善がその墓碑名を書いた。ここには、「生徒日に進み、尤も搢紳の間に貴ばれ、嘗て屢鷹司殿下の下問を奉じ、学習所の造られるや、亦窃に与った」（生徒日進、尤貴重搢紳之間、嘗屢奉鷹司殿下下問、学習所之造也、亦窃与）と、古義堂の弟子が年々増え、東峯が公家たちに尊敬されたこと、東峯がしばしば政通の諮問を受けたこと、そして、学習院が設立されるにあたり、東峯が密かに関わったことが記されている[59]。本書第八章で詳しく検討するが、この墓碑銘を執筆した資善は学習院設立につながる教育機関設立構想の推進にあたり、聡長の推薦を受けた政通からの要請を受けて実務を担当していた。学習院設立の主要な関係者本人が東峯の関与について述べているため、その一定の信憑性は認められよう。学習院の開講は東峯没後の弘化四年（一八四七）であるため、東峯は学習院開設前の設立過程で、政通からの諮問を受けてアドバイスを提供したのではないかと思われる。
東峯は古義堂を継いだ当初から鷹司家と交流関係をもっており、その関係の密接さはほかの公家との関係を上回るものであった。鷹司家が朝廷の儀式に出仕する際に東峯を随伴させたことなど、伊藤家に対する政通の認識は、家来に準じる面があったようにも見受けられる。政通の関白在職期に、東峯は漢学の知識が必要なさまざまな案件について、政通のブレインのような役割を果たしていた。したがって、一九世紀前半の朝廷で長く関白として君臨した政通の動向に関連し、古義堂伊藤家の学問的な能力が活用された側面は軽視できないものと思われる。

おわりに

本章は、儒学者伊藤仁斎を継承した古義堂伊藤家と公家社会との学問・文化面の交流関係を検討した。戦後の研究史においてほとんど分析が進まず、半ば放置されていた古義堂の五代目伊藤東峯の日記「東峯先生家乗」を重点的に活用し、公家たちから東峯に差し出された書簡などを部分的に参照して東峯と公家社会の交流の実態を分析してその意味を考察した。第一節では東峯と堂上公家たちの交流全般について、そして第二節では摂家鷹司家との交流に焦点をあてて分析した。

東峯と堂上公家との交流全般については、第一に、東峯が教育の面で公家社会とさまざまな接点があったことを明らかにした。古義堂で毎年正月に行われる講釈始の儀には多数の公家が出席しており、かつ、東峯は一五家以上の公家に出講していた。一部の公家とは、東峯が若き古義堂関係者の出講を提案して承諾される程度の関係を築いていた。

第二に、東峯が公家たちから学問的な事柄について頻繁に諮問や依頼を受けたことを明らかにした。狭義の漢文・漢籍と中国文化に関する事柄のみならず、日本の歴史に関する事柄についても、公家たちは東峯に頼っていた。

第三に、東峯本人も公家との関係を重視したことを明らかにした。古義堂の講釈始における公家の出席をめぐって東峯が示した動きなどから、こうした東峯の意識が読み取れる。

第四に、東峯は朝廷の動向にかなりの関心をもっていたこと、そして、東峯は公家たちから朝廷運営に関する情報を早期に入手でき、時には自ら公家の方に朝廷運営に関する情報提供を要請できる立場であったことを明らかにした。

東峯は古義堂を継いだ文化一四年（一八一七）以来、鷹司家と交流を続けた。当時の朝廷運営で重みをもっていた鷹司家にとって、東峯は儒学の教師としての役割を超え、漢文の執筆や中国史の知識に関連し、常に頼りとなるブレインのような存在であった。毎年正月に鷹司家で催された講釈始の儀を事実上東峯が執り行っていたことは、両者の密接な関係性を示す象徴的な事例といえる。当時の鷹司家には、朝廷儀式に参加する際に東峯を随伴させるなど、伊藤家を家来に準ずるように扱おうとする様子も窺われる。東峯の日記という一定期間にかける記録全体を分析対象としたことで、東峯と鷹司家との関係の密接さがほかの公家との関係の密接さを上回ることを把握できた。

公家たちは、個人や家のことのみならず、禁裏御所の御会読や官位叙任・改元など、朝廷運営上の案件についても東峯に頼っていた。東峯に対する政通の諮問のなかでも、律令封禄の再興構想や学習院の設立など、朝廷運営上の案件に関わるものが含まれていた可能性が高いことが確認された。

東峯が、政通の諮問に応じるという形で、間接的でありながら朝廷運営に一定の影響を与える様相は、天皇号・漢風諡号の再興が実現される過程からさらに明確に把握することができる。次章でその詳細な検討に取り掛かりたい。さらに、東峯より遡る四代目伊藤東里の時代まで視野に入れ、鷹司家と古義堂伊藤家との師弟関係が展開する様相を明らかにしたい。

（1）　石田一良『伊藤仁斎（新装版）』（吉川弘文館、一九八九年）八七―九四頁。

（2）加藤仁平『伊藤仁斎の学問と教育』（第一書房、一九七九年、初版は一九四〇年）。
（3）加藤『伊藤仁斎の学問と教育』六〇五―六二八頁、六三三―六三九頁。
（4）昭和一六年（一九四一）から同二〇年までに天理大学に引き継がれた（富永牧太「古義堂顚末の記」天理図書館編『古義堂文庫目録』天理大学出版部、一九五六年）。
（5）本章で検討対象となる「公家」とは堂上公家のことである。「家乗」によると、世襲親王家の関係者や地下官人、そして公家の家来のなかでも古義堂伊藤家と交流した人は多くいた。しかし、世襲親王家は朝廷運営に直接関わらなかったことや分析における便宜性などを踏まえ、本章の検討対象は基本的に堂上公家との交流に関連する記事に限定する。
（6）仁斎の曽孫伊藤竹坡の婿で、竹坡を継いで福山藩の儒者となった（加藤『伊藤仁斎の学問と教育』三七九―三八〇頁）。
（7）「東峯先生家乗」第一冊、文化一四年六月二八日。
（8）「東峯先生家乗」第一冊、文化一四年七月二〇日。
（9）「東峯先生家乗」第二冊、第三冊。
（10）「東峯先生家乗」第五冊、文政四年正月二八日・二九日、第六冊、文政五年二月一四日等。
（11）「東峯先生家乗」第七冊、文政八年四月二二日・二六日・二八日・五月四日、第八冊、文政一二年二月一一日等。
（12）「東峯先生家乗」第四冊、第五冊。
（13）「東峯先生家乗」第八冊、文政一二年四月一五日・五月一五日等。
（14）堂上公家の家格については、李元雨『幕末の公家社会』（吉川弘文館、二〇〇五年）二四―三四頁、一五六―一六一頁。
（15）「東峯先生家乗」第一冊、文化一四年六月一七日。
（16）「東峯先生家乗」第八冊、文政一二年一〇月四日。
（17）宮内庁書陵部所蔵図書寮文庫「資善卿記」第四冊。
（18）林大樹「近世の近習小番について」（林『天皇近臣と近世の朝廷』吉川弘文館、二〇二一年、初出は二〇一八年）。
（19）古義堂文庫史料「東峯来簡集」第二〇六番書簡。
（20）文化一〇年（一八一三）生まれ。父は医師楢林宗博、母は東峯の姉多加である。天保元年（一八三〇）に育佐と改名し、天保六年には聖護院宮の侍医上田元孝の娘婿となって元冲と改名する。元冲に関する基本的な情報は『日本人名大辞典』の「上田元冲」項目を、母多加については加藤『伊藤仁斎の学問と教育』八四九頁所収の系譜を、改名と聖護院宮への婿入りについては、伊藤家の年譜「応暦」（加藤『伊藤仁斎の学問と教育』九〇一―九〇二頁所収）を参照。なお、『日本人名大辞典』には元冲が外祖父伊藤東所に学んだとあるが、すでに東所は文化四年、その次の伊藤東里は文化一四年に死去していたため、文化一〇年生まれの元冲は東峯に師事したとみるのが妥当であろう。
(21)「東峯先生家乗」第九冊、文政一三年八月二六・二七・二八・三〇日。
(22)「応暦」(加藤『伊藤仁斎の学問と教育』九〇一頁所収)。
(23)「東峯先生家乗」第一〇冊、天保二年二月二二日。
(24)天保二年五―六月中の「家乗」の記事はほとんど欠落しているため、東峯が［史料一］についてどのような反応を示したかはわからないが、その後、「家乗」に安之助と六条家との往来の記事はなくなっている。安之助の出講は［史料一］を契機に完全に停止したものと推測される。
(25)「東峯先生家乗」第五冊、文政四年三月一一日、第八冊、文政一二年一一月二五日。
(26)「東峯先生家乗」第八冊、文政一二年一二月二三日。
(27)「東峯先生家乗」第八冊、文政一二年六月一七日・七月二〇日。
(28)清風館の造営時点については文政一二年(一八二九)説のほかに天保三年(一八三二)説などがあるというが(松田文彦ほか編『清風荘と近代の学知』京都大学学術出版会、二〇二一年、八四頁、一四四頁注三)、「東峯先生家乗」の記述を踏まえれば文政一二年説が妥当であろう。
(29)「東峯先生家乗」第八冊、文政一二年一二月二三日、第九冊、文政一三年一〇月一六日。
(30)「東峯先生家乗」第八冊、文政一二年三月―四月。
(31)「東峯来簡集」第九三番書簡。
(32)藤田覚「天皇号の再興」(藤田『近世政治史と天皇』吉川弘文館、一九九九年)。
(33)「東峯来簡集」第一〇六番書簡。
(34)宮内庁書陵部所蔵図書寮文庫「東坊城聡長日記」第二九冊。
(35)「東峯先生家乗」第一〇冊、天保二年七月一八日。
(36)「東峯先生家乗」第九冊、文政一三年(天保元年)一一月―一二月。
(37)「東峯先生家乗」第五冊、文政四年正月二三日。
(38)「東峯先生家乗」第四冊。
(39)「東峯先生家乗」第四冊。
(40)「東峯先生家乗」第四冊。
(41)「東峯先生家乗」第二冊、文政元年一一月一日。

(42)「東峯先生家乗」第二冊、文政元年一二月一三日。
(43)「東峯先生家乗」第五冊、文政四年三月九日・九月二五日・一一月四日・一一月一六日・一一月二六日・一二月一九日等。
(44)「東峯先生家乗」第八冊、文政一二年七月五日。
(45)「東峯先生家乗」第二冊。
(46)「東峯先生家乗」第九冊。
(47)加藤『伊藤仁斎の学問と教育』六二六―六二八頁。
(48)「東峯先生家乗」第六冊。
(49)「東峯先生家乗」第三冊。
(50)「東峯先生家乗」第三冊。
(51)「東峯先生家乗」第八冊、文政一二年六月一九日・七月一〇日。
(52)宮内庁書陵部所蔵図書寮文庫「聖恩感記」。
(53)古義堂文庫史料「感閲神明於二典敍」。
(54)宮内庁書陵部所蔵図書寮文庫「朱墨井蛙」(二六五‐六四六)。
(55)東京大学史料編纂所蔵「朱墨井蛙案」(徳大寺本)。
(56)「東峯先生家乗」第九冊。
(57)「東峯先生家乗」第九冊。
(58)「朱墨井蛙」の成立過程について、詳細は本書第三章を参照。
(59)古義堂文庫史料「靖共先生碣銘」(加藤『伊藤仁斎の学問と教育』五七八頁にも参照されている)がその拓本である。現在、二尊院に残る墓碑の実物は摩滅が激しく、判読が難しい(二〇二一年六月二〇日に確認)。

第六章　天皇号・漢風諡号の再興と古義堂伊藤家

はじめに

本章の目標は、天皇号・漢風諡号の再興を素材として、近世後期における朝廷運営の変化、そして朝廷外部の学問と思想が当時の朝廷に与えた影響を明らかにすることである。

天皇生前の事績を称える漢風諡号(1)と天皇号を組み合わせた号は平安後期に途絶え、その後は、「円融院」のように、天皇生前の在所名などにちなむ追号と「院」とを組み合わせた号が贈られていた(2)。天保一一年（一八四〇）に死去した上皇兼仁に「光格天皇」の号が贈られたことで、天皇号は約八五〇年ぶり、漢風諡号との組み合わせとしては約九五〇年ぶりの再興となった(3)。

再興以前まで、院号が用いられるという点で天皇家と武家の没後称号は区別されなかった。藤田覚氏は天皇号の再興を、「将軍よりも誰よりも隔絶した」、「権威的秩序における天皇の隔絶した尊貴性」が表現された出来事と評価する(4)。氏は、再興にいたる朝廷内の動き、および幕府との交渉過程を検討したうえで、再興を主張する中井竹山の「草茅危言」(5)が成立したこと、そして、仁孝天皇と公家たちが六国史を学ぶなど、日本の政治や社会の仕組みを歴史的に捉え直す動きが現れたことを背景として評価した(6)。

ただし、当時の朝廷運営の変化について理解を深めるために、大きく二つの方向から再検討の必要がある。

一点目の課題は、再興の実現過程で朝廷の諸主体が果たした役割を明らかにすることである。藤田氏の仕事は、天皇号・漢風諡号再興を「諸朝儀・神事の再興と復古に力を注いできた光格天皇の人生の締めくくり」と評するなど、(7) 光格天皇の事績の延長上に位置づける姿勢がみられる。しかし、いわば当然であるが、「光格天皇」号の採用による天皇号・漢風諡号の再興は、光格（兼仁）本人の没後に実現した出来事である。再興をめぐる朝廷内の動きを論ずるためには、光格以外の諸主体の役割について分析を深めなければならない。

二点目の課題は、朝廷外部の学問と思想が朝廷内の動きに与えた影響を明確に実証することである。藤田氏の研究で注目された「草茅危言」の成立や、天皇と公家の六国史学習などは、それ自体としては再興をめぐる意思決定と別個の動きである。再興に直接関わる朝廷内の意思決定過程が当時の学問や思想動向とどのようにリンクしていたかは、明確にはわかっていない。

天皇号・漢風諡号再興の実現は、天皇家の歴史に対する当時の認識や、諡号の考案に必要な漢文の知識などがその前提となる。つまり、かかる知識や認識が形成される過程と密接に関わる事柄である。そのため、京都における学問と思想の交流が、天皇と朝廷の変化、ひいては日本の「権威的秩序」のあり方にもたらした変化を明らかにできる可能性をもつ素材である。

本章は、当時の関白鷹司政通の存在、そして古義堂伊藤家の動向およびその関連史料に着目することで、これらの課題を解決する作業に挑む。

本章の内容を先取りしていうと、政通は天皇号・漢風諡号の再興について古義堂伊藤家のアドバイスを受けていた。そして古義堂側が示した意見が、本件をめぐる政通の意向、ひいては朝廷の意思決定に重要な影響を及ぼしていた。これは近世朝廷と学者との関係を示す非常に興味深い事例といえるが、従来の研究史ではほとんど認知されてこなかった。戦前の加藤仁平氏は古義堂伊藤家に関する著述のなかで、古義堂の五代目伊藤東峯が光格天皇の諡号について政通の諮問に応じたことに触れたが、断片的で抽象的な記述にとどまっている(8)。おそらく戦前までは、町儒者の伊藤家が本件に関わった事実を明確に記述することには憚りもあったように思われる。

伊藤仁斎と公家社会との交流については戦後の評伝にも比較的詳しく記述されており(9)、仁斎と東涯が改元に関わったことも知られている(10)。しかし、仁斎・東涯以降の古義堂については、加藤氏の著述以降、研究が皆無に等しい。天皇号・漢風諡号の再興と古義堂伊藤家との関わりが知られていないことは、こうした経緯にもよると思われる。

本章は、天理大学附属天理図書館所蔵の古義堂文庫史料を活用し、天皇号・漢風諡号再興の経緯を全面的に再検討する。天皇号・漢風諡号の再興過程は、朝廷で再興の意志が公表されるまでの局面と、諡号「光格」が選定される局面に分けられる。「光格天皇」号の選定過程については、さほど時期が遠くない「仁孝天皇」号の選定（弘化三年（一八四六））とも合わせて検討したい。そのうえで、政通の若年期における古義堂との交流などについても検討を進め、天皇号・漢風諡号再興の思想的な背景を捉え直していく。

なお、当時の朝廷では、天皇が再興の可否について公家たちに勅問を下す形で再興の意志が公表された。勅問の文言としては「諡号」、つまり漢風諡号の再興が表明されており、天皇号の再興が明記されたわけではないが、実際には天皇号と漢風諡号を組み合わせた形での再興をめざした内容と理解される(11)。本章でもこうした理解は変わらないが、各々の記述ではそこで参照する史料の表現に従い、「天皇号」と「諡号」の表現を分けて使用する。

第一節　天皇号・漢風諡号再興の推進と関白鷹司政通

(一) 追号選定作業の経過と天皇号再興の選択肢

上皇兼仁は天保一一年(一八四〇)一一月一八日子刻に死去した。(12) 当初、朝廷では従来のように追号を贈ることが図られた。仁孝天皇から菅原氏の公家に追号の考案が命じられた。(13) そして菅原氏の追号案が天皇に提出されていた。管見の限り、この間の経緯を最も詳しく記した公家日記は菅原氏の一人である五条為定の「菅葉」(14) であるが、従来の研究ではほとんど参照されていない。まずは「菅葉」に基づき、追号案の提出過程をみることから始めたい。

天保一一年(一八四〇)一一月二三日、菅原氏の東坊城聡長・五条為定・高辻以長・唐橋在久は、議奏の飛鳥井雅久から追号案を提出することを申し渡された。(15) 近世の禁裏御所で四―五人の公家が同時に務める議奏の役目の一つは天皇とほかの人々との間の意思伝達を仲介することであった。右の申し渡しも仁孝天皇の指示を伝達したものである。(16)

菅原氏は翌日、東坊城邸で以下のように意見をまとめた。

[史料二]「菅葉」第一〇冊(天保一一年一一月二四日)

旧院御徳奉似霊元帝之間、各後霊元院之号被差出度由也、四人各同号勘進如何、両人勘出無子細歟、雖然誰々勘出難決定、依之以鬮定之、高辻・唐橋等勘出之仁、不得已事也、其余可然号雖無之彼是勘考、一統先治定

上皇兼仁の事績はかつての霊元天皇に似ているため、「後霊元院」の追号が相応しい。しかし、四人が揃って同じ追号案を出すことも良くないと考えられるので、「後霊元院」の案は四人のうち二人だけが提出する。これが四人の

結論であった。くじ引きにより、以長と在久が「後霊元院」案を出すことにした。ほかの追号案についてもいろいろと議論したうえで決定された。

翌二五日、為定らが追号案を提出するため禁裏御所に行ったところ、聡長に面会した。聡長は、追号案の提出を見送りとし、詳細な理由は後で話すと述べた。関白鷹司政通の内命によるという。当時の聡長は議奏加勢(17)であったが(18)、ここでは議奏として天皇からの指示を表向きに伝えるのではなく、関白から内々に下された指示を伝えている。為定らはこれを聞いて禁裏御所から退出した(19)。

三日後の一一月二八日、菅原氏は議奏を通じて天皇に追号案を提出した(20)（提出案は章末表1を参照）。しかし、五日後の一二月三日には、天皇の意向により追号の選定を見送ること、当面の間は兼仁を「故院」と称することが議奏を通じて公家たちに伝えられる(21)。

古義堂の伊藤東峯は、当時、天皇号・漢風諡号の再興について政通から受けた諮問の顚末を「鷹司関白政通公御用記(22)」（以下「御用記」と略称）として記録している。「御用記」最初の記事によると、兼仁の没後、以下のようなことがあった。

［史料二］「御用記」

天保十一年十一月十九日仙洞（上皇兼仁）御所崩御ニ付、其後諸大夫牧治部少輔（牧義冬）、夜分自分心ニ而被参、御追号之事噺有之候ニ付、帝王譜署之噺申、且御内々仙洞御所天皇号ニ御再興被遊度御内意有之候様ニ被寄候（ママ）ニ付、大坂之儒者中井竹山著述之草茅危言ニ天皇号再興有度□（虫損、由カ）右之書ニモ有之、且以前之通ニ難出来候ハ、其時之年号之後ニ天皇ト付候ても宜敷様ニ草茅危言ニ有之、何卒御再興有度趣、拙者之愚意も申述候この引用部では文章が不自然なところがあり、適宜解釈を補って分析したい。一一月一九日に兼仁が死去した後[23]、鷹司家諸大夫の牧義冬が夜分に東峯を訪ね、兼仁の追号について話した。これに対して東峯は、伊藤東涯の「帝王譜畧[24]」のことを話した。義冬の相談について、「帝王譜畧」を参考に答えたという意味であろう。そこで義冬は、内々に天皇号を再興させたい内意があることを話した。これについて東峯は、大坂の儒者中井竹山の「草茅危言」に天皇号再興の主張があることに触れた[25]。東峯はさらに、古代のように漢風諡号を選定する方式の踏襲が難しいなら、在位時の年号と天皇号を組み合わせることもできると「草茅危言」に書いてあるとして、是非とも天皇号の再興が叶ってほしいと述べた[26]。この相談のなかでは、漢風諡号よりも天皇号の再興が優先されていることがわかる。

ここで、牧義冬が話した天皇号再興の内意の主体が鷹司政通か、生前の上皇兼仁か、それとも仁孝天皇なのか、文面からは明確な判断が難しい。次には、政通と東峯との関係を踏まえ、政通の意向と［史料二］との関係を論証したい。

（二）鷹司政通と伊藤東峯との関係

鷹司家諸大夫牧義冬は［史料二］で、自らの意志で東峯を訪ねたとしたが、これは政通の意向と大きく離れたものではなかったと思われる。当の政通本人が東峯と近い関係であり、鷹司家の諸大夫はそれを考慮した可能性が高いからである。前章で検討した内容の一部をも踏まえながら、政通と東峯との関係を改めて検討したい。

東峯の日記「東峯先生家乗[27]」によると、東峯は古義堂を継いだ翌年である文化一五年（一八一八）以来、鷹司家で毎年の正月三日に催された講釈始の礼に出向き、『論語』学而編などの講釈を行っている。こうした東峯の役割は政通の日記からも確認できる[28]。東峯は、普段も政通とその息子鷹司輔熙に対する講釈と読書を担当しており、鷹司邸を頻りに訪問していた[29]。

鷹司邸を訪問した東峯は、たとえば、長時間にわたって内々に位田に関する話があったというように(30)、通常の講釈・読書とは別に、政通から内々に相談を受けることもあった。

政通が東峯に相談した事例とその信頼の程度は「御用記」の内容からも把握できる。[史料二]に続く「御用記」の記事が、再興可否の勅問当日にあたる天保一一年（一八四〇）一二月二一日に東峯と政通が面談した内容である。少し長文になるが、重要な内容を多く含むため全文を引用したい。

[史料三]「御用記」

○十二月廿日酉刻御葬送無拠相済、翌廿一日早朝、関白様ヨリ召頼御対面之事有之候ニ付罷出候様申来候ニ付、早朝参殿之所、早速御対面有之、御密談之所、此度故院様御諡号之義、先日ヨリ内々諸《ママ》司代ヲ以関東江御書付ニ而御内談先日ヨリ御座候所、又関東ヨリモ御役人御書付ニ而御返答有之、昨日諸司代ヨリ御内々関白様江被達候所、故院様格別之御徳、且御孝道ニ付、禁中ヨリ御諡号被上候様ニ申来候、其御往復之御書付も極内々拝見仕候、実ニ中古絶而無之御事御再興、恐悦至極内々申上、定而仁斎・東涯・中井竹山承リ候ハヽ、欣悦不過之畏入候哉之趣、且私当御時節ニ左様之義御噺御内々承候ハ冥加之難有義申上候、扨殿下之御意ニハ、右之通ニ付御諡号之文字表向菅家唐橋・高辻・五条・東坊城家江被仰付候事ニ而文字勘進も可有之候、且殿下ヨリも御勘進御差出之思召ニ付、恐入候事ナレトモ、故院様之御行状大要被仰候ニハ、至而御仁徳之天子ニ而、下情ニも被至、質素も被好、御学文《ママ》も厚御好ニ而通鑑抔も数度御覧有之、御治世中も御再《「興」脱カ》之肝要ハ加茂《ママ》・石清水臨時祭御再興有之、且孝光《ママ》天皇之御徳も被信候事ニ而、何分其道之趣意ヲ以帝王之御徳ニ叶候文字勘出可仕候様ニ被仰付事ニ而、殿下御勘進之下勘考ニ而有之候、右之越《趣カ》承リ十二月廿一日朝帰宅仕候兼仁葬送の翌日、つまり再興可否の勅問が下された日に、政通は自邸に東峯を呼び出して密談した。密談は早朝になされたといい、勅問よりも先に行われたようである。

政通は、幕府が諡号の再興を許可したと所司代が内々に伝えてきたことを話した。東峯は、中古に廃絶した諡号の再興が可能になったことを内々に聞くことができ、恐悦至極であると述べた。

政通は、これから菅原氏の唐橋・高辻・五条・東坊城に対し、天皇から表向きに諡号案の提出が指示されるはずであるが、自らも諡号案を提出する意向だとした。生前の兼仁はいたって仁徳な天子で、質素を好み、下情への理解もあり、学問を愛好して『資治通鑑』などを数度読んだとも回顧した。賀茂・石清水臨時祭の再興を成し遂げたことと、光孝天皇の徳を重視したことにも言及した[31]。以上を踏まえて帝王の徳に相応しい諡号の文字を考案することを、政通は東峯に依頼した。政通が天皇に提出する諡号案の草案の作成にあたるものであった。

政通と輔熙は、諡号選定の勅答案についても東峯の意見を聞いていた。天保一二年（一八四二）正月二八日、天皇は議奏を通じて、諡号再興を決定したことを大臣以下参議以上の現任公卿[32]に伝えるとともに、「光格・仁光・光化・欽崇・峻極」のうち採用すべき諡号案に対する勅問を下した[33]。これに対する輔熙などの勅答について、東峯は次のように記している。

［史料四］「御用記」

○閏正月朔日鷹司若御所（鷹司輔熙）ヨリ被召罷出候処、新年参賀中ニ而七時ヨリ初夜前迄御待申上候処、光格・仁光之勅答之御相談ナリ、御文面中所々愚意申上、其後関白様（鷹司政通）御居間江被召、少シ御違例ニ候故御臥褥辺へ被召、若御所も御同間、徳大寺（徳大寺実堅）公之勅答之御相談も有之、一両ヶ所申上候事

閏正月朔日、東峯は輔煕の居所に召された際、「光格」や「仁光」などのうち、どれが良いかについて出された前月二八日の勅問に対する勅答の文面について相談を受けた。その後、東峯は政通の居間に召された。ここで徳大寺実堅の勅答についても相談を受け、一、二ヶ所について意見を言上した。当時、朝幕間の連絡を担当する武家伝奏であった実堅は鷹司家出身で、政通の年下の叔父にあたる(34)。

本史料によると当日は、病床にあった政通が横になっている自身の傍近くまで東峯を呼び寄せて話した。政通が東峯を親しく思っていた様子が窺われる。

次は、諡号を定める朝廷の儀式で用いられた文書について政通が東峯に相談した事例をみたい。

天保一二年（一八四一）閏正月二七日、禁裏御所では仁孝天皇が「光格天皇」号を宣下する陣儀が開催され、諡号を贈る趣旨を述べた漢文体の詔書が出された。その三日前の閏正月二四日に政通は東峯を招き、菅原氏が作成した詔書の草案(35)について相談した。詔書の文言をめぐり、下記のような議論があった。

[史料五]「御用記」

詔書之内、御徳ヲ尭舜ニ比シ、尭ニ比スレハ何慙ン、舜ニ比スレハ何譲ン之所少シ勘考仕居候ハヽ、殿下（鷹司政通）早ク御推量ニ而其所如何ト被仰候ニ付申上候ハ、尤ト被思召、慙ン・譲ン、字少々不穏、肩ヲ並へ競意相見へ候、尭舜ヲ被学其後尭舜ニモ譲ントアレバ穏ナリ、頓ニ有之候てハ競フ意ニ相成候、尚又為改候様ニ被仰候

東峯は、詔書案のうち、兼仁の事績が尭に比べても恥じず、舜にも譲らないという文言について少し思うところがあった。政通はそれに気づき、その箇所について意見を聞いた。そこで東峯が述べた意見に政通は賛意を示した。政通は、この書き方では兼仁が尭舜と肩を並べて競っているようで穏やかさに欠けているため、兼仁が尭舜に学び、そ

の後に尭舜にも譲らないほどの人物になったとした方が穏やかだと述べ、これから草案を改めさせるとした(36)。最終的に出された詔書は、光格天皇が「唐尭の典を履み（履唐尭之典）」、そして「虞舜の政を行った（行虞舜之政）」と評した(37)。尭に比べても恥じず、舜にも譲らないという草案の文言が政通の意向により書き直された部分と思われるが、その過程では東峯の意見も踏まえられたのである。

これまでみてきた通り、政通は再興に関わるさまざまな案件について東峯と相談していた。政通は東峯に、諡号再興の要望について幕府と内談した経緯を話すとともに、幕府と交わした書類の内容まで極めて内々にみせた。政通が東峯の学識を信頼するのみならず、東峯を人間として親しく思っていた様子も窺われる。

こうした東峯と政通との関係を踏まえると、東峯に相談した鷹司家諸大夫の義冬も、相談の事実が政通に報告される可能性は念頭においていたと考えることができる。したがって、［史料二］の話題である天皇号再興の内意とは、すでに政通の意向をかなり踏まえたものか、少なくともその内容が政通に知られても問題ないと義冬は思っていたと理解するのが妥当であろう。

次に、朝廷で追号の選定が取りやめられ、再興可否の勅問が出されるまでの動きを検討したい。

(三)　再興への方針転換と再興可否勅問の意味

天皇から議奏を通じて追号案提出の指示を受けた菅原氏の四人は、「後霊元院」の追号が望ましいと合意していた(［史料一］)。天皇号・漢風諡号の再興を望む意識は、ここにはみられない。「後霊元院」など菅原氏の追号案は、政通の内命により一度は天皇への提出が見送られたものの（天保一一年（一八四〇）一一月二五日）、最終的には議奏を通じて表向きに提出されている（同年一一月二八日）。

政通が一度追号案の提出延期を内命したことと、東峯が鷹司家諸大夫から聞いた天皇号再興の「御内意」(［史料二］)

とは関係があるかもしれないが、現段階で史料上確認できない。他の公家が政通に再興を建言した可能性もあるが(38)、当時の朝廷側史料で裏づけられない。一方、生前の上皇兼仁が天皇号のことについて政通などに話していたという風聞もある(39)。

斉昭は兼仁の没後、政通に宛てた天保一一年（一八四〇）一一月二五日付の書簡で、兼仁の陵は近来の慣例のように寺院内に設けるのではなく、古代天皇家のように山陵を造営して埋蔵することを建言した。『水戸藩史料』によると、斉昭は書簡を送る際、もし山陵の要望を幕府に提起すれば、少なくとも諡号再興の要望ぐらいは叶うのではないかとの意見を使者から口頭で伝えさせた(40)。『水戸藩史料』本文の記述によると、政通の返書は一二月三日にあり、その内容は、諡号については仁孝天皇の意向があり、すでに所司代に申し入れたとのことであった(41)。一二月三日は、追号選定を保留するという天皇の決定が議奏を通じて公家たちに告知された日でもある。

朝廷側が再興可否の勅問より先に幕府へ再興の要望を伝えていたことは、東峯の「御用記」からも裏づけられる。政通は再興について内々に所司代を経由して幕府と内談した。兼仁の葬送がなされた天保一一年（一八四〇）一二月二〇日、つまり再興可否勅問の前日には、幕閣が再興を承認したことを、所司代が政通に内々に伝えていた（［史料三］）。

天皇が諡号再興を決めたことが議奏から大臣以下参議以上の現任公卿に告知され、「光格・仁光・光化・欽崇・峻極」のうち採用すべき諡号案について勅問が下されたのは天保一二年正月二八日である(42)。同日、仙洞御所の院伝奏橋本実久は政通から禁裏御所に呼ばれ、再興に対する幕閣の承認を伝える武家伝奏宛の所司代書取を示された(43)。

政通は兼仁死去後、しばしば仙洞御所に行き、雑事について実久に指示していた(44)。しかし、この書取の内容については、政通自身が仙洞御所に行く機会を待たず、実久を禁裏御所に呼び出して示した。この書取が所司代から届いた直後のもので、かつ、政通はその内容が重大だと判断した故、それを伝えるため院伝奏を早急に呼び出したと考えるのが妥当である(45)。したがって、[史料二]で政通が話した所司代からの内々の承認連絡とは、一ヶ月後に実久が示された書取とは別のもので、武家伝奏を経由せず政通に伝わったものと判断できる。

再興可否の勅問当日の早朝、政通は東峯に諡号の考案を依頼した([史料三])。菅原氏も同日、天皇から議奏を通じて諡号案の提出を指示された(46)。再興可否の勅答が集まっていない時点で、再興の実現を前提に諡号の考案が始まったのである。一ヶ月後、武家伝奏宛に幕府の承認連絡が届いた頃には、すでに「光格」などの諡号案が完成していた。

上皇兼仁の没後、朝廷で諡号の再興が表明されるまでの流れは、以下のように要約できる。

当初は、天皇が議奏を通じて追号案の提出を表向きに指示し、菅原氏が対応していた。政通が幕府へ諡号再興の要望を内々に伝えるまでの間に朝廷内で方針が変わったのであるが、その過程は正確にはわからない。決定的な要因を判断することは難しいが、天皇号に関する生前の兼仁の意向や、政通に対する斉昭の建言、そして東峯が鷹司家諸大夫に示した意見などが考慮された可能性がある。

政通は、所司代と内々に話して再興の要望を幕府に伝えた。幕府の承認も、まずは武家伝奏を経由せず、所司代から内々に政通へ伝わった。現任公卿に対する再興可否の勅問は、幕府が再興を内々に承認してから下された。そして公卿たちの勅答を待たずに、諡号を考案する作業が開始された。約一ヶ月後、幕府は老中→所司代→武家伝奏のルートで表向きに再興の承認を伝えた。これを受けて、天皇から議奏を通じて現任公卿たちに再興の決定が表向きに告知されるとともに、すでに作られていた複数の諡号案が勅問に出され、その選定に対する公卿たちの意見が問われた。

生前の光格天皇は寛政三年(一七九一)一二月、実父典仁親王に太上天皇の尊号を宣下することについて公卿たちに勅問を下し、勅答での圧倒的支持を背景に、尊号宣下に否定的であった幕府側へ再び承認を求めた(47)。諡号再興可否の勅問は、幕府との協議が内々に済んだうえで出されており、寛政三年の勅問に比べると、大分形式的な手続きといえる(48)。

第二節　漢風諡号の選定と古義堂伊藤家

（一）光格天皇号の選定過程と古義堂の諡号案

本節では、漢風諡号が考案される過程を、鷹司政通と古義堂伊藤家の役割に留意して検討したい。

菅原氏の四人が再興可否勅問の当日に諡号案提出に関する天皇の指示を議奏から受けたことは前述した。それから二日後の天保一一年（一八四〇）一一月二三日、菅原氏は諡号案を議奏に提出した(49)（提出諡号案は章末表2を参照）。

しかし、四日後の一一月二七日、彼らは翌月七日までに追加の案を提出することを政通から命じられた(50)。四人のうち為定・在久・以長は、翌年正月六日、各々五つの追加案を、議奏を通じて天皇に提出した(51)。聡長は、政通から命じられた提出期限が過ぎた正月八日、自邸に為定を招いた。そこで、諡号について政通から内命があってあれこれ考えるうちに提出が遅れていると為定に話した(52)。

為定が四日後の日記に記した聡長からの書札内容によると、聡長は政通のこだわりにより修正を重ねたため諡号案を提出できずにいたが、漸く政通から提出を許されたという。その諡号案が「光格・仁厚・仁光・仁達・仁恭」である(53)。

この五つの聡長案のうち、筆頭の「光格」、そして「仁光」は、東峯が政通から依頼を受けて（〔史料三〕）年末年始頃に提出した諡号案にもあり、正月二八日に下された諡号選定の勅問にも含まれている(54)。東峯は、勅問で示された「光格・仁光・光化・欽崇・峻極」について、以下のように記した。

［史料六］「御用記」

○其後翌正月下旬、五号之内ニ御治定ト申事ニ相成、五号左之通

光格　内々拙者勘進
仁光　同上
光化　菅家ノ内勘進
欽崇　内々拙者勘進
峻極　菅家ノ内勘進

光化・峻極は菅原氏が考案したもので、光格・仁光・欽崇は自分が内々に考案したものだと東峯は述べている。

東峯案と聡長案のいずれも、「光格」の出典は『尚書（書経）』尭典の「光四表を被し、上下に格《いた》る（光被四表、格于上下）」である。[55] 聡長の「光格」案は修正を重ねてから出されたもので、修正の理由は諡号案を内々に検討した政通のこだわりであった。一方で東峯は、政通の依頼（［史料三］）を受けて諡号案を提出した年末年始頃、政通から菅原氏の諡号案をみせられたこともあった[56]。この際に東峯は、菅原氏の諡号案に関する意見を言上したと判断できる。したがって、東峯と聡長の案が偶然に一致したとみることは難しい。政通に示された東峯の諡号案および菅原氏の諡号案に関する意見が、政通の内命を踏まえて修正された聡長の案に反映され、議奏を通じて天皇へ表向きに提出されて勅問に出されるにいたったとみられる。

東峯は、諡号が再興され、自身がこの件に関わることを大いに喜んでいた。天保一一年（一八四〇）一一月二一日、幕府が諡号再興を内諾したことを政通から聞いた東峯は、自分がこの時代に、このようなことを内々に聞くことは非常に幸運で、ありがたいことと反応した（［史料三］）。翌年閏正月二三日に朝廷では、諡号選定に関する幕府の返事を

受けて「光格天皇」号を贈ることが決まった[57]。その翌日に東峯が政通から聞いたところによると、幕府の返答を受けて禁裏御所で内々に催された祝儀で政通に拝領物があった。政通は、東峯が前年の冬からたびたび天皇号に関する自身の依頼に応じたことを理由に、禁裏御所からの拝領物である縮緬と白銀の一部を自らの手で東峯に与えた。東峯は、これが子孫の繁栄につながるもので重ね重ねありがたいことと感謝の意を示して受け取った。東峯は帰宅後、家の祠堂[58]にこのことを報告し、家族にも話した[59]。その後、東峯は兄伊藤東岸や義父福井氏など一部の近い人と直接会った機会にこのことを話したが、ほかの人にはあまり話さなかったという[60]。

漢風諡号の考案に東峯が関与したことは、水戸藩側にも認知されていた。光格天皇号を宣下する儀式の翌日（天保一二年閏正月二八日）、在京水戸藩士[61]の鵜飼吉左衛門は水戸に宛てた書状で、今度の諡号は菅原氏が考案したものであるが、実は東峯が政通の指示を受けて内々に対応したことを伝え、東峯は誠に幸運な男と評した。吉左衛門は、東峯本人がこのことを非常にありがたく思い、家の祠堂に報告したとした[62]。吉左衛門の報告に記される東峯の行動は、東峯本人が「御用記」に記したことと概ね一致する。当時の吉左衛門は古義堂の門人であった[63]。藩主徳川斉昭の姻戚である政通の周辺人物や古義堂の関係者から、かかる情報を入手していたと思われる。

（二）仁孝天皇号の選定過程と古義堂の諡号案

ここでは、天皇恵仁、つまり仁孝天皇の諡号が考案される過程を検討する。

恵仁の死去から三日後の弘化三年（一八四六）正月二九日に、政通から古義堂伊藤家に諡号考案の依頼があった。東峯の没後、古義堂を継いだ幼い伊藤輶斎の後見の役割をしていた伊藤東岸は、翌日に九案を提出した。二月二日、東岸は諡号案を返却された。九案のうち、政通の気に入った案に「〇」の朱印がついていた。その三つが「孝仁」「孝政」、そして「仁孝」であった[64]（章末の表3）。

すでに同年正月二八日、聡長は政通から諡号の考案を命じられていた。当時の政通は准摂政として天皇を代行する立場にあり[65]、聡長は議奏であった。ただし、この政通の指示は表向きではなく、内々に下されたものであった[66]。二日後の三〇日、聡長は自邸に他の菅原氏を招き、政通の指示を伝えた。後に恵仁の死去が公表されれば[67]、菅原氏には諡号案の提出に関する表向きの指示が下ることになるが、その前に諡号案を内々に検討したいので、急いで考案に取り掛かってほしいとの内容であった[68]。為定ら菅原氏は相談のうえ諡号を考案し、二月三日、草案を聡長に託した[69]。

為定は翌二月四日に聡長から、前日に提出したものよりさらに良い諡号を考案してほしいといわれた。これが政通と聡長どちらの希望かは定かではないが、これにより、為定は改めていろいろと考案を繰り返し、同七日に追加分の諡号案を政通に提出した[70]。

二日後の九日、為定は政通から諡号案を返され、議奏を通じて表向きに提出することを許される。返された諡号案では、表向きに提出すべきものを政通側が朱点で指定したという[71]。菅原氏は翌一〇日、議奏を通じて表向きに諡号案を提出した[72]。二月一一日に出された諡号選定の勅問では、各々の案に提出者が明記されたが[73]、為定の諡号案のなかで政通が朱点をつけた「文孝・孝敬・明達・孝愛・文靖」は、勅問で出された為定名義の案と一致している。

菅原氏が、政通から内々に検討を受けるため聡長に諡号案を預けた後、追加の諡号を考案することになった日は二月四日である。政通が東岸の諡号案に朱点をつけて返した二月二日の翌々日である。採用された「仁孝」は聡長が二月一〇日に表向きに提出して勅問で出されたものであるが、政通はこのときも、東岸の諡号案を念頭におきながら菅原氏に諡号案の追加と修正を指示していたのではないかと考えられる。

(三)　鷹司政通の姿勢と東坊城聡長との関係

ここでは、光格・仁孝天皇号が考案される過程にみられる鷹司政通の姿勢を、菅原氏の一人、東坊城聡長との関係を中心に考察したい。

聡長は菅原氏のうち、諡号について政通と最も緊密に意思疎通をした。菅原氏が議奏を通じて天皇に上皇兼仁の諡号案を最初に提出した四日後の天保一一年（一八四〇）一一月二七日、聡長は政通から追加諡号案の提出指示を受け、後ほどほかの菅原氏にそれを伝達した(74)。「光格」を含む修正案が出るまで、政通とやりとりを重ねて修正を繰り返したのも聡長である。天皇恵仁の諡号選定の際にも、政通は諡号の考案をまず聡長に内々に命じ、後ほど聡長が政通の指示をほかの菅原氏に伝達した。

政通は聡長に気を遣う姿勢も示した。仁孝天皇号のときには、菅原氏に加えて日野資愛と勘解由小路資善が諡号案を提出したが(75)、これも政通が事前に内々に命じたことであり(76)、議奏から資善と資愛に表向きの提出指示が伝わった日に政通は、この二人を加えることについて聡長に意見を聞いた。聡長は異存がないと答えた(77)。遅ればせではあるが(78)、政通は、資善と資愛の参画について聡長に了解を得る形をとったのである(79)。

光格の諡号考案の際、聡長は議奏加勢であり、仁孝の考案時には議奏になっていた。ただし、これまでみたような聡長と政通との関係は、聡長が議奏の役にあたっていたことだけが理由ではないとみられる。聡長は以前から仁孝天皇が公家たちと中国史書の会読を行う際にも重要な役割を果たしており、天保六年（一八三五）からは天皇に対する経書の講釈も担当した(80)。後の嘉永三年（一八五〇）、京都町奉行所で作成された朝廷情報の報告書である「官家風聞書」にも、聡長は博学の議奏と評価されている(81)。

東峯によると、諡号再興について幕府の内諾が得られた直後の政通は、菅原氏が天皇からの表向きの指示で諡号案を提出することとは別に、自らも諡号案を提出するつもりであった（[史料三]）。しかし、最終的には、政通本人が好む諡号案を菅原氏に提出させることに方針を変えたと判断される(82)。

政通は、光格・仁孝の漢風諡号が考案され、天皇に提出される過程をほとんど掌握していた。ただ、少なくとも表面上は、聡長のように天皇の表向きの指示で提出担当者となっている公家に配慮し、彼らとの連絡と調整に注意を払った(83)。形のうえでは、勅問を通じて公卿たちの総意をもって天皇号・漢風諡号の再興が実現し、その過程で菅原氏の公家が一定の重要な役割を果たすことになったといえる。

次節では、これまで検討したことをも踏まえ、天皇号・漢風諡号再興の思想的な背景について考えたい。

第三節　天皇号・漢風諡号再興の思想的な背景と古義堂伊藤家

(一) 近世後期の鷹司家と古義堂との師弟関係

これまで、天皇号・漢風諡号の再興と光格・仁孝天皇号の考案をめぐる朝廷内の動きにおいて鷹司政通の意向が強く働いていたこと、そして、古義堂伊藤家が政通の依頼を受けて本件に深く関わったことを明らかにした。天皇号・漢風諡号再興の思想的な背景についても、政通の思考の過程と、古義堂伊藤家がそれに与えた影響を詳しく検討する必要があるといえる。

ここでは、政通の若年期まで遡り、古義堂伊藤家と鷹司家との師弟関係を検討したい。

古義堂の五代目伊藤東峯が公家や親王家と活発に交流し、特に鷹司家と頻りに交流があったことは、加藤仁平氏の著書で指摘される(84)。ただ、伊藤仁斎と東涯以降、三代目伊藤東所と四代目伊藤東里の時代にも、古義堂への公家の入門は続いていた(85)。特に東里は、その日記「東里家乗」(86)によると、一日の間に多ければ六—八家の公家・親王家に参上するなど(87)、公家・親王家との交際に積極的であった(88)。

当時、鷹司家の当主たちと東里との交流は特に頻繁であった(89)。「東里家乗」によると、享和二年（一八〇二）八月以降の東里は、政通の父で当時の鷹司家当主であった鷹司政熙がいた鷹司家本殿と、隠居した元当主の鷹司輔平がいた河原御殿を合わせ、少なくとも月五―六回程度、多ければ月一〇回以上も参上し、講釈を行っていた[90]。

享和二年九月一二日から、東里は当時数え一四歳であった政通の読書を担当した。政通の文化六―一三年（一八〇九―一八一六）の日記には、たびたび東里が講釈に来たことが記されている[91]。文化一一年八月に政熙が関白を辞した後、東里は、新当主になった政通の居所とともに、隠居した政熙の居所である河原御殿にも往来した。病気や慶弔事、年中行事の期間を除くと、東里は晩年である文化一四年の二月頃まで鷹司家との往来を続けた。

東里の代には、古義堂の門人帳でも鷹司家の子弟や家来の入門が多数確認できる[92]。享和元年（一八〇一）には、政通の祖父鷹司輔平の末男中君、つまり後日の武家伝奏徳大寺実堅が入門した[93]。東里は、徳大寺家に養子入りした後の実堅に、鷹司家の要請を受けて参上を続けた[94]。東峯は、鷹司邸で政通と面会した際、実堅の諡号選定の勅答についても検討を求められた（〔史料四〕）。伊藤家との往来が、養子入り後の実堅と鷹司家の当主たちをつなぐ接点の一つになっていたことが窺われる。

（二）伊藤家および古義堂関係者の講釈と鷹司政通

ここでは、鷹司政通が古義堂伊藤家やその関係者から受けた講釈の実態と、それが政通の思考に与えた影響について検討したい。

政通の祖父輔平は東里から『貞観政要』の講釈を[95]、政通の父政熙は『易経』の講釈を受けていた[96]。政通は東里から『易経』と『論語』『孟子』の講釈を受けたことが確認できる[97]。

当該期の政通と東里には、京都で儒学者として知られていた小田惟明（小田大学）[98]との接点も確認できる。惟明は政通をたびたび訪問し、『文選』や『十八史略』などを読んだ[99]。仁斎の『童子問』を会読した事例も複数確認できる[100]。東里は家督相続前から死亡前年まで惟明と交流した[101]。東里と惟明は夕方や夜分に往来したこともあった[102]。二人はかなり近い関係であったと思われる。

文化四年（一八〇七）末には、加賀藩主前田斉広に嫁ぐ政熙娘の夙君に扈従して江戸に行く鷹司家諸大夫の二人および惟明と東里が面会したことがある。(103) 翌年正月一五日には帰京した惟明が東里に訪れた。惟明が鷹司家で、縁組行列に付き添うほどの立場にあったことがわかる。

東里や惟明が行った講釈の内容については具体的な実証が容易ではない。しかし、若い頃の政通がかなり熱心な姿勢で講釈を受けていたことは当時の日記(104)や後日の回顧(105)から把握できるため、東里と惟明から受けた影響がある程度は窺われる。政通と東峯との親密な関係も、東里との長年にわたる師弟関係がその前提になっているといえよう。(106)

(三) 天皇号・漢風諡号再興と「草茅危言」の影響

東峯は、鷹司家諸大夫から天皇号再興について相談を受けた際、中井竹山の「草茅危言」を参考資料として意見を述べた(〔史料二〕)。ここでは、東峯の「草茅危言」受容とその意味について考察したい。

幕府が諡号再興を承認したことを政通から聞いた東峯は、これを仁斎・東涯と竹山が知ったら非常に喜ぶはずだと反応した(〔史料三〕)。諡号の再興に関連しては、竹山の存在が、家学の祖である仁斎・東涯と並ぶ程度に意識されていたのである。

後年の東峯は、刊本『草茅危言』第一巻のうち、天皇号・漢風諡号の再興を主張する「諡号院号ノ事」条の余白に評言を書き入れた。(107) 上皇兼仁の没後に諡号を再興することになって「光格天皇」号が贈られたこと、「光格」の出典は『尚書』尭典であることを述べた後に、再興の実現を竹山にも教えてあげたいが、死去しているので方法がないと残念がっている。天皇号・漢風諡号をめぐる東峯の考えに「草茅危言」が与えた影響をここでもみることができる。

東峯が評言を書き入れ、古義堂文庫史料として伝来している『草茅危言』は、幕府役人の中西忠蔵が天保七年（一八三六）頃から刊行した「拙修斎叢書」版である。東峯が鷹司家諸大夫の牧義冬から天皇号再興の相談（［史料一二］）を受けた頃に読んでいた「草茅危言」がこの「拙修斎叢書」版か否かはわからない。ただ、義冬との相談は、江戸時代のことを論ずる書籍の出版統制が緩和され、「草茅危言」が公然と広がる契機になったと評価される天保一三年六月の幕府触より前のことである。(108) 東峯は「草茅危言」について、その入手が容易ではないときから関心をもっていたとの評価ができよう。

元治元年（一八六四）三月、山階宮晃親王が薩摩の島津久光に宛てた書簡によると、「草茅危言」は生前の光格天皇が常に褒めていた書物であった。これについて清水光明氏は、おそらく光格天皇が読んだ「草茅危言」は刊行前の写本であり、この頃には朝廷・公家社会内部や周辺でも「草茅危言」が流布したであろうとみている。(109) 東峯の事例は、朝廷周辺の学者に「草茅危言」が読まれ、その学者と公家社会とのネットワークを通じて、朝廷に関する「草茅危言」の議論が現実の朝廷運営に関連して一定の参考となる様相を示している。

おわりに

本章は、天皇号・漢風諡号の再興と光格・仁孝天皇号の考案をめぐる朝廷内の動きで鷹司政通の意向が強く働いていたこと、その過程で、朝廷外部の学者である古義堂伊藤家が、政通のブレーンのような役割を果たしたことを明らかにした。前章に続き、従来の研究でほとんど顧みられなかった古義堂の史料に着目して検討することで、公家の史料からは把握できない朝廷内の動きと政通の考えを明らかにした。以下、本章の成果を、「はじめに」で設定した課題に即してまとめたい。

第一の課題は、朝廷運営の変化に関連し、朝廷の諸主体が果たした役割を明らかにすることであった。本章では、朝廷で再興が推進されるまでの経緯、そして光格・仁孝天皇号の考案の過程を軸に検討を行った。

上皇兼仁の死去直後、議奏を通じて表向きに示された天皇の方針は従来のように追号を贈ることであった。朝廷で天皇号・漢風諡号の再興が推進された決定的な要因を明確に示すことは難しいが、生前の兼仁の意向、政通に対する徳川斉昭の建言、そして鷹司家諸大夫が古義堂の伊藤東峯と相談した内容などが考慮された可能性がある。政通は、所司代を通じて幕閣へ内々に連絡し、再興の承認を得た。現任公卿に対する再興可否の勅問は幕府の内諾後に下されたものであり、大分形式的な性格の手続きといえる。

光格・仁孝天皇の諡号が考案される過程で、政通の意向は強く働いていた。天皇から表向きに諡号案の提出を命じられたのは菅原氏の公家であるが、彼らは政通の内々の検討を受けてから諡号案を表向きに提出できた。政通はさらに、幕府が再興を内諾した後、東峯にも諡号の考案を依頼していた。「光格」の案も東峯が先に出していた。政通は菅原氏の諡号案を内々に検討して修正を繰り返させていたが、この過程で、政通の意向に適う東峯の諡号案が菅原氏の諡号案に反映され、天皇へ表向きに提出されるにいたったとみることができる。仁孝天皇の諡号が考案されて提出される過程でも、政通は同じように動いていた。

このように諡号の考案に関わる朝廷内の動きをほとんど掌握していた政通も、少なくとも表面上は、他の関係者との意思疎通、そして彼らへの配慮を心がけた。最も緊密に連絡していた聡長には特に気を遣う姿勢を示した。

当初の政通は自ら兼仁の諡号案を天皇に提出するつもりであったが、最終的には自身の意向に適う諡号を菅原氏が天皇に提出するようにしたものと思われる。形のうえでは、勅問を通じて公卿たちの総意をもって天皇号・漢風諡号の再興が実現し、その過程で菅原氏の公家が一定の重要な役割を果たすことになったといえる。

本章の第二の課題は、再興の思想的な背景の問題である。

天皇号・漢風諡号の再興と光格・仁孝天皇号の選定過程では、それぞれ古義堂の五代目東峯、そして六代目伊藤輶斎の後見をしていた伊藤東岸が、政通の依頼で諡号案を提出し、さまざまなアドバイスを提供した。政通は特に東峯を、学問の面で信頼するのみならず、人間としても親しく思っていた。

古義堂伊藤家との師弟関係が政通の思考の過程でもった意味についても検討した。すでに古義堂四代目伊藤東里は、鷹司家の当主たちと長い間往来し、その教育役を務めていた。若年期の政通も、東里、そして東里と近い関係の儒者である小田惟明から長年教育を受けた。政通は彼らの講義に熱心な姿勢で臨んでおり、この経験が政通の思考に与えた影響は後日の回顧からも窺われる。

中井竹山の「草茅危言」が朝廷周辺に与えた影響という側面も検討した。鷹司家諸大夫が天皇号の再興について東峯と相談した際には、「草茅危言」における再興論が重要な参考資料となっていた。東峯は、幕府が諡号再興を内諾したことを政通から聞いたときにも竹山のことを想起していた。後日の東峯が刊本『草茅危言』に書き入れた評言からも、再興の実現に関連してこの著作がもつ意義を東峯が大きく評価していたことがわかる。

古義堂伊藤家と政通との関係は、近世前期の公家社会と朝廷外部との文化交流に関する松澤克行氏の研究で展望されたような、体制を批判する思想の往来とは言い難いかもしれない(110)。ただ、京都町方の学者の意見が関白から重視されており、その学者が、公家側とのコミュニケーションのなかで「草茅危言」のような著作を重要な参考資料にしていた点を確認できたことでも、その意義は少なくないと考えられる。

天皇号・漢風諡号の再興については、政通と古義堂との関係に対するほかの朝廷構成員たちの認識、古義堂と在京水戸藩士との交流、以前から存在した再興構想からの影響(111)、仁孝天皇や幕閣の意向など、更なる検討を要する点が多いが、今後の課題としたい。

続く第七章においては、本章と同じく朝廷・公家が関わる没後称号の選定という面から検討の軸を広げることにより、政通がとった行動の特徴、そして朝廷運営における政通の立場についてさらに理解を具体化したい。

表1　光格天皇（上皇兼仁）の追号案

提出者	追号案	日付	提出先
東坊城聡長・高辻以長・唐橋在久・五条為定	・聡長：後正親町院・後東山院・履仁院 ・以長：後霊元院・顕承院・献徳院 ・在久：後霊元院・聖憲院・安霊院 ・為定：後清和院・後東山院・霊明院	天保11年11月28日	議奏

表2　光格天皇（上皇兼仁）の諡号案

提出者	諡号案	日付	提出先
伊藤東峯	安仁・厚安・光格・仁厚・徳元・垂治・仁長・仁常・仁譲・綏徳・感寧・憲徳・綏定・欽崇・崇孝・仁順・寛厚・綏猷・惇宗・祇徳・垂憲・厚仁・光元・垂裕・仁光・紹光・徳厚	天保11年12月末－翌月初め頃	鷹司政通
五条為定・東坊城聡長・高辻以長・唐橋在久（第1次提出）	・為定：憲元・斉聖・恭譲・仁行 ・聡長：神聖・敏徳・仁孝 ・以長：仁至・恭穆・欽正・聖昭 ・在久：懿穆・明徳・宣元	天保11年12月23日	議奏
五条為定・高辻以長・唐橋在久（第2次提出）	・為定：欽文・成烈・紹成・峻極・綏孝 ・以長：欽崇・温徳・顕徳・憲明・文献 ・在久：仁彰・文恭・宣昭・孝恭・昭顕	天保12年正月6日	議奏
東坊城聡長（第2次提出）	光格・仁厚・仁光・仁達・仁恭	天保12年正月12日以降	政通の検討後議奏
（勅問の諡号案）	光格・仁光・光化・欽崇・峻極	天保12年正月28日	—

注）下線の案は勅問に出たもの．

表3　仁孝天皇（恵仁）の諡号案

提出者	諡号案	日付	提出先
伊藤東岸	○孝仁・○孝政・孝慈・帥仁・○仁孝・孝恭・徳恵・光烈・承烈	弘化3年正月30日	鷹司政通
（勅問の諡号案）	・為定：文孝・孝愛・明達・孝敬・文靖 ・聡長：仁孝・允徳・綏寧・明斉・履徳 ・以長：徳昭・孝簡・明容・欽徳・宣元 ・日野資愛：享明・孝明・宣昭・宣文・明徳 ・勘解由小路資善：孝敬・孝誠・孝仁	弘化3年2月11日	—

注）「○」は政通の思召に適うとして付けられた朱印．下線の案は勅問に出たもの．波線の案は東岸案と重なるもの．

（1）中国皇帝の諡号のなかには批判の意味が込められた悪諡もあるが、日本の天皇家で贈られた漢風諡号は、すべて生前の事績を称える美諡である（野村朋弘『諡――天皇の呼び名』中央公論新社、二〇一九年、三八―四〇頁、六九頁）。
（2）歴代天皇の諡号と追号については、帝国学士院編『帝室制度史6』（帝国学士院、一九四五年）六四八―六五七頁、七二五―七四〇頁、野村『諡』五六―八〇頁を参照。
（3）藤田覚「天皇号の再興」（藤田『近世政治史と天皇』吉川弘文館、一九九九年、以下「天皇号」と略称）。
（4）藤田「天皇号」二五八頁。
（5）中井竹山「草茅危言」巻之一、諡号院号之事（滝本誠一編『日本経済叢書16』日本経済叢書刊行会、一九一五年、二七〇―二七二頁所収）。「草茅危言」は天明八年（一七八八）―寛政三年（一七九一）にかけて老中松平定信に提出されたが、「諡号院号之事」は寛政元年の執筆部分である（清水光明「寛政改革との関係――各巻の執筆年代・提出順序および関連文書の検討から」清水『近世日本の政治改革と知識人』東京大学出版会、二〇二〇年、五四―五五頁）。
（6）藤田「天皇号」二五六―二六一頁。
（7）藤田覚『光格天皇』（ミネルヴァ書房、二〇一八年）二五八頁。
（8）加藤仁平『伊藤仁斎の学問と教育』（第一書房、一九七九年、初版は一九四〇年、以下『学問と教育』と略す）第一章六頁、第十五章六三四頁。
（9）石田一良『伊藤仁斎』（吉川弘文館、一九八九年）八七―九四頁。
（10）加藤『学問と教育』第一章六頁、石田『伊藤仁斎』九二頁、吉川幸次郎「仁斎東涯学案」（『吉川幸次郎全集23』筑摩書房、一九八六年、初出は一九七一年）三三―三四頁。
（11）この勅問では、光孝天皇以降は安徳天皇以外に諡号の例がないとしており、崇徳院・顕徳院（後鳥羽院）・順徳院のように、光孝天皇以降に諡号と院号を組み合わせた先例には触れなかった（藤田「天皇号」二四九―二五〇頁）。
（12）藤田『光格天皇』二五一―二五二頁。
（13）菅原氏は紀伝道の家とされ、当時は仁孝天皇の書物学習でも重要な役割を果たしていた。本書第四章を参照。
（14）宮内庁書陵部所蔵図書寮文庫史料（以下「図書寮文庫」と略す）「菅葉」。
（15）「菅葉」第一〇冊。
（16）本文で記した四人はすべて旧家の菅原氏である。近世の堂上公家の家は、一七世紀以前に成立した旧家と、一七世紀以降に成立した新家に区別されたが（深谷克己・須田努編『近世人の事典』東京堂出版、二〇一三年、三七―三八頁）、新家の菅原氏である清岡・桑原家には提出の命が下らなかったと思われる。

(17)　議奏の事務を代理、補助する臨時役である（武部敏夫「議奏日次案について」高橋隆三先生喜寿記念論集刊行会編『古記録の研究』続群書類従完成会、一九七〇年、五六三―五六五頁、村和明「仙洞御所機構の確立と霊元院」村『近世の朝廷制度と朝幕関係』東京大学出版会、二〇一三年、一二一―一二五頁）。

(18)　聡長が議奏加勢を命じられたのは、天保一一年（一八四〇）七月一六日である（図書寮文庫「東坊城聡長日記」〔以下「聡長」と略す〕第三七冊）。

(19)　「菅葉」第一〇冊。

(20)　「菅葉」第一〇冊。

(21)　図書寮文庫「橋本実久日記」第二八冊、東京大学史料編纂所蔵「定功卿記」第一六冊。

(22)　天理大学附属天理図書館蔵古義堂文庫史料（以下「古義堂文庫」と略す）「鷹司関白政通公御用記」。写本一冊。前・中半は東峯の自筆。光格没後の天皇号・漢風諡号再興と、その直後に没した大御所徳川家斉、および政通の父鷹司政熙の院号に関する諮問について記す。記事は全体として、後日に遡って書かれたと推測される。書誌上の表題は「鷹司関白政通公御用記」であるが（天理図書館編『古義堂文庫目録』天理大学出版部、一九五六年、一九三頁）、史料現物の表題は「鷹司関白政通公御内用記」であり（強調は引用者）、目録化の過程で「内」の字が抜けている。「御用記」の後半は東峯の兄である伊藤東岸の自筆で、仁孝天皇号の諮問に関する記事である。東岸は越後長岡藩牧野家に仕えていたが、弘化二年（一八四五）の東峯没後、一時的に上京して幼い六代目伊藤輶斎の後見の役割をした（加藤『学問と教育』六三九頁）。

(23)　前述のように一八日子刻の死去であったが、一九日酉刻と公表された（藤田『光格天皇』二五一―二五二頁）。

(24)　中国・日本の歴代君主の系譜書「歴代帝王世統譜略」のことである。「歴代帝王世統譜略」の古義堂伝来本のなかには、現物の表題が「帝王譜畧」となっているものもある（古義堂文庫、一〇-三六、一〇-三九）。

(25)　ここで東峯は「右之書」にも同様の主張があるとした。本史料は文章が不自然なため、これが「帝王譜畧」「草茅危言」のどちらに関する内容か確実な判断はできないが、「草茅危言」の話の連続と理解した方が妥当ではないかと思われる。現在の古義堂文庫史料に含まれる「帝王譜畧」の諸異本（古義堂文庫、一〇-三五―三九）には、東涯自筆本を含めて本文と添削・メモなどに天皇号や漢風諡号の再興論は見当たらない。「帝王譜畧」は、書物の構成としても系譜の整理を目的とするものであり、編者の歴史観を論述するものではない。もっとも、［史料二］の記述内容や「帝王譜畧」の構成とは別に、東峯が古義堂と朝廷との深い関係を強調する意図から、朝廷関係者に対して東涯ら祖先の考えを誇張して説明した可能性はある。かかる東峯の意識は、後ほど参照する［史料三］から窺われる。

(26) 「草茅危言」の「諡号院号之事」は、正確には、それまでの歴代天皇の追号を改めるにあたり、漢風諡号の代わりに在位中の年号を天皇号と組み合わせることを提案した。なお、江戸時代の追号は本来の方式に従って新たに選定した漢風諡号に改めること、そして今後の天皇にも新たな漢風諡号を贈ることが主張される(『日本経済叢書16』二七一―二七二頁)。

(27) 古義堂文庫「東峯先生家乘」全一二冊。

(28) 図書寮文庫「鷹司政通記」第一八冊、文政五年正月三日、図書寮文庫「鷹司政通記草」第七冊、文政八年正月三日、第一三冊、文政一一年正月三日。

(29) 「東峯先生家乘」における鷹司邸訪問の記事の大半は、訪問の目的が明記されていない。ただし、東峯が鷹司邸へ参殿したところ、政通の息子鷹司輔熙の読書の後に紙と煙草入れを拝領したとの記事(第二冊、文政元年二月四日)、東峯が鷹司邸で三の日に『論語古義』の講釈をすることを政通から仰せつけられたとの記事(第五冊、文政四年三月一九日)などから、東峯の訪問は、基本的に講釈や読書が目的であったと類推できる。講釈とは東峯による講義のことであり、読書とは、主に政通や輔熙がテキストを読み上げ、東峯からコメントをもらうことであったと思われる。

(30) 「東峯先生家乘」第九冊、文政一三年一二月朔日。

(31) 光孝天皇が光格天皇と同じく傍系から即位したこと、かつ、「禁中並公家中諸法度」とその出典となった『禁秘抄』で、光孝天皇が和歌との関係で言及されたこと(松澤克行「近世の天皇と芸能」渡部泰明ほか『天皇と芸能』講談社、二〇一一年、二八三―二八五頁、三一一―三一二頁)を踏まえた表現ではないかと思われる。

(32) 現任とは、当時の朝廷ではほとんど形式上のものであった律令官位の補任による区分である。議奏など、普段の朝廷運営で機能する当番制役職の編成状況とは別である。近世朝廷の番衆制(当番制度)については、村『近世の朝廷制度と朝幕関係』四―五頁、三二一頁。

(33) 「定功卿記」第一六冊、正月二八日、「橋本実久日記」第二九冊、正月二八日・二九日。

(34) 史料中の文言が曖昧なため、この談話の場に実堅本人が同席していたか、それとも実堅の勅答案を政通や輔熙が預かったうえで東峯の意見を求めていたものかは定かではない。

(35) 詔書の作成については、仁孝天皇が諡号の伝奏・奉行(諡号選定のような臨時の業務を執行させるためにおかれた役)を通じて、新家の菅原氏で大内記の清岡長熙に表向きの指示を下した(「菅葉」第一一冊、天保一二年閏正月二四日)。一方、聡長は政通から詔書の作成を内々に命じられていた(「聡長」第三八冊、閏正月一三日)。つまり、建前上は長熙が、実際には聡長が諡号宣下詔書の作成を担当した。

(36) 聡長の日記では、政通が詔書の作成を内々に命じた閏正月一三日以降の同月中の記事は欠落しており、政通の修正指示に聡長が対応した様子は具体的にはわからない。
(37)　『帝室制度史6』六八六―六八七頁に収録。
(38)　藤田東湖は弘化元年（一八四四）の『回天詩史』で、おそらく政通に謚号再興を建言した公卿がいたはずであり、政通がその意見を受け入れたことであろうが詳細な顚末はわからないとした（物集高見編『新註皇学叢書12』広文庫刊行会、一九二八年、五五六頁）。
水戸徳川家編『水戸藩史料（別記　上）』（吉川弘文館、一九一五年）の本文では当時の議奏三条実万が再興を主張したとするが（二三〇―二三一頁）、根拠は不明である。実万は武家伝奏在職中の嘉永三年（一八五〇）、歴代天皇の追号を天皇号に改めるように所司代に申し入れることを政通に建言したが、申し入れは見送られた（岩崎英重編『三条実万手録（第二）』日本史籍協会、一九二六年、二〇―二四頁、三八―四一頁）。『水戸藩史料』本文の実万云々の記述は、この出来事と関連しているのかもしれない。
(39)　藤田「天皇号」二五二―二五四頁、および二六七頁の注九。ここでの典拠史料は、「雑識」（国立公文書館所蔵内閣文庫）第九冊「故院光格天皇奉称候事」の条、および「天保雑記」（内閣文庫）第三七冊「仙洞御謚号」の条であるが、かかる情報が「雑識」と「天保雑記」に収められた経緯は不詳である。
(40)　『水戸藩史料（別記　上）』二三八頁。
(41)　『水戸藩史料（別記　上）』二三九頁。
(42)　「定功卿記」第一六冊、正月二八日、「橋本実久日記」第二九冊、正月二八日・二九日。
(43)　「橋本実久日記」第二九冊。
(44)　「橋本実久日記」第二八・二九冊。
(45)　この時点の武家伝奏（徳大寺実堅・日野資愛）の御用日記が欠落しているため、書取が届いた正確な時点はわからない。実堅の日次記（東京大学史料編纂所蔵「実堅公記」）は当月分が残るが、関連する記事はない。
(46)　「菅葉」第一〇冊、天保一一年一一月二一日。
(47)　藤田『光格天皇』一五二―一五三頁。
(48)　再興可否の勅問に対する勅答の意見分布はわからないが、現存する勅答はいずれも賛成の意見である（藤田「天皇号」二五〇頁、および二六七頁注五）。
(49)　「菅葉」第一〇冊。
(50)　「菅葉」第一〇冊。

(51)「菅葉」第一一冊。
(52)「菅葉」第一一冊。
(53)「菅葉」第一一冊、正月一二日条。
(54)「御用記」、および本章の表2。
(55)「御用記」、「菅葉」第一一冊。「仁光」については「御用記」に出典が記されず、比較ができない。
(56)「御用記」。
(57)国立公文書館所蔵内閣文庫「公武御用日記（日野資愛卿記）」第九冊、藤田「天皇号」一二五四―一二五五頁。
(58)仁斎など伊藤家の祖先を祭る祠と考えることができるが、詳細は記されない。
(59)「御用記」。
(60)「御用記」。
(61)近世の諸藩は物品調達と情報収集、公家・寺社との交際などのため京都に屋敷をおいて藩士を駐在させていた（千葉拓真「京都屋敷と京都詰藩士に関する基礎的考察」千葉『加賀藩前田家と朝廷』山川出版社、二〇二〇年、一七七―一七八頁、二〇六頁）。
(62)『水戸藩史料（別記　上）』二三四頁。
(63)古義堂の門人帳である「初見帳」によると、吉左衛門は天保六年（一八三五）一一月に入門した。この「初見帳」（古義堂文庫史料、六一‐四八）は四代目伊藤東里時代のものであるが、東里の没後に東峯が書き継いだ部分にあたる（『古義堂文庫目録』一八六頁を参照）。
(64)「御用記」。
(65)政通は恵仁の死去日から統仁（孝明天皇）が帝位につく践祚の日まで准摂政であった。摂政を務めた者が幼い天皇の成長後に関白に転じると准摂政の宣旨が下ることが一般的で、摂政の経歴がない政通への准摂政宣下は異例であった（米田雄介「准摂政について」『日本歴史』三四九、一九七七年、五一頁、長坂良宏『近世の摂家と朝幕関係』吉川弘文館、二〇一八年、一三三頁注二六）。恵仁の急死後、朝廷では幕府が皇位継承を承認するまでその死は公表されなかった。表向きには恵仁が生きていることにされているなど、通常の摂政、つまり幼き新天皇の代理としての摂政を任じることはできない状況であった。恵仁の死は二月六日になって公表された（藤田覚「近世の皇位継承」歴史学研究会編『天皇はいかに受け継がれたか』績文堂出版、二〇一九年、一二七―一三〇頁）。
(66)「聡長」第四四冊。

(67) 恵仁の死の公表については前の注(65)を参照。
(68) 「菅葉」第一六冊。
(69) 「菅葉」第一六冊、出した案は不明。
(70) 「菅葉」第一六冊。
(71) 「菅葉」第一六冊。
(72) 「聡長」第四四冊、「菅葉」第一六冊。
(73) 宮内省編『天皇皇族実録　仁孝天皇実録』一一二七―一一三一頁（東京大学史料編纂所の近世編年データベースによる）。
(74) 「菅葉」第一〇冊。
(75) 弘化三年（一八四六）二月九日に議奏橋本実久が二人に伝えた表向きの指示によると、この二人が天皇生前の同学だからという理由であった（図書寮文庫「資善卿記」第五冊、「鷹司政通記草」第一六冊）。
(76) 「資善卿記」第五冊、二月六日。
(77) 「聡長」第四四冊、二月九日。
(78) 聡長は、すでに二月七日と八日、資善から諡号の考案について相談を受けており、この状況を把握していた（「資善卿記」第五冊、二月七―八日）。
(79) 聡長には諡号の考案に内々に介入する政通に抵抗感があった可能性があり、政通の配慮の理由がそれと関連しているかもしれない。天保六年（一八三五）、仁孝天皇が議奏を通じて聡長に儲君（後の孝明天皇）の諱の考案を指示した際、政通が聡長に、諱の訓について内々の命を下していた（「聡長」第三二冊、閏七月二一日）。聡長はこの内命に従って諱の訓を考え、政通の検討を受けて議奏へ表向きに提出した。当時の聡長は、今回は関白の内命でこのようにしたが、これが後日の例になってはいけないと述べていた（「聡長」第三二冊、閏七月二一日）。
(80) 本書第四章を参照。
(81) 「官家風聞書」（荒木裕行「京都町奉行所における朝廷風聞調査について」松澤克行研究代表『近世の摂家・武家伝奏日記の蒐集・統合化と史料学的研究』科研報告書（平成二二―二五年度）二〇一四年、一〇一頁）。
(82) 「御用記」や「菅葉」など関連史料で、最終的に政通本人が諡号案を天皇に提出したとの記述はみられない。勅問に出された「光格・仁光・光化・欽崇・峻極」のうち、「光化」は当初の提出者が不明である。しかし、「光化」の場合も、政通と密接に意思疎通をしていた東峯がこれを菅原氏の作としており（「史料六」）、これを政通が提出した可能性は高くない。
(83) 朝廷運営にあたる政通のこうした姿勢は、幕末期についても指摘されている（家近『幕末の朝廷』一一〇―一一一頁、一一六―一一七頁)。
(84)　加藤『学問と教育』六〇五―六二八頁、六三三―六三八頁。
(85)　加藤『学問と教育』五三五―五三六頁、五六一―五七七頁。
(86)　古義堂文庫「東里家乗」。
(87)　たとえば、文化六年(一八〇九)一〇月一二日には、閑院宮・六条・醍醐・今出川・中山・庭田邸に参上しており(「東里家乗」第八冊)、同一一年四月二六日には、鷹司・徳大寺・醍醐・今出川・日野西・中御門・綾小路・藤波邸へ参上している(「東里家乗」第一三冊)。
(88)　「東里家乗」は残存状況が良好である。そのため、日記で確認できる公家との往来がほかの歴代当主のそれより多くみえる側面がある。しかし、後日の東岸が伊藤家歴代の事績を記した「家訓大略」には、東里兄は朝夕公卿家の句読講会を廻勤したとして、公卿への出張講義に熱心であった東里の姿勢をやや特殊なことのように叙述している(加藤『学問と教育』八八三頁)。
(89)　以下、本項において出典を示さない記述はすべて「東里家乗」による。
(90)　「東里家乗」においても、往来に関する大半の記事で講釈があったとは記されない。しかし、東里が河原御殿に訪問したが他の行事により講釈が行われなかったとする記事(第七冊、文化五年一一月二七日)などから、公家屋敷に訪問する基本的な目的は講釈であったと判断できる。
(91)　図書寮文庫「鷹司政通記」第二―八冊。
(92)　加藤『学問と教育』五六三―五七一頁。
(93)　加藤『学問と教育』五六四―五六五頁。
(94)　享和二年(一八〇二)末頃の中君は徳大寺家への養子入りが決まっていた。同年一一月二日に、中君が徳大寺家へ養子入りするので金二百を持参して出られたという(「東里家乗」第一冊)。翌享和三年正月二〇日には、鷹司家諸大夫から東里に、徳大寺家への参上を要請する伝言があった(「東里家乗」第二冊)。その後、東里は文化一一年(一八一四)四月二六日まで徳大寺家へ参上を続けたことが確認できる(「東里家乗」第一六冊)。
(95)　「東里家乗」第五冊、文化三年二月二七日。
(96)　「東里家乗」第七冊、文化五年六月二一日ほか。
(97)　「東里家乗」第二冊、享和三年七月二五日ほか、「鷹司政通記」第二冊、文化六年正月二九日、第五冊、文化一〇年三月一八日ほか。

(98) 近世京都で発行された文化人の人名録『平安人物志』文化一〇年・文政五年・同一三年版の儒家の部にその名前がみられる（国文学研究資料館平安人物志データベースを参照。閲覧日：二〇二三年二月二四日）。
(99) 「鷹司政通記」第二冊、文化六年二月二日、二月九日ほか。
(100) 「鷹司政通記」第八冊、文化一三年一月二日、一一月一二日ほか。
(101) 「東里家乗」第一冊、享和二年八月二八日、第一五冊、文化一三年一二月二七日ほか。
(102) 「東里家乗」第二冊、享和三年七月一一日、第三冊、文化元年二月一一日。
(103) 「東里家乗」第六冊、文化四年一一月二四日。
(104) 東里と惟明の講釈では議論が発生することがしばしばあり、時には議論が非常に盛り上がることもあったという（「鷹司政通記」第二冊、文化六年七月二九日・八月九日）。
(105) 政通の自作文章がいくつかまとめられた「聖恩感記」（図書寮文庫）のなかには、政通が数え一九歳であった文化四年（一八〇七）に惟明を招いて教えを受けた際、前漢の文帝の事績に深い感銘を受けたと回顧した文章がある。
(106) 鷹司家と伊藤家は、近代以降まで嵯峨の二尊院を菩提寺とした（筆者が二尊院境内の墓地で確認）。こうした接点を踏まえて両家の関係を通史的に検討することは今後の課題としたい。
(107) 古義堂文庫『草茅危言』全五巻のうち第一巻。
(108) 「拙修斎叢書」はその前年（天保一二年）に幕府内で問題視されたが、昌平坂学問所の儒者古賀侗庵が若年寄に提出した意見書により、この叢書を刊行した忠蔵は処罰を免れた。「拙修斎叢書」と幕府の出版統制については、清水光明「尊王思想と出版統制・編纂事業」（『史学雑誌』一二九‐一〇、二〇二〇年）四〇—四二頁、同『近世日本の政治改革と知識人』四二五—四二六頁、四六一—四六二頁を参照。
(109) 清水『近世日本の政治改革と知識人』四六三—四六五頁。
(110) 松澤克行「十七世紀中後期における公家文化とその環境」（『史境』四三、二〇〇一年）一二頁。
(111) 安永八年（一七七九）の後桃園天皇没後にも、九条尚実が山陵の造営と天皇諡号のことを計り申したが幕府が承認しなかったと、柳原紀光は日記に記している（『後桃園天皇実録』八一一頁、野村玄「江戸時代における天皇の葬法」『明治聖徳記念学会紀要』復刊四四、二〇〇七年、六二頁）。

第七章　天皇・将軍の没後称号選定と関白鷹司政通

はじめに

本章では、天皇号・漢風諡号の再興について前章で明らかにしたことを踏まえたうえで、朝廷・公家に関わる没後称号という面から検討軸を広げていく。

第一節では、まず光格以前の歴代天皇の諡号・追号の選定過程を検討するという通時的な作業を行う。そして光格以前の先例を光格・仁孝天皇諡号の選定過程と比較することで、天皇号・漢風諡号再興の実現過程における特徴をより明確に把握する材料とする。前章で明らかにした事柄との比較を容易にするため、関白をはじめとする摂家および菅原氏が果たしてきた役割の面に留意して検討を行いたい。

次の第二節では、朝廷の関与で行われてきた徳川将軍家の院号選定が素材となる。まずは先行研究の成果に学びながら、歴代将軍院号の考案・選定過程を概括する。続いて、光格天皇と同時期に死去した徳川家斉の院号が選定される過程と、やはり同時期に死去した禅閤鷹司政熈（鷹司政通の父）の院号が選定される過程を、政通の動きに留意して検討したい。

これらの事例に対する検討の成果から、政通とほかの摂家・菅原氏などとの関係について分析を進展させたい。古義堂の伊藤東峯が政通のブレインとして果たした役割についても解明が進むであろう。

本章の第一節と第二節で取り扱う事例は少し性格を異にしている。そのため、関連する先行研究については各節の冒頭で振り返ることにしたい。

第一節　天皇の追号選定と摂家・菅原氏

歴代天皇の諡号・追号に関する通時的な検討として代表的なものは『帝室制度史』の一部としてなされた記述であり[1]、同書には関連する史料も網羅的に収められている。しかし、各諡号・追号の選定をめぐる朝廷内部の動き、そしてその傾向性の時系列的な変化がもつ意味について深みのある分析がなされたとはいえない。戦後においても、歴代天皇の没後称号に焦点をあてた通時的な分析はあまりなされてこなかった。『帝室制度史』のほか、最も通時的な分析を行ったといえるのは野村朋弘氏の著書であるが[2]、やはり分析の焦点となっているのは各諡号そのものの性格であり、歴史のなかで各諡号・追号が選定された政治的文脈が詳細に検討されたわけではない。

古代以来の歴代天皇家の諡号・追号の選定過程を網羅的に、かつ具体的に分析する作業は容易なものではない。本節では、天皇号・漢風諡号の再興過程との比較に有効な事例を中心に検討することを予め断っておきたい。『帝室制度史』などの成果から部分的に学びつつ、天皇家の歴史を通時的に把握するための編纂史料として代表的な『大日本史料』と「史料稿本」、および『天皇皇族実録』を主に参照して分析を進める[3]。

（一）諡号・追号選定の沿革

仁和三年（八八七）に死去した光孝天皇までの漢風諡号は、天皇が朝廷の百官に聞いて選定した後、祭文により陵に報告して勅書をもって施行することになっていた。ただし、奈良時代の淡海三船がそれまでの歴代天皇の漢風諡号を一括で考案したとみられることを除くと、各諡号の考案者は定かではない(4)。

追号の場合、平安中期までのものは選定の過程が不明であるという(5)。一一世紀以降には、公卿たちが議定の場で話し合って定めた後、上奏して決められているが、追号を定める詔書・宣旨などは発せられていない(6)。白河院以降は、その天皇生前の遺詔により没後の追号が決まる場合も多くなった(7)。南北朝の合一後には、五条為清など菅原氏の公家が考案に関わったことが確認できる(8)。明応九年（一五〇〇）に死去した成仁に対しては、関白一条冬良が二案を出し、その一つであった「後土御門院」が贈られた。このとき、菅原氏の東坊城和長は、天皇の追号は群議や勅問により諸卿が話し合って決めるものであると考えた。和長は、追号は儒中（菅原氏など儒学の家）が撰んだり、関白が計り申したりすべきことではないとして、冬良の動きに批判的であった(9)。

戦国から近世前期の後水尾天皇（死去は延宝八年（一六八〇））までの歴代の追号は、次期天皇が考案して元太政大臣および摂家の意見を聞くか(10)、あるいは摂家の案から天皇が選ぶという手順で決まっている(11)。

霊元天皇（貞享四年（一六八七）以降は上皇）の時代における後西院と明正院の追号選定の際には摂家が追号案を提出するが、霊元は摂家の意見を受け入れず、本人の案を採択させた(12)。

元文二年（一七三七）の中御門院、そして宝暦一二年（一七六二）の桃園院の際は、菅原氏が追号を考案した(13)。宝暦一三年（一七六三）に死去した天皇遐仁については、その追号の勘進を仰せ下された菅原氏の三人がいくつかの案を提出しており(14)、摂政近衛内前など摂家の人々は「後称光院」が良いとの意見を示していた(15)。しかし、最終的に贈られた「桃園」は先代の桜町院が作っていた追号案であり、それが遐仁の死去後にみつかったため、女院青綺門院が遐仁の追号として採用させたものという(16)。

安永八年（一七七九）一〇月に死去した上皇英仁については、菅原氏の四人が複数の追号案を朝廷へ勘進し、唐橋在家の「後桃園院」案が採択された[17]。一方、元摂政の近衛内前によると、近衛家は摂政九条尚実から菅原氏の追号案に関する所意を尋ねられていた。内前とその息子経熙（師久）の連名で提出された返答は、菅原氏の案のなかで最も望ましいのは「後桃園院」の案であり、かつ、これとは別に「後称光院」「東三条院」「後坂本院」「後広岡院」の四案を示したうえで、以上の五案のうちから選んでほしいという内容であった[18]。

（二）追号の考案・選定過程における摂家と菅原氏の役割

以上の検討結果をまとめてみたい。平安後期以降、追号は基本的に公卿の議定で考案・選定されてきた。室町中期以降、その役割は摂家や菅原氏に限られるようになった。戦国から一七世紀までの追号考案・選定では摂家の役割が大きかった。一八世紀以降になると、追号の候補を菅原氏が考案する事例が増える傾向がみられる。ただし、菅原氏は、追号を選定する権限をもつわけではなかった。菅原氏が追号を考案して朝廷へ提出すると、朝廷では摂家衆の意向を確認してから選定にいたった。追号を考案する主体も菅原氏に限られなかった。菅原氏の追号案とは別に摂家が追号案を出すこともあった。さらに、必ず摂家や菅原氏の案から採択されるというわけではなく、時の天皇・上皇や女院の意向が反映されて別の案が採用される場合もあった。天皇の追号について、その候補を考案する仕事を菅原氏や摂家に限るという決まりはなかったといえる。

一方、改元にあたって朝廷で新年号を考案する際には、管見の限り、その役割を果たすのは菅原氏に限られていた。もちろん近世の改元は実質的な決定権が江戸幕府にあったが、新年号の候補の考案は朝廷側で行われていたようで、菅原氏がそれを専担したのである[19]。享保二一年（一七三六）の元文改元の際、明経道の家である清原氏の伏原宣通が年号勘者の一人となったことで菅原氏が猛反発し、宣通が外されたこともある[20]。前章で検討した光格・仁孝天皇諡号の選定過程では、諡号の候補を考案して天皇へ表向きに提出する主体は、原則として菅原氏に限られることにされた。

仁孝天皇諡号の考案には藤原氏日野流の日野資愛・勘解由小路資善が参画したものの、これは生前の仁孝天皇との個人的関係を踏まえた特例として扱われた。この点に着目してみると、天皇号・漢風諡号の再興による光格・仁孝天皇諡号の選定過程は、近世中後期における追号選定過程の変化の流れを継承するとともに、改元の際における朝廷側の手続きに類似してきた側面もあるといえる。

(三)　光格・仁孝天皇の諡号選定と摂家の役割

では、摂家の役割という面ではどのようなことがいえるのか。

天皇号・漢風諡号再興の時点において、政通以外の摂家当主のなかでは内大臣近衛忠熙の日記が残っている。忠熙は天保一二年(一八四一)閏正月七日、政通に呼ばれて参内した。ここで、諡号について政通とさまざまな話があった。右大臣九条尚忠も同席したという(21)。同年正月二八日に「光格」など五つの諡号案に関する意見を聞く勅問が公卿たちに下されたが、閏正月七日の政通と忠熙・尚忠は、公卿たちの回答を踏まえ、最終的に諡号を選ぶことについて話し合ったのではないかと思われる。

ところで、二日後の閏正月九日には、諡号のことに関する朝廷の連絡が江戸の老中たちに届いており、ここには所司代の直書も添えられていた(22)。政通と忠熙・尚忠が話し合った内容や、老中に届いた朝廷の連絡および所司代添え書きの内容は不明である。ただ、諡号に関する朝廷側の意向が所司代に伝えられ、所司代が本人の書簡を添付して江戸の幕閣に届けるまでの時間を考えると、朝廷から所司代への連絡が、政通と忠熙・尚忠との面談より先に行われたことは確実である。つまり、忠熙・尚忠が政通との面談で何らかの意見を示したとしても、これを閏正月九日に幕閣へ届く連絡内容に反映させることはできない。

閏正月七日条以外、忠熙の日記に、天皇号・漢風諡号再興や追号・諡号の選定をめぐって政通や仁孝天皇などから特段の相談を受けたとか、あるいは忠熙自ら兼仁の追号・諡号の候補を考案したという記事はない[23]。一方、兼仁の追号選定を見送ってまずは「故院」と称するという仁孝天皇の指示、諡号再興可否の勅問、そして再興の可否および諡号選定の勅問に対する近衛家の回答についてはきっちりと記されている[24]。先に検討した通り、朝廷が追号について近衛家ら摂家の意向を尋ね、また摂家が独自に追号案を出した先例はいくつもある。そして、忠熙がほかの案件について政通と相談したことは日記に記されている[25]。したがって、忠熙が追号・諡号選定に関わる出来事を日記に記すことを特に憚ったとも、政通に関わる出来事について記すことを敢えて憚る理由があったとも考え難い。追号・諡号の選定という案件を軽視して書きそびれたとも考え難い。忠熙が追号・諡号の考案・選定に関与するほかの機会があったならば、その具体的な内容はともかく、その出来事自体は彼の日記に記された可能性が高い。

したがって、天保一二年（一八四二）閏正月七日に政通が禁裏御所で忠熙・尚忠と話し合ったことは、光格天皇の追号・諡号について摂家同士で議論されたほぼ唯一の出来事であり、かつ、実質的な意思決定過程というよりは、形式的な手続きとしての性格が強かったとみるのが妥当である。

天皇号・漢風諡号の再興と光格天皇・仁孝天皇諡号の選定過程では、菅原氏らが複数の候補を考案して朝廷へ提出し、複数の案を天皇の勅問により公卿たちに公開し、集められた公卿たちの意見を反映して選び、さらに、その選定を告げる詔書などが出されるという表向きの手続きがとられた。光格以前の先例に照らしてみると、それまでの特定の先例が佳例として踏襲されたわけではないことがわかる。天皇が文書をもって公布する古代の漢風諡号選定、公卿の議定で決められる南北朝以前の追号選定、そして菅原氏が候補案を作成する改元の手続きと室町・近世期の追号選定の先例が折衷された形となっているのである。

一方、政通は、内々には幕府との連絡業務や諡号の考案の過程を掌握していたが、表向きの選定手続きにおいてほかの公卿たちと区別される権限を行使した形跡はない。前章でみた通り、幕府が諡号再興を内諾した直後の政通には、菅原氏とは別に自ら兼仁の諡号案を天皇に提出する考えがあったという。しかし、最終的には伊藤東峯が作成した自分好みの案を菅原氏の諡号案に反映させることにしている。政通以外の摂家は、禁裏御所に一回呼び出されて政通と話し合うこと以外、特段の動きを示す場面はなかった(26)。一五―一八世紀にかけては摂家衆の意見が追号の選定過程で重要な要素として反映されており、摂家が自ら追号を考案した先例も多くあるが、これらの先例はほとんど踏襲されなかったのである。

小　括

天皇号・漢風諡号再興と光格天皇・仁孝天皇諡号の選定は、公卿全体の意見を集める過程を経て朝廷の意思決定がなされ、漢文の知識が求められる諡号の考案では紀伝道の菅原氏が重要な役割を果たす形で実現された。諡号を考案する段階において、政通が古義堂側の案を重視しながら菅原氏の立場にも配慮し、特に菅原氏の一人である聡長との意思疎通を重視したことは前章でみた通りである。

一方、数百年にかけて天皇の追号の考案・選定で重要な役割を果たしてきた摂家は、ほかの公卿たちと区別される特別な権限をほとんど行使していない。関白鷹司政通以外の摂家衆と関白・天皇とは、実質的な側面ではもちろん、形式的な側面においても互いに緊密な意思疎通を行っていたとは評価し難い。そして、以上のような流れに類似する過去の単一の先例はみあたらない。言い換えれば、自然な流れとして先例が踏襲された結果と理解することはできない。表向きには菅原氏に重要な役割が任せられたこと、菅原氏の立場について関白が配慮を示したこと、そして関白以外の摂家の存在感が形式・実質いずれの面でも薄かったことは、単なる偶然というよりは意図的な選択と演出の結果であるとみることができる。その選択と演出の張本人は、諡号選定に関わる朝廷内の意思決定過程を掌握していた政通であったと判断するのが妥当ではなかろうか。

同時期の朝廷における政通の立場、政通の動きに対する古義堂側の関与、そして政通とほかの摂家の関係を考えるもう一つの手がかりとなるのが、将軍の院号選定という案件である。次節において具体的な検討を行いたい。

第二節　徳川家斉の院号選定と関白鷹司政通

本節の目的は、江戸幕府の第一一代将軍徳川家斉の院号選定に関わる動きを素材に、開国前夜の朝幕関係の一端を窺いつつ、朝廷における鷹司政通の立場について理解を具体化することである。

周知の通り、徳川家康は朝廷から「東照大権現」の神号を与えられて神格化された。家康以降の徳川将軍家では、没後の将軍に院号が贈られた。院号は、第二代徳川秀忠の「台徳院」、第三代徳川家光の「大猷院」のように、漢字の戒名と「院」を組み合わせた称号である。この院号も朝廷から与えられるものであった。天皇が院号を揮毫した勅額を幕府に下賜し、これが江戸城内の将軍家霊廟に掲げられることが慣例となっていた[27]。一方、平安後期から光格以前までの天皇家の院号は、ほとんどの場合は特定の意味を表すための漢字ではなく、「一条」「東山」など、天皇生前の居所や陵の所在地のように天皇本人ゆかりの地名などを用いた追号と組み合わせられた。この点で、天皇家の院号の形式は将軍家のそれとは区別される。

近世将軍家の院号の選定過程については、中川学氏の研究がある[28]。中川氏の研究により、幕府が朝廷に院号の選定を委ねることになった経緯、そして近世中期にいたる将軍院号の選定過程が明らかになっている。

家斉の院号については、光格天皇死去後の天皇号・漢風諡号再興に関する藤田覚氏の研究で触れられた[29]。家斉の没後、幕府は歴代将軍の院号よりも特別に良い院号（「美号」）を朝廷に求めた。これについて、藤田氏は次のように論じている。上皇兼仁に「光格天皇」の号が贈られて天皇号・漢風諡号の再興が実現し、天皇の没後称号が「院」から

「天皇」に格上げされた。光格天皇の時代は家斉の治世と重なっており、光格天皇の死去（天保一一年（一八四〇）一一月）も家斉の死去（天保一二年閏正月）と近い時期のことである。そのため、家斉没後の幕府側では天皇号・漢風諡号の再興を意識していたのであろうが、将軍家では院号以外の没後称号は考えられず、これが特別に良い院号を朝廷に求める理由になったということである。

小野将氏は、幕府の大学頭林家が将軍の院号について老中に提出した意見書を検討した。近世後期の林家は、それまで朝廷が提案した院号を幕府が十分に検討する時間がなかったことなどの問題があるといい、院号選定手続きの改善を主張した。幕府の儒者として、将軍権威の荘厳化を図った動きの一環として位置づけられる[30]。

光格天皇および家斉の死去に近い天保一二年（一八四二）二月には、政通の父鷹司政熙も数え八一歳で死去した。同年二月七日に政熙の死去を聞いた東坊城聡長は、光格天皇・政熙・家斉が「三老人」と呼ばれていたが、その全員がこの世を去ったと嘆いている[31]。朝廷と幕府のなかで長く存在感を放っていた三人が連続で死去したことにより、周囲の人々は大きな喪失感を抱くとともに、時代が変わったという気分を感じたのであろう。その死去は政治的に重大な案件であり、没後称号の選定も例外ではなかったといえる。以下で検討する内容を少し先取りしていえば、家斉と政熙の死去が時期的にほぼ重なったことで政通の対応も変化し、それは朝廷と幕府との間で微妙な問題を招来させた。その詳細な経緯を検討することは、当時の朝廷運営と朝幕関係のあり方、そして政通の立場について理解を深めるための有効な手がかりになるであろう。

これまで家斉と政熙の院号選定に関わる朝廷の動きを具体的に検討した研究はなされていない。詳しくは後述するが、この事例については、天皇号・漢風諡号再興のように、公家の記録を古義堂伊藤家の記録と照合することで政通の動きと朝廷の意思決定過程をより立体的に復元できる。伊藤東峯が家斉と政熙の院号について政通の諮問を受けており、その顚末を「鷹司関白政通公御用記[32]」に記したからである。

表1　第4代将軍徳川家綱院号の選定過程

順番	事　項
①	延宝8年（1680）5月16日　幕府の院号要請を受けて霊元天皇が関白鷹司房輔、左大臣近衛基熙、右大臣一条内房に院号の考案を指示。
②	摂家3人が天皇に院号案を出す（房輔3案、基熙2案、内房3案） ※　内房は明経博士伏原賢忠と相談して考案。
③	延宝8年5月18日　霊元天皇と房輔・基熙・内房が院号案を評議。 審議対象の8案のうち、「明昭」「惇信」2案に賛意が集まるも、天皇はこの2案が晴れがましいといい、再度の考案を指示。
④	延宝8年5月25日　朝廷の2回目の評議および霊元天皇の意見を反映し、1回目の評議で審議された「厳有」と再度考案された「文憲」の2案を幕府に示すことに決まる。
⑤	幕府は朝廷が示した「厳有」「文憲」のなかから「厳有」を選ぶ。 朝廷の勅使により、寛永寺にて「厳有院」号が贈られる。

注）中川「将軍の院号と朝廷」261-262頁による.

本節で参照される一次史料のなかで、徳川将軍と鷹司家当主の没後称号については「院号」と「追号」、時には「諡号」の名称が交互で用いられている。ただし、最もフォーマルな用途の文書では「院号」の表現が用いられたようであり、以下では、一次史料の表記とは別に、地の文としては「院号」に統一することを原則としたい。

（二）歴代将軍の院号選定

まずは徳川将軍家で院号選定の手続きが確立する過程を、中川学氏の研究成果[33]を要約する形で記述したい。

寛永九年（一六三二）正月の徳川秀忠没後、徳川家光は秀忠の称号について幕府の年寄衆と天海・崇伝、そして儒者の林道春（羅山）・永喜兄弟に意見を求めた。しかし、彼らの意見が一致しなかったため、家光は朝廷に院号を求めることにした。それ以降、将軍の没後には幕府が朝廷にそれを報じて院号案の提示を要請し、朝廷側がいくつかの院号を考案して幕府に示すと、幕府が検討して一つを選んで決定することが慣例となった。

より具体的な選定の手続きは以下のようにまとめることができる。①幕府が朝廷に院号案の提示を要請すると、この要請を受けた朝廷側では摂家が院号の候補案を出した。②摂家は、院号を考案する過程で明経道の清原氏[34]にアドバイスを受けることもあった。③摂家が提出した院号案を天皇・上皇が検討して二—三案に絞った。天皇や上皇の意向を受け、摂家が追加の院号案を提出する場合もあった。④以上の過程を通じて朝廷内で絞られた二—三案が幕府に示され、幕府がそのなかの一つを選択した。例外的に、朝廷の院号案を幕府が事実上差し戻して新しい候補案を求めることもあった。この例外を除いても、将軍の院号選定の過程では、幕閣、あるいは京都で朝廷側と交渉した幕府役人の働きにより、必ず何らかの形で幕府側の意向は反映されていた。理解を助けるため、延宝八年（一六八〇）の第四代将軍徳川家綱の院号選定過程、そして正徳二年（一七一二）の第六代将軍徳川家宣の院号選定過程を、それぞれ表1・表2にまとめて示したい。

以上で確認された通り、徳川将軍家の院号は基本的に朝廷が示す候補案のなかで選定されるが、専ら朝廷の意向で決められるものではなかったことがわかる。

表2　第6代将軍徳川家宣院号の選定過程

順番	事　項
①	正徳2年（1712）10月22日　幕府からの院号要請を受け、中御門天皇が摂政九条輔実、右大臣二条綱平、前摂政近衛家熙、前関白鷹司兼熙に考案を指示。
②	正徳2年10月24-25日　摂家が出した院号案のうち、中御門天皇・霊元上皇が「籑麗」「亮功」の2案を選び、天皇・上皇は「籑麗」を推挙する旨を添えて所司代に提出。
③	正徳2年11月1日　院号に関する老中の書簡が朝廷に届く。「文」や「恭」の字を含む新しい院号案を求める。
④	正徳2年11月2-3日　摂家4人が中御門天皇に新しい院号を2-4案ずつ提出。 中御門天皇の意向により、霊元上皇にも院号案の検討を受ける。霊元上皇は「文昭」「文教」「恭和」の3案を選び、かつ「文昭」を推挙する意見を添えることに決める。以上の提案を所司代に伝える。
⑤	幕府は「文昭」を選び、正徳2年11月15日に「文昭院」号が公表される。

注）中川「将軍の院号と朝廷」263-266頁による.

（二）朝廷内における徳川家斉院号の考案

続いて、朝廷内で徳川家斉の院号が考案される過程を検討したい。家斉は天保八年（一八三七）、徳川家慶に将軍を襲職させて隠居した。死去は天保一二年閏正月七日のことである。幕府で家斉の死去が公表されたのは同月三〇日であった。この日、老中水野忠邦は朝廷に対して三月五日までに院号を考案することを求める書類を所司代に送付した。これまでも歴代将軍の院号は朝廷から与えられてきたが、家斉の治世は歴代将軍に比べても長く続き、その功績が大きいという理由で、特に良い号（「美号」）を贈りたいとのことで、朝廷が四―五案を提示すればそのなかから選びたいとの内容であった。(35)

当時の武家伝奏日野資愛の御用日記によると、幕府の要請が所司代を通じて朝廷に伝わったのは二月五日であった[36]。資愛の日記によると、幕府側は、上記のように家斉の功績が莫大なことに触れ、あえて先例を超える四―五個の院号案を求めるのは幕府の「御物好」によるものではないと強調した。この日、仁孝天皇は公家たちに家斉の死去を伝え、幕府への御機嫌伺のため所司代に向かうことを命じた[37]。

摂家の近衛忠熙は二月五日、天皇から議奏を通じて、家斉の院号を二つ考案して来たる八日までに提出することを命じられた。三日後の二月八日の忠熙日記には「前大樹追号」とあり、天皇から命じられた通りこの日に院号案を提出したとみられる[38]。

一条忠香は二月七日、菅原氏の東坊城聡長に使者を遣わし、家斉の院号案を提出することになったのでその文字を考案することを求めた。聡長は忠香の求めに応じて五―六案を考案して一条家へ提出した[39]。

近世の朝廷で、五摂家以外の堂上公家の大半は、特定の摂家を主家とする家礼（門流）の立場にあったが、東坊城家は一条家の家礼にあたる[40]。東坊城家を含む菅原氏の公家は、古代以来、文学・史学の伝統をもつ紀伝道の家でもあり、仁孝天皇の漢籍学習や天皇の漢風諡号の考案で聡長が重要な役割を果たしたことは、本書の第四・六章でみてきた通りである。

菅原氏のうち、九条家の家礼であった唐橋家を除くと、高辻・五条・清岡・桑原家は東坊城家と同じく一条家の家礼であった[41]。この時期には五条為定の日記が残っているが、忠香から院号に関する依頼を受けた形跡はない[42]。忠香が聡長に家斉院号の考案を依頼したのは、単に聡長が自家の家礼だからではなく、同じく家礼にあたる菅原氏のなかでも聡長の学問が特に優れていたからであると思われる。

表1に示した通り、延宝八年（一六八〇）の徳川家綱没後、その院号を考案した摂家の一人であった一条内房は伏原賢忠に相談していた。伏原家を含む清原氏は明経道の家である[43]。摂家が天皇から将軍院号の考案を命じられ、漢文

の才能があるほかの公家に助けられながらその作業を進めたという点で、朝廷内で家斉の院号が考案される過程は近世中期までの先例とあまり変わらなかった。

ところで、忠煕・忠香に比べると、関白鷹司政通の動きはより複雑であった。家斉の死去に関わる政通の対応が、父鷹司政煕の死去に関わる対応と結びつくからである。

政煕は天保一二年（一八四一）二月六日に死去した。鷹司家がその死去を朝廷へ正式に報告したのは翌七日である。(44)この日の政通の日記によると、政通も家斉の院号案を八日までに提出することを仁孝天皇から命じられていた。政通は、父の病気により家斉院号の考案の仕事を辞退する意向を、議奏を通じて天皇に報告した。政煕の死去を正式に報告する前の時点である。仁孝天皇はこれに対し、議奏を通じて政通に政煕の看病に励むよう言葉を伝えるとともに、家斉の勤功は格別なので是非とも良い号を与えたく、政通が院号案を提出すれば天皇も安心できると再び提出を催促した。かかる天皇の意向を伝え聞いた政通は、深く恐れ入ることではあるが、予め考案した院号案があるといい、後ほど使者を朝廷に遣わしてこれを提出した。(45)

政通が家斉の院号を予め考案する作業に関わったのが古義堂の伊藤東峯であった。天保一二年（一八四一）閏正月二七日、東峯は突如、今すぐ鷹司邸に来てほしいという連絡を受けた。東峯は鷹司邸を訪れたが、政通は父政煕のところへ行ったので留守中であった。鷹司家の諸大夫牧義冬が代わりに呼び出しの理由を説明した。義冬は、まず江戸で家斉が死去したことを東峯に内々に伝えた。将軍の院号は朝廷で与えることが先例であり、政通が天皇に提出する家斉の院号案を東峯が内々に考案してほしいとのことであった。(46)

本書の第五・六章でみてきた通り、東峯は政通と長く交流し、さまざまな諮問を受けてきた。東峯が家斉院号の考案を依頼された天保一二年（一八四一）閏正月二七日は、朝廷で「光格天皇」号を贈る儀式が開催されたのと同日である。家斉の院号に対する幕府の要請が武家伝奏に伝達され、天皇が公家たちに家斉の死去を正式に伝える一週間以上も前のことであった。

東峯は二月五日、家斉の院号案を政通に提出した。「俊徳、昭明、有光、慎徳、成徳、惇宗、巌恭、祇徳、慎猷、容徳」の一〇案であった。東峯はこれらの案を好まない政通が追加の考案を求める可能性に備えて別に九案を用意したが、政通は最初の一〇案を受理した(47)。二月七日に政通が仁孝天皇から家斉院号案の提出を再度促された際に、予め考案した院号があると答えたことは、東峯が考案した院号を指していると考えることができる。

次には、摂家が天皇に提出した院号案を朝廷で審議して選別し、幕府に示すまでの過程を検討したい。

天保一二年（一八四一）二月八日、武家伝奏と議奏が仁孝天皇の御前に呼ばれ、ここで家斉院号案の評議が行われて幕府に示す五案が決まった(48)。政通の日記によると、この日、議奏の広橋光成が院号五案を政通に示し、意見を内々に聞いた(49)。喪中の政通は、表向きには禁裏御所の評議に関与しなかったが、実際には評議の後に議奏が評議の内容を政通に報告し、その意向を確認したのである。

朝廷の審議で絞られた五案は「昭明、惇宗、高悠、徳修、文恭」であった（史料原文の記載順）。この五案に対し、政通は特に思うところはないと答えた。政通の日記では「昭明」と「惇宗」の部分に傍線が引かれ、この二案は前日の仁孝天皇の仰せを受けて政通自身が提出したものと記している(50)。いずれも政通の依頼で東峯が提出した案にあたる(51)。

翌九日、資愛が所司代に「昭明、惇宗、高悠、徳修、文恭」の五案を提出した。資愛は口頭で次の内容を付け加えた。天皇は「端両号」、つまり右端に記載された「昭明」とそれに続いて記載された「惇宗」が望ましいと思っているとのことであった。資愛によると、これは前日の審議で天皇が命じたことであった。二月二〇日、資愛は家斉の贈経使として江戸に下向する予定であった花山院家厚に対しても、幕府に示された家斉の院号五案のうち、天皇は「昭明・惇宗二号」のなかで決まることを望んでいると、内々に心得のため伝えている(52)。

朝廷内で家斉の院号が考案されて幕府に示される一連の過程のなかでは、政通の動向について次のようなことが把握できる。政通は、朝廷で家斉の死去が公表される前から死去の情報を入手していた。朝廷で「光格天皇」号の選定が完了した直後から、政通は、父政熙の病気により落ち着かない状況下においても、幕府の要請で天皇から表向きの指示が下される前に家斉院号案を用意しておくべく、その作業に取り掛かった。以前から信頼していた東峯にこの作業を依頼し、天皇から院号案を求められると、東峯が考案した院号案を提出した。政通は、父の病気を理由に院号の考案をいったん辞退し、天皇の催促を受けて対応する形をとった。しかし、内々には禁裏御所で行われた院号の評議内容を報告されて意向を聞かれていた。幕府に対する朝廷の提案では、結果として政通の院号案を支持する仁孝天皇の意思が添えられている。朝廷内で院号案が絞られる過程で、実際には政通が影響力を行使した可能性もある。

(三) 鷹司政熙の院号選定と徳川家斉院号案の援用

伊藤東峯は、鷹司政通の依頼を受けて徳川家斉の院号案を提出してから二日後の天保一二年(一八四一)二月七日の夕方、再び鷹司邸に呼ばれた。ここで東峯は鷹司政熙の死去を伝えられ、政通から政熙の墓誌銘と院号の考案を頼まれた。政通は三文字の院号を頼み、そのほかにも東峯にさまざまな注文があったという[53]。その後、東峯は墓誌銘の草稿と院号案を作成し、政通の検討を受けた[54]。東峯はその日付を記していないが、政通の日記によると、これは二月九日のことである[55]。政通は別に思うところがあって墓誌に二―三ヶ条を加えさせた。また、政熙が「仁斎先生之学風」を学んだという文言を墓誌に加えることを求めた[56]。

一方、政熙の院号としては「徳明光、和恒徳、寛彰信」の三案が東峯から提案された。東峯は、これとは別に二案を用意していた。ところで、政通は三案を検討した後、次のように述べた。今度は鷹司家の菩提寺である二尊院でも複数の院号案が出され、自身がいろいろと考えてみたところ、「文章家」、つまり文筆を家業とする菅原氏の公家が家斉の院号として考案した「文恭」を政熙の院号にしたいとのことであった。これにより政通は、経書で「文恭」の典拠をまとめることを改めて東峯に依頼した。東峯はこの依頼を受け、墓誌の修正原稿と「文恭」の典拠を政通に提出した。「文恭」の典拠は「文章家」が朝廷に提出した内容を補足したものと記す[57]。

政通は二月七日の日記で、政熙の墓誌は東峯が執筆し、政熙の院号は二尊院の長老と東峯の両方で考案されると記した[58]。しかし、四日後の二月一一日の日記では、二尊院で政熙の法号「文恭院」を提出したこと、実は「文恭」は政通自身が考案して東峯に典拠をまとめさせたことを記している[59]。

政通が政熙の院号を決める過程を、朝廷で家斉の院号が考案・審議される過程と照合して整理すると以下の通りになる。政熙の死去直後である二月七日の時点で、政通は二尊院と東峯に院号の考案を依頼してそのなかで気に入るものを選ぶつもりであった。しかし、翌八日、禁裏御所での評議を経て幕府に示すためにまとめられた家斉の院号五案を議奏から報告された後、政通の考えが変わった。この五案の最後にあった「文恭」を政熙の院号にしたかったのである。朝廷が幕府に家斉の院号五案を提示する際には、「昭明」と「惇宗」が天皇の意向に適っていると武家伝奏が口頭で補足した。政通は、かかる朝廷の意向があったため、幕府があえて「文恭」を選ぶことはないと予想したとみられる。政通はそのように判断した後、改めて二尊院が鷹司家へ「文恭院」の法号を提出するようにした。実際には政通本人が政熙の院号を決めるとしても、形のうえでは家の菩提寺で決めたことにする方が望ましいという認識があったと思われる。

こうして政熙の院号は「文恭」と確定した。政通は二月一二日に「御院号　文恭院」と記載された文書を通じてこれを対外的に公表し[60]、二月二五日には政熙の葬儀が行われた[61]。

ところで三月一八日、政通は鷹司家の諸大夫から、家斉の院号が「文恭院」に決まったと報告された[62]。幕府は、朝廷が勧めた「昭明」「惇宗」ではなく、五案の最後に記載されていた「文恭」を採用したのである。これにより、ほぼ同じ時点で死去した元将軍と鷹司家の当主に同じ院号が贈られた状況となった。

これについて東峯は、両者の院号が重なったことが「京方之官家御役人方」の間で「思召違」とされていると記した[63]。「京方之官家御役人方」が朝廷の役職に出仕する公家のことなのか、それとも所司代・禁裏付など朝廷関係業務に従事する幕府の在京役人のことなのかは定かではないが、「思召違」云々が鷹司家に向けられた批判であることは間違いないであろう。鷹司家が将軍家と同じ院号を採用したことが不適切な行為だと認識されていたことがわかる。

鷹司家の諸大夫は内々に東峯を訪れて相談し、東峯が本件について政通に建言してみることにした。東峯が書面で政通に伝えた意見は、政熙の院号を「文思恭院」にすることであった。政通は当日、直ちに政熙の院号「文恭」に「思」の字を加えたという[64]。政通は三月二〇日の日記で、東峯が自身を訪れたこと、幕府が家斉の院号を「文恭」に決めて父の院号と重なることになったが、院号を完全に変更した先例はないため、もとの院号に一字を加えて「文思恭」にしたと記している[65]。古義堂文庫史料に伝来する政熙墓誌の拓本には、三月二〇日に院号を「文恭公」から「文思恭公」に改めたというメモが加えられている[66]。東峯は、父の院号を改めざるを得なくなった政通の気持ちに配慮し、完全な変更ではなく一文字を加える形にする方策を提案し、政通はこのアドバイスを迅速に受け入れて実行したのである。

東峯は、朝廷が幕府に示した家斉院号の五案について、「昭明」と「惇宗」は自身の考案で、残りの三案は「文章家」、つまり菅原氏の公家が考案したと推測した[67]。東坊城聡長に対する一条忠香の依頼からもわかるように、ほかの摂家の院号案も実際には菅原氏や清原氏が依頼を受けて作成した可能性は高いと考えられる。

しかし、その場合にも、院号案を朝廷に提出する主体となるのはあくまで摂家である。「文恭」案を朝廷に提出した摂家は近衛忠熙であった。天保一二年（一八四二）三月一七日、忠熙は武家伝奏日野資愛から、家斉の院号が「文恭院」に決まったとの連絡を受けた。これについて忠熙は、複数の院号案のなかから本人が考案した院号が採択されたとして「畏悦畏悦」との感想を日記に残している[68]。

これより先の二月一二日、つまり政通が政熙の院号を「文恭院」に決めてこれを対外的に公表した当日に、忠熙もこの情報を把握している[69]。したがって、家斉の院号が「文恭院」に決まったことを知った時点の忠熙は、家斉と政熙の院号がかぶったことを認知できたに違いない。しかし、忠熙は本人が提出した家斉の院号案が採択されたことに喜ぶのみで、鷹司家の事情に対する特段の心配りは、日記にはみられない[70]。

資愛は江戸滞在中の贈経使から送られた飛札を閲覧し、家斉の院号が「文恭院」に決まったことを知った。これは三月一七日のことである。翌一八日、資愛は議奏を通じてこれを天皇に報告した[71]。しかし、先にみた通り、資愛は飛札を閲覧した一七日当日、忠熙にこのことを報告している。忠熙の日記によると、このとき、資愛の連絡は「一封」の形で届いた[72]。封印された書類を用いたということは、秘密裡に知らせたということであろう。一方で政通は、翌一八日に鷹司家の諸大夫から家斉の院号が「文恭院」に決まったことを報告されているが、この前後に資愛から別途の報告があったという言及はしていない[73]。

日野家は近衛家の家礼にあたる。武家伝奏を務めていた資愛は、江戸に派遣された朝廷の使者が京都に送った快速郵便を優先的に閲覧できる立場にあった。しかし、家斉の院号選定に関する情報は、天皇や関白より先に、主家の当主と共有したのである。

朝廷が幕府に示した家斉の院号案に含まれる「文恭」を政熙の院号に援用した政通の行動は、この院号案を天皇に提出した忠熙の立場からすれば、自身が天皇の指示を受けて公的に遂行した仕事の成果を政通が私的に流用したということである。忠熙本人やその周辺で反感が全く生じなかったとも限られない。家斉の院号が「文恭」に決まったことに対する忠熙の喜びには、恣意的な行動によって厄介な状況となった政通に対する嘲笑も含まれていたのではないか。

政熙の院号「文恭」に一文字を加えて「文思恭」にするという東峯の提案を即時受け入れたことからわかるように、

幕府と全面衝突する事態を回避したいという考えが政通にあったことは確かである。しかし、幕府との衝突回避は近世朝廷構成員たちの志向性としてごく普通のものといえる。少なくとも、政通が幕府に協調的であったことを示す事例として本件を位置づけることはできない。院号とは、その家内部のみならず、広く対外的に知られるものだからである。「文恭」が政熙の院号に決まると、朝廷が提示した家斉院号の五案を閲覧していた朝廷や幕府の関係者たちは、家斉の院号案を鷹司家が援用したことを推測できるようになる。家斉の院号が「昭明」や「惇宗」に決まったとしてもこの点は変わらない。政通がそのような事態を全く想定できなかったとは考えられない。その場合にも特に支障はないと政通は思ったのか、それとも、幕府に対する何かしらの思いが働いたのかは定かではない。

一方、朝廷が示した院号五案のうち、天皇が望んだという「昭明」と「惇宗」を除き、幕府があえて最後の「文恭」を採用したことにはどのような経緯があるのだろうか。朝廷から示された院号案を幕府側で審議した過程は詳細にはわからない。一つの有力な可能性は大学頭林家の意見である。本節の冒頭でも述べた通り、近世後期の林家は、将軍の院号に関する老中の諮問を受けて作成した意見書のなかで、従来の院号選定手続きを批判していた。林家の意見によると、歴代将軍の院号のなかには、漢字の読みが間違っている事例、あるいは、臣下の心得に関わる漢籍の文言（君主の心得ではなく）が出典となった事例もあった。従来は朝廷が示す院号案について幕府が十分に検討できなかったため、示された院号案が「おもいによらぬ」ものであっても、その時点にいたっては、もはやどうしようもないということであった[74]。朝廷の院号案につき、林家にはかなりの不信感があったことがわかる。この意見書には「浚明」、つまり第一〇代将軍徳川家治の院号までが先例として参照されている。したがって、家斉が死去した天保一二年（一八四一）初めに、その院号の選定に際して書かれたものである可能性が高い。

さらに、「文恭」は将軍の院号選定過程で幕府側が朝廷の院号案を事実上差し戻した先例にも関連する院号案であった[75]。正徳二年（一七一二）一〇月、第六代将軍徳川家宣の没後、摂家が考案した院号のうち、当時の中御門天皇と霊元上皇の意向で「文麗」「亮功」の二案が幕府に示され、「文麗」を勧めるという旨が付け加えられた。しかし、これを検討した幕府は、改めて「文」と「恭」の文字を朝廷に提示し、そのいずれかを含む新しい院号の考案を求めた。幕府内部の検討過程で新井白石が提起した意見を踏まえた要請であった。朝廷側では再び摂家衆が「文」や「恭」を含む院号を考案し、これを天皇・上皇が検討した。その結果、「文昭」「文教」「恭和」の三案が幕府に示され、「文昭」を勧めるという霊元上皇の意見が添えられた。今度は幕府がこれを受け入れ、家宣の院号は「文昭院」に確定した。

当時、白石は「御院号の事は、外国にも後代にも相伝ふる所なれば、いかにもしかるべき字こそあらまほしけれ」と説いた(76)。一方、近世後期の林家の意見書では、将軍の院号は万代に伝えられるもので、海内一同が称するのはもちろん、場合によっては異国までも知られるものであると、院号の重要さが強調されている(77)。白石の主張と同じ論理である。近世後期の林家は、将軍の院号選定の先例を調べる過程で白石の事跡を把握していたことがわかるが(78)、院号の重要さを強調する論理も、白石の発言を意識したものではないかとみられる。

「昭明」や「惇宗」ではなく「文恭」を採用する幕府の決定が林家の意見によるという確証はない。しかし、当時の幕府内には朝廷の院号に対する不信感や、幕府が主体性を発揮する必要があるという認識、かかる認識を裏づける白石らの先例に関心をもつ者がほかにも存在しており、これが、家斉の院号として「文恭」を採用する理由になったと考えることができる。

幕府は家斉の院号として「文恭」を採用することで、「昭明」や「惇宗」を勧めた天皇の意向を敢えて黙殺する形となった。仮に、家斉の院号案を流用した政通の行動が幕府側を刺激し、「文恭」を採用する動機になったとすれば興味深いことである。政通が政熙の院号を「文恭」に決めたこと、そして家斉院号の選定後に政熙の院号を「文思恭」に改めたことを老中や林家などはどのように受け止めたのであろうか。この事例を含め、朝廷内における政通の存在感が幕府の対朝廷政策にどのような変化をもたらしたかについて具体的に把握できれば、これは重要な意義をもつであろう。

小括

本節では、江戸幕府の第一一代将軍徳川家斉が死去した後の院号選定、そして同じ時点に死去した、関白鷹司政通の父鷹司政熙の院号選定の過程を検討の素材とした。摂家・武家伝奏と菅原氏など、院号の考案に関わった公家たちの日記とともに、政通から家斉・政熙院号の考案を頼まれた古義堂の五代目伊藤東峯の記録を分析した。これにより、朝廷の各主体の動きを立体的に把握することができた。将軍家の儀礼的な手続きに関連して朝廷がもってきた権限をめぐり、幕府内に一定の不信感や牽制の動きがあった可能性も改めて確認された。

本節を通じては、政通個人の性格をさらに具体的に覗き見ることができた。政熙の院号をめぐる政通の考えはころころと変わっていた。最初は二尊院および東峯が出した院号案から選ぶつもりであった。院号は通常、徳川秀忠の「台徳院」のように漢字二文字と「院」の組み合わせであるが、政通は漢字三文字からなる独特な形の候補案を東峯に頼んでいた。東峯は政通の依頼に応じて三文字の候補案をいくつか作成して政通に示した。しかし、その間に政通はまた別のことを考えた。たまたま朝廷の審議でまとまった幕府提出用の家斉院号案（東峯に作成を依成した政通の案を含む）をみて、近衛忠熙の「文恭」案を政熙の院号にすることであった。自身以外の摂家が天皇へ表向きに提出して幕府にまで示される予定の将軍院号案を流用するという、かなり恣意的な行動ぶりをみせたのである。

嘉永三年（一八五〇）に京都町奉行所の役人が作成した「官家風聞書」は政通について、才気がある人物で朝廷全体をよく統制しているとしながら、「身勝手之癖」があるとも評価している(79)。前章では、菅原氏の東坊城聡長が政通の指示によって光格天皇の諡号案の修正を繰り返させられたことをみた。以上のことを本章で検討した事例と合わせてみると、政通には、思いつきで勝手に行動する傾向があったことがわかる。かかる行動ぶりが容認されるほど、当時の朝廷内で政通が権勢をもっていたことを示す事例ともいえる。

おわりに

本章で明らかにしたことを踏まえ、朝廷運営における関白鷹司政通の立場およびほかの朝廷構成員との関係性を中心に結論をまとめたい。

第一に、本章では、朝廷のなかで政通がもつ権勢、そして政通本人の性格について理解が深まった。遅くとも天保末期頃の朝廷内における政通の権勢は、その恣意的な行動がかなり容認される程度のものであった。政通は、徳川家斉の院号として近衛忠熙が朝廷へ提出した案を閲覧した後、これを父の院号に流用した。将軍の院号は従来から摂家が朝廷へ提出した案のなかから絞るものであった。政通は、本人の案以外の家斉院号案の提出者を特定することはできなかったとしても、その提出者が摂家衆のいずれかにあたることは推測できたはずである。つまり、政通はほかの摂家の名義で朝廷へ出されたものと知っていながら、それを父の院号に流用したのである。この行動により、政通が朝廷内で特に制裁を受けた形跡はない。光格天皇の漢風諡号や鷹司政煕の院号をめぐる動きから、政通には思いつきで行動を変える傾向が少なからずあったこともわかる。

忠熙の家斉院号案を流用した事例からは、政通の独断性を読み取ることもできる。ただし、政通には、学問の能力をもつ者を重んじ、彼らを利用すると同時に、彼らに配慮するという姿勢もあった。政煕の院号を改めた事例からもわかるように、政通は、伊藤東峯の意見には常に耳を傾けていた。天皇の漢風諡号のため菅原氏の人々を振り回しながらも、紀伝道の家である彼らの立場に配慮を欠かさなかったことは前章でみた。天皇の漢風諡号の考案が表向きには菅原氏の役割として事実上限られたことは、必ずしも先例にそのまま従った結果とはいえない。天皇号・漢風諡号再興にいたる朝廷の意思決定の手続きは新しく演出された側面が多いが、その過程で、政通の意向は重要なものとして働いたのではないかと思われる。

第二に、本章で明らかにしたことを通じて、当時の政通とほかの四摂家との関係について理解が進展した。光格天皇の諡号選定をめぐり、政通は摂家同士で話し合う機会を一応設けていた。しかし、前後の文脈からすると、これは形式的な手続きにあたる可能性が高い。菅原氏・古義堂との意思疎通が非常に緊密であったことに比べると、ほかの四摂家と緊密に意思疎通を行っていたとは到底いえない。政通以外の摂家が、本件に関する影響力を別の経路で行使した形跡もない。直近の数百年間における天皇の追号選定の先例に照らしてみると、かかる様相は明らかに異例である。少なくとも本件については、朝廷内の意思決定過程を政通が掌握していたこととは裏腹に、ほかの摂家の存在感は薄くなっていたといえる。

ペリー来航後、武家伝奏三条実万は、アメリカ大統領国書への対応をめぐり、ほかの摂家には事情を説明しないかと政通に尋ねたことがある。政通はこれに対し、ほかの摂家はその器ではなく、ただ忠熙には申し入れる必要があるかもしれないという趣旨で答えた。家近良樹氏はこれについて、政通はほかの摂家当主の意見はほとんど無視してお り、これは長年にわたって展開されてきた鷹司政治のあり方を反映したものと評価する(80)。ペリー来航の時点では政通が比較的評価していた忠熙の立場に対しても、本章の時点では、政通はそれほど配慮をしていない。少なくとも、政熙の院号を「文恭」に決めた時点の政通に、家斉の院号案を出した（忠熙かもしれない）ほかの摂家当主に遠慮してその流用を避けるという発想が働かなかったことは確かである。忠熙が本件について政通と直接相談したり、特段の異議申し立てを行ったりしたという記録はない。

これらの事例は、一九世紀前半には関白の政通とほかの摂家との連帯感がそれほど強くなかったこと、そして、朝廷運営における政通の立場とほかの摂家の立場が分離する傾向が強まったことを示している。

天皇号・漢風諡号再興が実現される過程で、関白以外の摂家が特段の役割を果たさないという異例の形が演出されたのに対し、家斉院号の考案は従来通り摂家に任された。家斉の院号について、政通は菅原氏とも特段の意思疎通をしていない。光格天皇の諡号案について政通から繰り返される修正指示を受けて悩まされた東坊城聡長は、家斉院号の考案については主家の一条家を助けている。近衛家の家礼であった武家伝奏日野資愛は、家斉院号の確定に関する情報を、政通や天皇よりも忠熙にまず伝えていた。政通は、院号を考案する各摂家の家礼関係までは掌握していなかったのである。

しかし、本件についても、朝廷の意思決定過程は政通に掌握されていたといえる。天皇の好みの案として幕府に勧められた家斉院号の二案は、いずれも政通の依頼で東峯が作成したものであった。もし政通の強い意志があれば、家斉院号の考案でほかの四摂家を排除できる可能性が全くなかったとは思われない。しかし、政通はそのような方向には動かなかった。

結果として、天皇号・漢風諡号再興と徳川家斉の院号選定の実現過程からは次のようなことがいえる。

政通は、ほかの四摂家との連携よりは、学問に優れた摂家以外の公家、ひいては町方の学者との個人的なつながりを重視し、彼らに頼りながら朝廷運営を主導することをめざした。ただし、近世を通じて継続してきた案件では、摂家の役割が継承された場合もある。

政通は政治力を発揮する場面を選んでいた。律令封禄の再興や天皇号・漢風諡号再興のように、古代朝廷の姿を復古する意味をもつ事実上新規の案件について、政通は特に熱意をもって動いている。かかる案件は政通に主導され、ほかの摂家は重要な意思決定のなかで概ね疎外された。政通の行動を支えたのは、学問に優れた者との緊密な意思疎通であった。政通は彼らの能力を利用することに積極的で、同時に彼らの立場に配慮する姿勢を示すように心掛けた。

政通は、どちらかといえば名門の町儒者である古義堂の意見を内々には重んじながらも、朝廷の表向きの手続きでは学問の伝統をもつ公家の顔が立てられるようにした。

新規の構想を具体化するため、学問に優れた者と緊密に意思疎通し、彼らの能力を利用する政通の姿勢は、幕府の朝廷政策に対応する過程でも現れる。次の第八章では、天保の改革による幕府政策の変化を政通がどのように受け止め、どのように対応していくかを検討することになる。

（1）帝国学士院編『帝室制度史6』（帝国学士院、一九四五年）六四八―六五七頁、七二五―七四〇頁。
（2）野村朋弘『諡――天皇の呼び名』（中央公論新社、二〇一九年）。
（3）以下、『大日本史料』「史料稿本」『天皇皇族実録』の引用にあたっては、東京大学史料編纂所〈大日本史料総合データベース〉および同〈近世編年データベース〉のデジタルイメージを参照した。『天皇皇族実録』については、各天皇の名称のみを表記する（例：『天皇皇族実録　中御門天皇実録』→『中御門天皇実録』）。
（4）野村『諡』七〇―七一頁。
（5）帝国学士院編『帝室制度史6』七三三頁。
（6）帝国学士院編『帝室制度史6』七三三―七三四頁。後一条院の追号選定（源経頼『左経記』長元九年五月一日「史料稿本」長元九年五月一日条所収）、後冷泉院の追号選定（藤原通憲編『本朝世紀』治暦四年五月三日「史料稿本」治暦四年五月五日条所収）、堀河院の追号選定（藤原宗忠「中右記」嘉承二年七月二四日『大日本史料』嘉承二年七月二四日条、三編九冊、四一六頁所収）。
（7）野村『諡』一二二―一二七頁。
（8）正長元年（一四二八）における称光院の追号選定（一条兼良「後成恩寺諒闇記」正長元年七月二二日「史料稿本」正長元年七月二二日条所収）、文明三年（一四七一）における後文徳院の追号選定（甘露寺親長「親長卿記」文明三年正月二日『大日本史料』文明三年正月二日条、八編四冊、三二六頁所収）。ただし、後文徳院の追号は翌月に後花園院へと変更された（甘露寺親長「親長卿記」文明三年二月五―一九日および文明三年二月別記、『大日本史料』文明三年二月一九日条、八編四冊、四二七―四三四頁所収）。

（9）東坊城和長「和長卿記」明応九年一〇月七日・二一日（「史料稿本」明応九年一〇月二一日条所収）。

（10）後柏原院の追号選定（近衛尚通「後法成寺尚通公記」大永六年四月二六日、鷲尾隆康「二水記」大永六年四月二七日、「史料稿本」大永六年四月二七日条所収）。

（11）正親町院の追号選定（西洞院時慶「時慶卿記」文禄二年二月五日、柳原紀光「続史愚抄」文禄二年二月六日、「史料稿本」文禄二年二月五日条所収）、後陽成院の追号選定（「元和三年文月之記」、柳原紀光「続史愚抄」元和三年九月二〇日、『大日本史料』元和三年九月二〇日条、一二編二八冊、六八頁、七一―七二頁所収）。

（12）後西院の追号選定については、東園基量「基量卿記」貞享二年二月二四日・二九日（『後西天皇実録』三三一―三三二頁所収）、近衛基熙「基熙公記」貞享二年二月二六日・二七日・二九日（『後西天皇実録』三三三―三三四頁所収）、一条兼輝「兼輝公記」貞享二年二月二九日（『後西天皇実録』三三四頁所収）。明正院の追号選定については、東園基量「基量卿記」元禄九年一一月一五日（『明正天皇実録』三五五―三五六頁所収）、近衛基熙「基熙公記」元禄九年一一月一五日（『明正天皇実録』三五七頁所収）、一条兼輝「兼輝公記」元禄九年一一月一七日（『明正天皇実録』三五七頁所収）。

（13）広橋兼胤「八槐記」元文二年五月五日、久我通兄「通兄公記」元文二年五月五日（『中御門天皇実録』六二三頁所収）。「御湯殿上日記」宝暦一二年七月二八日、「八槐記」宝暦一二年七月二八日、山科頼言「頼言卿記」宝暦一二年七月二一日・二三日・二六日・二八日（『桃園天皇実録』九九七―九九九頁所収）。

（14）山科頼言「頼言卿記」宝暦一二年七月二一日・二三日・二六日（『桃園天皇実録』九九七―九九九頁所収）。

（15）広橋兼胤「八槐記」宝暦一二年七月二八日（『桃園天皇実録』九九七頁所収）。

（16）柳原紀光「柳原紀光日記」宝暦一二年七月二九日（『桃園天皇実録』一〇〇二頁所収）。紀光が記した内々の伝聞によると、これは桜町院本人の追号として作られた可能性があり、そのように判断した方が妥当ではないかと思われる。

（17）柳原紀光「柳原紀光日記」安永八年一一月二六日（『後桃園天皇実録』七九四―七九五頁所収）。

（18）近衛内前「内前公記」（「史料稿本」安永八年一一月二六日条所収）。

（19）元和改元以来、近世期の改元における年号考案の主体がわかる『天皇皇族実録』の収録史料による（元和改元『後水尾天皇実録』一九〇頁、正保改元『後光明天皇実録』一三一―一三三頁、一四一―一四三頁、慶安改元『後光明天皇実録』二二二―二二四頁、承応改元『後光明天皇実録』三六九―三七〇頁、明暦改元『後西天皇実録』四四―四七頁、万治改元『後西天皇実録』一二六―一二八頁、寛文改元『後西天皇実録』二〇三―二〇四頁、天和改元『霊元天皇実録』三〇四―三〇五頁、貞享改元『霊元天皇実録』三七七頁、元禄改元『東山天皇実録』九四―九五頁、宝永改元『東山天皇実録』三四五―三四八頁、正徳改元『中御門天皇実録』一七六頁、寛保改元『桜町天皇実録』五一六―五一九頁、延享改元『桜町天皇実録』六七

(20) 三―六七五頁、寛延改元『桃園天皇実録』一六一―一六二頁、宝暦改元『桃園天皇実録』四〇四―四〇五頁、明和改元『後桜町天皇実録』二二四―二二八頁、安永改元『後桃園天皇実録』三六一―三六五頁、天明改元『光格天皇実録』一六九―一七一頁、天保改元『仁孝天皇実録』六二八頁。以上、煩雑さを避けるため、典拠史料の書誌事項は省略した)。
(21) 久保貴子「改元に見る朝幕関係」(久保『近世の朝廷運営』岩田書院、一九九八年)二四四―二四五頁。
(22) 東京大学史料編纂所蔵「近衛忠煕公日記」(島津家本)第六冊。このほか、東京大学史料編纂所蔵「忠煕公日記」(写真帳。原蔵者:陽明文庫)第八冊、そして京都大学文学研究科図書館所蔵「近衛忠煕日記(共十一帙)」(国史四階か七特乙、全四七冊)の第二冊が同時期の忠煕日記の異本であるが、いずれも内容は島津家本と同じである。
(23) 藤田覚「天皇号の再興」『近世政治史と天皇』(吉川弘文館、一九九九年)二五四頁。
(24) 「近衛忠煕公日記」第五・六冊。
(25) 「近衛忠煕公日記」第五冊、天保一一年一一月三日・一一日・一二日、第六冊、天保一二年閏正月二日。諡号選定の勅問(天保一二年正月二八日)は、日記に記されていない。
(26) 「近衛忠煕公日記」第五冊、天保一一年一二月一〇日・一二日・一八日・二二日等。
(27) 続く仁孝天皇の諡号が選定される時期(弘化三年正月二六日―二月中)には近衛忠煕日記の記事が欠落しており、ほかの摂家の日記も伝わらない。
(28) 宮地正人『天皇制の政治史的研究』(校倉書房、一九八一年)六六頁。
(29) 中川学「将軍の院号と朝廷」(中川『近世の死と政治文化』吉川弘文館、二〇〇九年、初出は二〇〇七年)。
(30) 藤田覚「天皇号の再興」二六四―二六五頁。
(31) 小野将「近世後期の林家と朝幕関係」(『史学雑誌』一〇二(六)、一九九三年)五二―五三頁。この意見書は東京大学史料編纂所蔵「公用雑纂」一(林家史料)の最初の項目に収められている。
(32) 宮内庁書陵部所蔵図書寮文庫「東坊城聡長日記」第三八冊。
(33) 天理大学附属天理図書館所蔵古義堂文庫史料「鷹司関白政通公御用記」。
(34) 中川「将軍の院号と朝廷」二五一―二七五頁。
(35) 詳しくは後述。なお、本書第四章も参照。
(36) 藤田「天皇号の再興」二六四頁。
(37) 国立公文書館所蔵内閣文庫「公武御用日記(日野資愛卿記)」第九冊。
「東坊城聡長日記」第三八冊。

(38)「近衛忠煕公日記」第六冊。
(39)「東坊城聡長日記」第三八冊、提出した院号案は記載されていない。
(40)近世摂家の家礼については、松澤克行「近世の家礼について」(『日本史研究』三八七、一九九四年)。各摂家への家礼の分属状況については、同論文、三〇―三二頁。
(41)同右。
(42)宮内庁書陵部所蔵図書寮文庫「菅葉」第一一冊。
(43)桃裕行『上代学制の研究(修訂版)』(思文閣出版、一九九四年)。
(44)「公武御用日記(日野資愛卿記)」第九冊、宮内庁書陵部所蔵図書寮文庫「鷹司政通記草」第一四冊。
(45)「鷹司政通記草」第一四冊。
(46)「鷹司関白政通公御用記」。
(47)「鷹司関白政通公御用記」。
(48)「公武御用日記(日野資愛卿記)」第九冊。
(49)「鷹司政通記草」第一四冊。
(50)「鷹司政通記草」第一四冊。
(51)「鷹司関白政通公御用記」。
(52)「公武御用日記(日野資愛卿記)」第九冊。
(53)「鷹司関白政通公御用記」。
(54)「鷹司関白政通公御用記」。
(55)「鷹司政通記草」第一五冊。
(56)「鷹司関白政通公御用記」。
(57)「鷹司関白政通公御用記」。
(58)「鷹司政通記草」第一四冊。
(59)「鷹司政通記草」第一五冊。
(60)「鷹司政通記草」第一五冊。
(61)「鷹司関白政通公御用記」。
(62)「鷹司政通記草」第一五冊。

(63)「鷹司関白政通公御用記」。
(64)「鷹司関白政通公御用記」。
(65)「鷹司政通記草」第一五冊。
(66)天理大学附属天理図書館所蔵古義堂文庫史料「故准后文恭公墓誌銘　附同拓本」。
(67)「鷹司関白政通公御用記」。
(68)「近衛忠煕公日記」第六冊。
(69)「近衛忠煕公日記」第六冊。鷹司家が近衛家に直接連絡してきたものか否かは不明である。
(70)「近衛忠煕公日記」第六冊。
(71)「公武御用日記（日野資愛卿記）」第九冊。
(72)「近衛忠煕公日記」第六冊。
(73)「鷹司政通記草」第一五冊。
(74)「公用雑纂」一、小野「近世後期の林家と朝幕関係」五二―五三頁。
(75)以下、本段落の記述は、中川「将軍の院号と朝廷」二六二―二六六頁、および表2による。
(76)中川「将軍の院号と朝廷」二六六頁。
(77)「公用雑纂」一、小野「近世後期の林家と朝幕関係」五一頁。
(78)「公用雑纂」一。
(79)「官家風聞書」（荒木裕行「京都町奉行所における朝廷風聞調査について」松澤克行研究代表『近世の摂家・武家伝奏日記の蒐集・統合化と史料学的研究』科研報告書（平成二二―二五年度）、二〇一四年、九五頁）。
(80)家近良樹『幕末の朝廷』（中央公論新社、二〇〇七年）一一二―一一三頁。

第八章　幕府天保改革への対応と教育機関の設立構想

はじめに

本章では、一九世紀前半における江戸幕府の政治改革に朝廷がどのように対応したかを検討する。いわゆる近世の三大改革の最後にあたる天保の改革が行われていた時期、朝廷が本格的に乗り出した教育機関の設立構想のなかで関白鷹司政通が果たした役割に分析の焦点をあてたい。

天保の改革については、老中水野忠邦が主導した海防と都市・商業・文化政策などが広く検討されてきた(1)。近年の研究では、天保改革期における出版統制策の変化により、『草茅危言』など近世以降の政治・社会を論ずる書物の流通が拡大したことが注目されている(2)。当時の朝幕関係については、朝廷が教育機関の設立に対する承認と支援を幕府に要請したが、忠邦の老中罷免など幕府側の都合で承認が遅れたことが知られている(3)。しかし、天保の改革により幕府の朝廷政策でどのような変化があり、それについて朝廷がどういった対応を示したかについて、実証的な検討はなされてこなかった。

本章においては、①天保改革期の朝廷における公家たちの意見の収集、②学習院の開設につながる教育機関設立構想の展開過程という順に検討を行い、③朝廷でかかる動きが生じた背景と、そのなかで政通が果たした役割について論ずる。朝廷で長く君臨してきた関白は、幕府が試みた改革にどのように対応しながら朝廷の変化を導いたか、その事実がどのような歴史的な意味をもつかを明らかにしたい。

第一節　天保の改革と関白鷹司政通による「異見」の収集

天保の改革と朝廷との関係を究明するために重要な手がかりとなる史料が勘解由小路資善の日記「資善卿日記」(4)である。資善は、天保七年（一八三六）以来、仁孝天皇の御前で儒学経書の講義を担当してきた(5)。仁孝天皇没後の弘化三年（一八四六）二月、朝廷でその諡号案を提出した人物の一人でもある。資善のほかには、紀伝道の菅原氏の公家三人、そして弘化二年（一八四五）まで武家伝奏を務めた日野資愛が仁孝天皇の諡号案を提出した(6)。当時、議奏が伝達した朝廷の指示によると、資善と資愛は生前の仁孝天皇と「御同学」という理由で諡号の考案を命じられた(7)。つまり、当時の資善は朝廷内で学識を認められ、学問の面で天皇と密接な関係にあった公家の一人であった。

「資善卿日記」によると、天保一三年（一八四二）六月七日に資善が御前講義のため参内した際、議奏の一人であった三条実万から下記のような話があった。

[史料二]「資善卿日記　天保十三年」六月七日

三条大納言（三条実万）面談有之度由被示、於御学問所南庇被示曰、殿下（鷹司政通）召両役被仰渡候ニ、今度関東政事改革之由有其聞、然は於朝家も宮中且諸臣之儀御調有之度、御為ニ相成候事両役無伏蔵可申出、且又池尻前大納言（池尻暉房）・勘解由小路前宰相（勘解由小路資善）等雖小番御免多年勤役者故、在役中之心得ヲ以意《異》見可申出様可申渡候間此旨被申達、右之趣承之、雖恐懼不少畏御請申上時哉、言路已開愚見可徴（カ）、幸甚々々、愚見附三条可申出由也

実万の話によると、関白鷹司政通は武家伝奏と議奏たちに次のように命じていた。関東、すなわち幕府で「政事改革」がなされているため、朝廷においても、宮中の懸案、および朝廷に仕える廷臣たちが抱える懸案の解決に向けて進展があってほしい。これにつき、武家伝奏と議奏は朝廷のためになることを憚りなく申し出てほしい。なお、池尻暉房と勘解由小路資善などは小番御免ではあるが、多年にわたって朝廷の役職を務めていたので、やはり現職者としての見地から「異見」を申し出てほしい。こうした政通からの伝言について資善は、言路が開かれて自身のような者の意見まで聞き入れられることに喜びの念を示している。(8)(9)

政通が念頭においていたという幕府の「政事改革」とは、時期的に水野忠邦政権による一連の改革政策を指すに違いない。政通は天保の改革を機会として、朝廷の懸案解決に向けて公家たちから意見を集めようとしたのである。

資善は翌八日、当時の武家伝奏で、自身と同じ日野流の一族でもあった日野資愛に、政通が指示した「異見」の提出について話した。同日、実万も資善を訪れた。前日に伝えた政通の指示について再び議論があったのであろう。(10)

三日後の六月一一日、資善は「別帋三通」を作成した。実万が伝えた政通の指示と、これに対する資善本人の考えを記したものであった。同日の夜、資善は資愛と相談するため日野邸を訪問したが資愛は朝廷の仕事で不在中であった。資善は日野家の家来に書類を預けて帰宅した。二日後の一三日に資愛は、この「別帋」について異存はなく、これを実万に出してよかろうとの意見を資善に伝えた。(11)

翌一四日、実万は資善に書状を送って「異見」の提出を催促した。資善は資愛との相談を通じて作成した書類三通を三条邸に持参した。書類を確認した実万は異存がないとした。資善は書類を政通に差し上げることを実万に頼んだ。同日の午後、政通は資善に使者を遣わし、当日の夕方か翌日の朝に自邸を訪問することを命じた。(12)

翌一五日、資善は鷹司邸を訪問して政通と面談した。この面談について資善は次のように記している。

［史料二］「資善卿日記　天保十三年」六月一五日

自先年官家位田・職田之事関東江被仰立候得共、至于今無其返答否先被差置、尤大学寮之事被差置、先て（カ）公家学問所被取建度思召候旨御相談、至極御最恐悦之旨申上、左候ハ、今度被名学習院此旨関東江可被仰立間、然は学習院御用掛東坊城右大弁（東坊城聡長）・余等江可被仰付之旨被仰、資善不肖之身可致固辞之処、兼而教諭所御取建懇願之儀候得は、乍不及御用勤度存候条御請申上了、関白殿協御気色先年ゟ関東江内々御往来御書状、且位田・職田御考之書冊等拝見、御寛談了、退出

当日の面談では、以前から幕府に申し入れたという朝廷の位田・職田の件に対する幕府側の返答の有無、そして大学寮の件が取り上げられた。政通は、以上の二つの案件はまず差し置くといい、別の案件について相談した。それが「公家学問所」、つまり、朝廷の教育機関を建てることであった。資善は、教育機関の設立は至極ごもっともなことだと反応した。政通は、今度はこの教育機関を「学習院」と呼ぶことにし、幕府に対してもこの件について申し出る予定だとした。さらに、学習院に関わる業務を担当する御用掛に資善と東坊城聡長を任命するつもりだとした。資善は、自身は至らない者と遜った態度をとりながらも、兼ねてから朝廷で教諭所を建てることが本人の懇願であったとして、この役目を受け入れるとした。そこで政通の機嫌が良くなり、資善は政通が以前から幕府と内々に交わした書状、そして位田・職田に関する構想をまとめた書冊などをみせてもらうことができた。

面談の最初には、位田・職田など、古代の律令による朝廷封禄制度の再興構想(13)、そして古代朝廷の教育機関である大学寮が話題になったが、政通はこの二つの案件を「差し置く」としており、以降は学習院の設立に関する話に終始している。面談の重点的な話題にならない案件を突然列挙し、早速それらを差し置くというのは、話の進め方として

やや不自然である。この面談が行われるより先に二人の間で議論されたことを踏まえた話だとすれば、より自然な流れとして理解できる。実万を通じて「異見」の提出を求められた資善が六月一四日付で提出した書類に、[史料二]の冒頭部分とつながる内容があったと判断するのが妥当である。したがって、資善は、律令封禄の再興をはじめとした公家社会への経済的支援策、そして古代大学寮の先例を踏まえた公家教育の振興策に関する意見を政通に提起したと考えることができる。

ここで、公家教育機関の設立が推進され、弘化四年（一八四七）に学習院の開設が実現される過程を、先行研究に学びながら簡単にまとめてみたい。近世日本において、庶民や武家を対象とした教育機関の設立は、すでに一八世紀から盛んになっていた(14)。しかし、平安末期の一二世紀に大学寮が廃絶されて以来、天保一三年（一八四二）当時にいたるまで、朝廷・公家社会には、独自の施設を有する機構として制度化されているという意味での教育機関は存在しなかった。朝廷構成員たちの教育は、独学や勉強会の開催、あるいは講師の招聘などの形でなされていた。

朝廷が教育機関の設立許可と費用の支援を幕府に要請したのは天保一三年（一八四二）一〇月一七日のことである。しかし、天保の改革の主役である老中水野忠邦が罷免された後に幕府の対応は遅れ、朝廷の要請は弘化二年（一八四五）になって漸く承認される。学習院の開設は孝明天皇の践祚後、弘化四年になって実現する。

[史料一・二]などの分析により、朝廷が幕府に教育機関の設立許可を要請する前、朝廷内において設立の構想が固められる経緯に迫ることができる。政通が天保の改革を契機に朝廷の懸案解決を模索するなかで、教育機関の設立に高い優先順位がつけられていたことがわかる。

[史料二]で政通は、教育機関設立に関係する業務を資善とともに東坊城聡長に命じるとしている。実は、政通は聡長に対し、[史料二]面談の前日である天保一三年（一八四二）六月一四日に同様の依頼をしていた(15)。紀伝道の菅原氏である聡長は、仁孝天皇が禁裏御所で実施した中国史書の御会読の運営で重要な役割を果たしていた。天保六年か

らは天皇に対する経書の講義まで担当してきた[16]。資善の御前講義の一年前から始まったことである。聡長は資善とともに当時の朝廷で学問の能力を認められていた公家であったことが、政通が教育機関の設立業務をこの二人に分担させようとした基本的な理由といえる。

次節では、聡長の動向に分析の重みをおきながら、教育機関の設立構想が具体化される過程を詳細に明らかにしたい。

第二節　公家教育機関の設立構想の展開

（一）設立業務担当者の選定過程と東坊城聡長

朝廷では光格天皇の在位期から教育機関設立の要望があったとされ、これは学習院開設の背景に位置づけられる。光格天皇在位期の朝廷・公家社会に同様の要望があったことは、主に中井竹山・高山彦九郎など光格天皇時代の朝廷外部の知識人による記録や、光格天皇没後の公家の回顧を通じて知られてきた[17]。ところで東坊城聡長は、光格が上皇として存命中であった天保一一年（一八四〇）八月に、朝廷の教育機関について次のように記していた。

［史料三］「東坊城聡長日記」第三七冊、天保一一年八月二二日

京師学校之事従来有沙汰事也、已上皇御代被仰遣関東、而未及其沙汰、年老猶可記、而爾後時々有其沙汰、無其実事、近来医師北小路大学助源寵朝臣深思其儀、表向替名願町奉行所、今度有許容於東洞院三条下処西側往心院境地構一室、昨日開講云々、称京町中教諭所云々、彼大学助従来懇意也、仍乞予所蔵聖像昨朝渡之、開講之間祭之云々、今日返来、翰林之面目也、学校亦後来可就成歟、早遂上皇叡慮者乎、聊為後記之

聡長は次のように述べている。聡長によると、朝廷では以前から京都の学校のことについて要望があった。すでに光格上皇の天皇在位中に幕府へ要請したことがある。しかし、幕府は未だこの要請に対応していない。その後も朝廷側はたびたび幕府に同様の要望を示したが、その効果はない。近来、医師の大学助北小路龍[18]がこの案件について深く思うところがあり、表向きに別人の名義をもって京都町奉行所へ教育機関の設立を願い出た[19]。今度、町奉行所の許可が得られ、西側に往心院の境内と接している東洞院三条下ルの地に一室を構えることになった。本史料が書かれる前日（八月二一日）に開講し、「京町中教諭所」と称するという[20]。北小路龍は以前から聡長と親しい関係であり、京町中教諭所の開講の際に祭るため、聡長から聖人像を借りていた。これについて聡長は、学問の家として顔が立ったという感想を示している。そして、後日には正式の学校が設立されて上皇の願いが叶ってほしいと述べた。

この史料から、すでに光格上皇の生前から教育機関の設立を望んだ公家が存在したこと、それによると光格の在位中に教育機関設立の要望が幕府に示されていたこと、そして当時の公家社会では古代朝廷の先例のみならず、同時代の地下官人が設立に関わった京都町方の教育機関も意識されていたことが確認できる。

天保改革期には、関白鷹司政通が教育機関の設立について聡長と相談を始めている。天保一三年（一八四二）四月二日、聡長は政通に呼ばれ、鷹司邸で面談した。政通は堂上公家たちの風儀が宜しくないとして、「学校之事」について話した[21]。四月一四日には、聡長が武家伝奏日野資愛と「学校之事」について話した。聡長は翌一五日に鷹司邸を訪れ、再び「学校之事」について政通と話した。この日の議論によると、本件を「菅清両家」、つまり紀伝道の菅原氏、そして明経道の清原氏に担当させること、そして幕府に設立を申し出ることが考慮されていたことがわかる[22]。政通が勘解由小路資善に学習院御用掛の拝命を依頼したことは同年六月一五日であるが（［史料二］）、これより二ヶ月半ほど前から、政通は教育機関の設立について聡長と相談を進めていたのである。

聡長は同年五月八日、政通に「学校」の設立に関するさまざまな意見を提出した。同月二九日にも政通に呼ばれ、「学校之事」で政通が調べた事項について話を聞いた(23)。聡長の日記でその次に出てくる教育機関設立の関係記事が六月一四日のものであり、政通が資善と面談して学習院御用掛を命じた前日にあたる。

［史料四］「東坊城聡長日記」第三九冊、天保一三年六月一四日

依召参于関白殿、令出逢給、春来御沙汰有之候学校之事、今度被替御趣向、不称学校、称学習院可被設、仍別段之儀被尋所存、畏入了、何様共被設其院教化於有之ハ自然堂上風俗可復古歟、珍重之旨申入之処、予専可申沙汰之旨内命也、雖非其人当時一族無其人、固辞之時一族之者不預其事是亦無念、仍雖不及力御請申入了、且今一人被択人可被加申入之処、誰可然哉、清家在賢（舟橋在賢）・宣明（伏原宣明）等卿今少不叶思召、勘解由小路（勘解由小路資善）前宰相老輩、殊従元祖学業連続、此卿可然歟、多年学校之事望申之旨等申入了、御満足也、其分御治定了、退去帰宅

政通は、春から話を進めてきた学校のことについて今度方針を変更し、「学校」ではなく「学習院」という名称で設立したいとした(24)。そして、この考えについて聡長に異存があるかを尋ねた。聡長は、どういった呼び方であろうと、とにかく教育機関が設立されて堂上公家たちに対する教化ができれば、公家たちの風俗の復古、つまり古の良き気風を回復することができるだろうと肯定的に反応した。

政通は聡長に学習院の申沙汰、つまり臨時業務を執り行う奉行役を担当することを内命した。聡長は、自身は相応しい人ではなく固辞するのが正しいが、当時の菅原一族のなかでほかの適任者がいないため、やむを得ず本人が引き受けることにしたいと述べた。さらに、自身以外の一人を選び、奉行の役に加えさせることを提案した。政通は、誰が適任者であるかを聡長に尋ねた。ここで、清原氏の舟橋在賢と伏原宣明では思召しに適わないとの話があった（こ

れが聡長・政通どちらの言葉なのかは不明）。聡長は、資善が老練な者で、元祖の代から学業が連綿と続いた家柄[25]であるとした。資善が多年間、学校のことについて望みがあったとも付け加えた。政通は聡長の説明に満足してその提案を受け入れた。

聡長と資善は以前からお互いの学問的な能力を高く評価していた。文政一一年（一八二八）五月に資善は、勘解由小路家の二代目勘解由小路韶光[26]の百周忌の行事に際し、詩題の作成を聡長に依頼した。聡長は「梅雨憶昔」の詩題を出し、資善はこの詩題をもってほかの公家たちに詩文の執筆を依頼した[27]。資善は自身と親交のあった公家のなかでも、漢文の実力の面では聡長を特に信頼したことがわかる。

聡長も、以前から資善の学識を高く評価していた。天保六年（一八三五）一二月二日に聡長が禁裏御所で議奏三条実万と話した内容によると、聡長は、資善が学問に優れているため天皇への御前講義を担当させることを提案したことがあった。これを受けて実万が政通に相談し、政通が光格上皇に伺ったところ、肯定的な反応があったという[28]。前述の通り、資善はその翌年から御前講義を担当することになるが、その過程では、前年から御前講義を担当してきた聡長の推薦が重要な要素として働いたものとみられる。

（二）運営計画の具体化と幕府への設立要請

ここからは、鷹司政通の指示を受けた東坊城聡長と勘解由小路資善が教育機関設立に関わる業務に取り掛かってから、幕府に対する正式の設立要請にいたる過程を検討する。

政通が天保一三年（一八四二）六月一四日・一五日にかけ、聡長と資善に学習院御用掛の担当を命じたことは先にみた。翌一六日には、日野資愛が政通との面談で「学習院之事」について内々の話を聞いたことを武家伝奏御用日記に記している。資愛は七月五日にも政通から呼ばれ、「学習院之事」について指示を受けている[29]。

資愛はすでに四月一四日に、聡長から「学校之事」に関する話を聞いたことがある。[30]第一節でみた通り、資善は政通から「異見」の提出を求められた際にも、資愛と相談しながら政通に提出する書面を用意した。したがって、資愛は教育機関設立に関連する政通の意向を六月以前から把握できていたとみられる。そして政通は聡長・資善に学習院御用掛を命じてから、幕府への設立要請などを見込んで、武家伝奏の資愛も本格的に参画させることになったといえる。

六月一六日から約二週間にわたり、聡長はしばしば政通と資善・資愛に会って学習院について話している。学習院の建物の図面、組織の編制案と予算案の作成が目的であったとみられる。七月六日、聡長・資善は鷹司邸に行き、これらの計画書類を提出した。八月二八日には政通が聡長に学習院の編成・予算案をみせて異存の有無を確認し、資善にも聞いてみることを命じた。聡長は資善に書類を送付し、資善から異存がないとの返答を受けてこれらを政通に返却した。[31]政通は聡長と資善が七月六日に提出した計画書を検討して自ら手を加え、八月末になってこれらを再び聡長と資善に検討させたと考えることができる。

一〇月九日に政通は、「学校之事」について幕府と示談が済んだので間もなく武家伝奏を通じて表向きに設立許可を要請する予定であると聡長に伝えた。[32]政通は幕府側と内々に交渉し、教育機関の設立申請について了解を得ていたのである。翌一〇日には資愛が「習学所一件」に関する書取案文を政通に提出して検討を要請した。[33]所司代を通じて幕閣に示される表向きの設立要請書の草案にあたるものと思われる。武家伝奏が習学所設立に関する朝廷の要望を所司代に伝達したのは、これから一週間後の一〇月一七日のことである。[34]

一一月二〇日には、武家伝奏徳大寺実堅が聡長・資善を禁裏御所に呼び出した。これから幕府が学習院設立を承認すれば二人がその学頭を務めることを告げた。二人の心得のため内々に伝えられた仁孝天皇の意向であった。ほかの武家伝奏・議奏たちも出席していた。[35]聡長と資善はすでに政通の指示を受けて六月から学習院設立に関わる業務に携わっており、わざわざ武家伝奏・議奏衆を立ち会わせたうえでなされたこの通告は、内々とはいわれるが、（朝廷内部のこととしては）ほぼ表向きの設立宣言のようなものであったといえる。敢えてこの時点にこうした形で通告がなされたことから考えると、当時の朝廷は幕府の設立承認を楽観していたと判断できるであろう。

しかし、その後に幕府の返答は遅れ、朝廷側はかなり焦っていたようだ。資愛は一一月二八日、「習学所一件」について幕府の返答がないことについて所司代に尋ねた。この間関白から命じられたので問い合わせるものだと付け加えた。所司代は、未だ幕府の返答はないとした。幕府の返答が伝わったのは一二月一九日である。習学所について老中の間で「存寄」、つまり特段の意見はなく、これから京地で取り調べを行い、その可否が確定するのは翌天保一四年（一八四三）春になるとのことで、まずはこの通りに内々に伝えるとした(36)。

天保一四年（一八四三）には水野忠邦が幕政から退けられ、朝廷の教育機関設立に対する幕府の承認は弘化二年（一八四五）まで遅れたこと、学習院の開講は孝明天皇践祚後の弘化四年まで待たなければならないことは先述した通りである(37)。本件に関する幕閣内の議論の経過を記した史料は未だみつかっていない。ただ、天保一五年（弘化元年（一八四四））に政通が縁戚であった水戸の徳川斉昭に宛てた書簡で話したことによると、朝廷のさまざまな懸案について政通と相談した当時の所司代酒井忠義は、「学習所」の設立はおそらく可能であろうとの見解を示していた(38)。この時点の幕府は朝廷の設立要望そのものを却下するつもりではなく、財源の問題などにより承認を見送っていたものと思われる。

嘉永二年（一八四九）に孝明天皇から「学習院」の勅額が下賜され、これが朝廷内における教育機関の名称として事実上確定した。しかし、幕府側との連絡では「学習所」や「習学所」の名称が用いられた。設立・運営費用を支出する幕府に対し、この教育機関が簡素であるとの印象を与えるためであったと指摘される(39)。本章で検討した内容によると、教育機関設立の初期構想段階（天保一三年（一八四二）四月—五月）から担当業務の分掌と具体的な計画立案の段階（天保一三年六月—）へ、そして幕府に設立許可と支援を表向きに要請する段階（天保一三年一〇月—）へと移行するに伴い、関連史料における教育機関の呼称は学校→学習院→習学所へと変化している。構想を具体化し、幕府と内々の協議を進めるなかで、教育機関の名称が簡素な形に変わっていく様相が見て取れる。

以上、本節の検討により、鷹司政通が東坊城聡長・勘解由小路資善などと話し合いながら設立の準備を進展させる過程が明らかにされた。政通は設立構想についてまず聡長と相談を進めたうえで、設立関係業務の担当を聡長に依頼した。そして聡長の推薦を受けて資善を参画させた。聡長と資善は以前から朝廷の教育機関設立を望んでおり、聡長の場合、地下官人が関わった京都町方の教諭所設立のことも意識していたことがわかる。

政通は、朝廷が〈武家伝奏→所司代→老中〉のルートで表向きに設立許可を要請する前に、幕府側と内々に交渉して了解を得るという重要な役割を果たした。［史料二］の末尾で、政通が資善にみせたという幕府との往復書状が、こうした内々の交渉に関係している可能性もある。このように政通が予め幕府の了解を得てから、武家伝奏日野資愛が正式の設立要請を所司代に伝えた。政通は、教育機関設立の計画立案にも細かなところまで関与していた。計画進展の段階による機関の名称変化からは、幕府の承認を念頭において構想が妥協的ないしは現実的な形に変わっている様子が窺われる。

第三節　朝廷の意思決定過程と鷹司政通の役割

(一)「異見」収集の意味

本節からは、まず関白鷹司政通が行った「異見」収集の意味、次に「異見」を求めた動機と幕府天保改革との関係を分析する。そして、教育機関の設立に向けた朝廷の動きを主導したのが政通であることを改めて確認し、その歴史的な意義の考察に進みたい。

政通は学問に優れて能力のある公家たちと朝廷のさまざまな懸案について緊密に相談し、それに関わる仕事を彼らに担わせていた。嘉永三年（一八五〇）に京都町奉行が老中に提出した朝廷情勢の探索書「官家風聞書」では三条実万・東坊城聡長などが博学の人で、とりわけ実万は政通から万事について相談を受けていると記述される(40)。政通と聡長との緊密な意思疎通を示す事例は本書の第六章でも検討しており、また先行研究でも指摘されている(41)。ペリー来航に近い時期になると、対外関係の変化を注視していた徳川斉昭が姻戚の政通に関連情報を提供し、政通はその情報を聡長と共有することがあった(42)。

ただし、政通は個別案件の性格によって相談する公家を選んでおり、各々の公家に提供される情報も異なっていたようだ。たとえば、実万は天保一三年（一八四二）四月二一日に政通から律令封禄再興構想の内容に関する概略的な説明を受けているが(43)、この頃の政通が聡長に同様の情報を提供したという記録はない。一方で、政通は同年四月から教育機関の設立構想について聡長と相談を続けているが、同じ頃の政通が実万と本件について相談した形跡はみられない。

［史料一］によると、天保一三年六月の政通は議奏の経歴をもつ勘解由小路資善に幕府の「政事改革」に対応した「異見」の提出を求めた。その過程では当時の議奏である実万も関わった。一方で聡長は、教育機関の設立については政通にとって重要な相談相手であったが、同年の政通が聡長に、幕府の改革に関連して相談したり、意見を求めたりしたという記録はない。聡長の日記では琉球使の訪問(44)や江戸城の火災(45)など、朝廷外部の政治動向に対する関心がしばしばみられる。資善が政通から受けたような指示を聡長が受けたにもかかわらず、これを本人の日記で省略したとは考えにくい。

［史料一］で実万が資善に伝えたことによると、政通が「異見」を求めた対象は武家伝奏・議奏とその経歴者であ

った。聡長は天保一〇年（一八三九）七月一六日に議奏加勢に任じられ[46]、それ以降に議奏の職務にあたった経験はある。しかし、天保一三年当時まで正式に議奏を務めた経歴はもたなかった。そのため、［史料一］のような「異見」収集の対象からは外されたものと思われる。

ただし、天保一三年（一八四二）六月当時のほかの武家伝奏・議奏在役者、および当時存命中の在役経歴者[47]の日記のうち現存するものでは、［史料一］のように政通が「異見」を求めたという記事は現れない[48]。［史料一］によると、資善に対して「異見」を求めた主体が政通であった点も見逃せない。言い換えれば、これは仁孝天皇の指示ではなかったのである。

当時の政通は摂政ではなく関白であり、その公的な役目は天皇の代行ではなく、あくまでも天皇を補佐することである。したがって、現存の史料からすれば、政通の「異見」収集を朝廷の公的な動きとは評価できない。政通が武家伝奏・議奏およびその経歴者のうち、信頼できる者を対象に、非公式で内々に意見を求めたと判断するのが妥当である。［史料二］の末尾で実万が資善に、本人を通して政通に「異見」を提出するように述べていることも以上のような判断を裏づける。もともと当時の公家たちが天皇と意思疎通をするためには議奏を通じることになっているため、当時の実万が仁孝天皇の指示を受けて議奏として動いていたのならば、かかる付け加えは必要ない。つまり、ここで実万は天皇から発せられた朝廷の表向きの指示ではなく、政通個人の内々の指示を受けて資善と接触していたのである。「異見」の提出を求められた資善は言路が開かれたと喜んでいるが、この際における朝廷内の言路の開放とは、政通の意向を反映して極めて選別的に、かつ限定的になされていたのである。

（二）「異見」収集の動機

ここからは、鷹司政通の「異見」収集と幕府の改革がどのような関係にあるかを具体的に分析したい。

幕府では天保一二年（一八四一）閏正月に大御所徳川家斉が死去し、家斉の権勢を支えた者が幕政から次々と排除された。同年五月には江戸城にて、享保・寛政の改革を模範とした改革の方針が幕府役人たちに告げられ、天保の改革が本格化する。それ以降、幕府は紀綱の粛正、奢侈の抑制と倹約の奨励、学芸振興策を実施していく(49)。かかる幕府の改革政策のうち、倹約に関する方針は間もなく朝廷にも伝わっていた。武家伝奏日野資愛の天保一二年六月一四日の御用日記によると、資愛は前日に禁裏付武家から質素倹約に関する幕府触を伝達され、これを政通に報告した。政通は、普段通りに適宜処理せよ（「如例宜取斗」）と指示していた(50)。

この質素倹約の触について、政通が直ちに何らかの特別な対応を図った形跡はない。資愛の御用日記によると、資愛はたびたび朝廷内部のことに限らない内容の幕府触書を禁裏付から伝達されてこれを政通に報告し、朝廷での告知の必要などについて指示を受けることがあった(51)。天保一二年の段階で、質素倹約の幕府触に対する朝廷側の公式対応は、慣例的な業務の一環として公家らに告知された程度のものだったと思われる。

三条実万は翌天保一三年五月一〇日の日記で、幕府から伝わった倹素の奨励と浮華の禁止の方針を肯定的に評価している。実万は、町方に住む公家家来の間違った行いに懸念を示しながら、三条家の家来たちに本人の考えを話しておいたとも記している(52)。天保の改革が朝廷運営に本格的な影響を及ぼすのもこの頃からである。同月一四日の資愛の御用日記によると、「関東改革」を受けて朝廷の口向役人らに節倹の方針を伝えることを禁裏付が要請した。資愛は翌一五日、これを政通と議奏に伝達した。禁裏付が資愛に話したことによると、同様の指針は御所の女房衆にも伝わっていた。

一ヶ月後の六月一三日、資愛は所司代が伝達した書取切帋について政通に報告するが、これは「関東政事」で享保・寛政の趣旨を模範にするとの内容であった。一年以上前の天保一二年五月、江戸城で幕府役人たちに向けて通達された改革の方針である。ところで、所司代が伝達した書類は天保一二年一一月三日付のものであった。資愛は、所司代に事情があって内々に理解を請うてきたと日記に記した。所司代はこのとき、幕府役人に出された政治改革方針を一年以上が経ってから朝廷へ伝えることになった経緯、そして、書類が天保一二年一一月三日付となった経緯を資愛に説明したものと思われるが、具体的な内容は記されていない。資愛はこの書類の内容を議奏に伝達し、幕府側には天保一二年一一月四日付で受取の返信を遣わした[53]。天保一三年七月六日の勘解由小路資善の日記、そして五条為定の日記によると、武家伝奏が上記のような幕政の方針を公家たちに告知したことがわかる[54]。

幕府の対朝廷政策の実施過程は次のように整理できる。幕府は天保の改革の一環として、御所の役人と公家社会を対象に支出抑制と倹約を求めた。武家社会および庶民に対する改革政策と同様の基調であったといえる。ただし、幕府がその方針を朝廷政策に本格的に適用するまでには一年ほどの時間がかかった。このときになって、幕府は天保の改革全体を貫く政治改革方針を朝廷に対して初めて正式に説明した。

幕府側からの倹約要請と改革方針の説明は、政通が幕府の「政事改革」に対応することを唱えて資善の「異見」を求める視点（天保一三年六月七日、［史料一］）と同じ頃のことである。政通は、前年からの幕府政策全般を意識したのみならず、幕府が朝廷に要請した内容について対応策を模索したからこそ、こうした動きを示したと考えるのが妥当であろう。

政通が資善から「異見」を提出された後、資善を自邸に呼び出して面談した内容（天保一三年六月一五日、［史料二］）は、ほとんどが教育機関の設立に関するものであった。すでに政通が東坊城聡長と二ヶ月以上かけて議論を進めてきた案件である。政通・資善面談の前日に、聡長は設立業務の分担者として資善を推薦し、政通の承諾を受けていた（［史料四］）。資善に対する政通の「異見」収集は、結局のところ、政通がそれ以前から構想した教育機関の設立に関わる仕事を資善に分担させる機会として機能している。

幕府は天保改革の一環として、武士の紀綱を改めるために学芸を奨励していた[55]。政通は、天保改革による幕府政策全般の情報が朝廷へ知られる段階から内々に教育機関の設立構想を始め、朝廷に対する改革方針の適用が本格化されたことを受けて設立構想に一層拍車をかけ、これを朝廷運営および対幕府交渉の懸案として浮上させたといえる。

教育機関の設立は新規のこと、つまり、従来にはなかったものを新たに作ることである。朝廷の組織と施設が拡大し、新規の支出が発生することになる。いずれも、幕府が朝廷に求めた支出抑制や倹約とは方向性が逆である。ただし、前記の通り、武士の紀綱を改めるため学芸を奨励することも天保の改革政策の一部であった[56]。朝廷にとっても、教育機関の設立は公家の紀綱粛正を目的として掲げることができる要望事項である。実際に、天保一三年（一八四二）一〇月、武家伝奏を通じて朝廷から幕府へ表向きに伝達された習学所設立の要望書にはこうした論理が盛り込まれていた[57]。幕府が嫌う新規の財政支出を伴いながら、なお幕府の天保改革の方針に適っているといえる要望であった。この要望については幕府の了解も得られており、以降、幕府の内部事情により正式な承認が見送られることはあったものの、最終的には学習院開設の実現にいたることができた。天保改革の方針を朝廷に適用する幕府の方針が伝達された後、教育機関の設立に一層拍車をかけた政通の対応には、幕府の規制強化を逆手にとって目標の実現を図るという絶妙な発想があったようにもみえる。

(三)　鷹司政通の主導的な役割とその意味

幕府は天保改革の政策方針を朝廷に適用することを表明し、鷹司政通はそれに対応するなかで教育機関の設立構想に拍車をかけた。この事実が近世後期における朝廷の変化のなかでどのような意味をもつかを考える必要がある。

もっとも、政通の動きをそのまま朝廷の動きとして評価することはできない。教育機関の設立に関する公家社会の念願が、天保一三年（一八四二）より前から存在したことも先に検討した通りである。したがって、教育機関の設立構想を素材として当該期における朝廷の変化を考察する前に、この構想の具体化を政通が主導したこと、かつ、政通は、たまたま関白に在職していたので本件に関与したというよりは、彼自身が積極的な意志をもって動いたとみるべきということを論証したい。

かかる評価ができる理由としては第一に、教育機関設立の必要性を主張する論理を取り上げることができる。先述した通り、東坊城聡長の日記のなかで、教育機関の設立に関わる政通との相談の事実は天保一三年（一八四二）四月二日から確認できる。この日、政通は「学校之事」を言い出す前提として「堂上公家たちの風儀が良くない（堂上面々風儀不宜）」と述べていた(58)。堂上公家の風儀を問題とする論理は、同年一〇月に武家伝奏が所司代に伝えた習学所の設立要望書にも盛り込まれている(59)。政通が聡長との面談で言い出したことが、幕府へ正式に示された要望のなかにも反映されたのである。

第二の理由は、本件に携わった聡長・資善らが常に政通の意向を伺いながら仕事を進めており、実務レベルの事柄にも政通が細かいところまで関与したことである。これらの案件に対する政通の関与は、聡長や資善が立案した書類を検討して承認するにとどまることではなかった。政通自らが編制案や予算案に手を加え、再び聡長と資善に検討させたことは前述した。聡長と資善が天保一三年（一八四二）七月六日に提出した学習院の建物の図面をみた政通が、本人の「御好」を交えた修正意見を示したこともある(60)。仮に、この設立構想がほかの誰かにより主導されたもので、政通は機械的に関与するに過ぎなかったのであれば、政通がこのように行動する可能性は高くないのではないか。

政通には、すでに朝廷旧制復古の構想を自ら具体化したことがある。本書第三章で検討した律令封禄の再興構想が一つの事例である。この構想は光格上皇と仁孝天皇の意向を受けたものであり、特に光格上皇の意向が大きく働いたとみられる。しかし、幕府との複数の交渉で準拠資料となった再興計画案「朱墨井蛙」は、政通本人が膨大な関連資料を調査して執筆したものである。

三条実万は天保一三年（一八四二）四月にこの再興構想に関する話を政通から聞いたと記すが、ここでは、構想の趣旨がやたらと長文で記されている[61]。このような記事の書き方からすると、これは実万が政通から本構想について初めて聞いた説明にあたるのではないかと思われる。資善も、政通との面談の場で関連する書類を示されるまでには、本構想の内容について具体的には把握できていなかったようである（天保一三年六月一五日、［史料二］）。

教育機関設立構想の推進過程でも、政通は構想内容の具体的なレベルにいたるまで自ら手を加え、幕府と内々に協議を進めていながら、朝廷内での関連情報の共有には抑制的であった。前述した通り、天保一三年（一八四二）中の政通は律令封禄再興構想についてては実万に具体的に説明するが、教育機関のことについて具体的な説明や相談をした形跡はみられない。本件は、新規の構想に臨む政通の姿勢が典型的に現れている事例といえる。

教育機関の設立構想で政通が主導的な役割を果たしたことを裏づける第三の理由として、本構想をめぐる政通の動向を仁孝天皇のそれと比べた際、政通の主導性が明確になるという点がある。つまり、この構想に関わる政通の役割が、単純に仁孝天皇の意向を受けてそれを補佐することにとどまったとは考え難いということである。

この頃、設立の仕事に主に関わった聡長・資善と日野資愛などが、仁孝天皇から教育機関設立に関する指示を受けたり、あるいは議奏が教育機関設立に関する天皇の指示を彼らに伝達したりしたという記録はみられない。もっとも、聡長らが日記で関連する出来事を書きそびれている可能性や、そもそも彼らが、天皇の表向きの言動ではなく、その内々の意思表示について詳しく書くことを憚った可能性を理論的には排除できない。しかし、彼らと仁孝天皇との意思疎通の様相をみると、かかる想定は難しい。聡長は天保六年（一八三五）閏七月一二日の御前講義で、官庫に張居正の著作『帝鑑図説』が所蔵されているか否かについて仁孝天皇から質問を受け、知っている限りで返答した。御前から退出した聡長は、この件について改めて調べたところ、御前で返答した内容を訂正する必要があると思い、議奏を通じて天皇に報告したことを日記に記している[62]。天保一三年八月には政通が太政大臣に任じられるが、仁孝天皇は同年七月二〇日に武家伝奏二人を御前に呼び出し、政通の太政大臣叙任について何らかの指示を下したという[63]。太政大臣叙任を告げる詔書の作成は、表向きには大内記の担当となったが、実際に文面を作成したのは聡長であった。これも仁孝天皇の指示によることであった[64]。先に述べた通り、聡長は当時の朝廷で学才を認められており、仁孝天皇は聡長への信頼から、詔書作成の形式的な手続きとして大内記に指示することとは別に、天皇個人の意向によって聡長に内々の指示を下したのである。

言い換えれば仁孝天皇は、形成的な表向きの意思表示とは別に、内々に個人としての意思を表明し、これを朝廷運営に反映させることがあった。その周辺の公家たちは天皇の表向きの言動のみならず、内々の言動についても日記に記すことがあった。天皇のこうした意思表示が、御前講義など学問的な活動の場に限られたわけでもない。したがって、教育機関の設立について仁孝天皇が何か独自の意思表示をするか、詳しい指示を下したとすれば、これが聡長・資善らにとって記録を憚るべき出来事とは考え難い。むしろ、その内容を詳細に記したうえで、公家たちの教育に対する天皇の見識と関心について恐悦と感謝の念を表すことになるのではないか。

にもかかわらず、天保一三年（一八四二）中に仁孝天皇やその意思を取り次ぐ議奏らが、聡長・資善らに対して教育機関の設立について指示するような動向は、彼らの現存の日記には記されていない。本件に関わる動向が現存の史料から漏れており、その役割が小さくみえている可能性は、天皇と関白の両方に対して想定できることである。

したがって、光格上皇死去後、幕府の天保改革と同時期に始動し、孝明天皇践祚後の学習院開設につながる朝廷の教育機関設立構想は、仁孝天皇が主導して政通が専ら天皇の意向を補佐する形で進んだというよりは、構想の初期段階から計画の具体化と対幕府交渉にいたるまで、政通がイニシアティブをもっていたと考える方が妥当である。

松澤克行氏は学習院の開設を、摂家の統制下にあったものとは異なる文化的空間の登場と評価した[65]。そして、学習院の開設につながる教育機関の設立構想では古代の大学寮が先例として意識されていたことが、所司代に伝達された習学所設立の要望書から確認できる[66]。つまり、近世後期の朝廷にとって公家教育機関の設立とは、古代朝廷の教育制度を復古する意味をもつと同時に、公家たちが摂家の統制から離れていく可能性にもつながることであった。こうした構想の具体化を、ほかでもない関白鷹司政通が主導したのである。

おわりに

本章では、水野忠邦政権期の江戸幕府が断行した天保の改革に朝廷が対応する過程を、関白鷹司政通の役割に焦点をあてて検討した。政通が天保改革への対応を掲げて公家の意見を収集し、教育機関の設立構想に拍車をかける過程、かかる政通の行動に直接の動機を与えたとみられる幕府の対朝廷政策の実施過程を明らかにし、かかる一連の動きのなかで、政通自身が積極的な意志をもって主導的役割を果たしたことを論証した。まずは本章で明らかにしたことをまとめ、その歴史的な意味について考えてみたい。

政通は天保一三年（一八四二）春から、当時の朝廷で学問の能力を認められていた東坊城聡長との相談を通じて教育機関の設立構想を具体化していた。幕府が天保改革の方針を朝廷に適用することを本格化した頃、政通は、聡長と同じく朝廷内で学識を認められていた勘解由小路資善にその対応策に関する意見を求め、それを契機に、資善も教育機関の設立に関わる仕事に携わることとなった。政通は、朝廷が幕府へ教育機関設立の許可と支援を正式に要請する前から、幕府と内々に交渉して設立要請について了解を得た。それとともに、聡長などと緊密に意思疎通を続けて構想を練っていった。一方、同年の政通や聡長・資善が、仁孝天皇から教育機関の設立に関する特段の指示を受け、それが構想を具体化する過程に影響を与えた形跡は特にみられない。当時の仁孝天皇が教育機関の設立構想について全く了解していなかったとは思われないが、光格上皇の死去後における本構想の具体化は、どちらかというと、仁孝天皇よりは政通の主導によって進む様相が現れている。

幕府が天保の改革を契機に朝廷の各御所の役人と公家社会の人々に求めたことは、財政支出の抑制と倹約であった。これは幕府の改革方針一般と軌を一にする措置であり、朝廷を特別に規制・弾圧したとみることはできない。しかし、かかる幕府の要求は、とにかく朝廷としては好ましくないことである。

天皇を補佐して朝廷運営を統括する関白の職掌に照らしてみれば、教育機関の設立構想を進展させることは、朝廷がおかれた好ましくない状況を受けた関白の行動として合理的な側面が確かにある。教育機関の設立とは、支出の増加と組織の拡大を伴いながら、なお学芸の奨励と紀綱の粛正という天保改革のもう一つの方向性には合致している。幕府の要求をただ単に受け入れて従うのではなく、幕府の要求を逆手にとって朝廷の要望を貫徹させる関白の能力が天皇や公家たちに示されるという点で、実に大きな政治的効果をもつ絶妙な目標設定であったといえる。

一方で、関白という、政通が朝廷内でもつ職の立場ではなく、もう一つの立場、つまり家としての摂家の当主という立場からはどのように評価すべきであろうか。先行研究が指摘する通り、教育機関の設立は公家社会にとって、摂家の統制下にあったものとは異なる文化的空間の誕生を意味する側面がある。さらに、制度化された教育機関を通じて公家たちを教化することは、摂関期以前の朝廷の姿、つまり、特定の個人や家に帰属しない公的機関と制度による人材育成システムの復古にあたることでもあった。かかる構想が、現職の関白で藤原氏の氏長者である政通の主導により具体化されたのである。

つまり、政通は、幕府の天保改革と、その改革方針の朝廷への適用という政治情勢への対応を模索するなかで、自身の家が朝廷・公家社会で権威と権力を維持するため有利に働くとは限らない構想に拍車をかけたことになる。これを、近世後期における朝廷の変化を論ずるにあたってどのように評価すべきであろうか。ここで本書全体に関わる論点が浮き彫りになったように思われる。これに関する考察を、終章においてさらに深めたい。

(1) 北島正元『水野忠邦』(吉川弘文館、一九八七年)、藤田覚『幕藩制国家の政治史的研究』(校倉書房、一九八七年)、同『天保の改革』(吉川弘文館、一九八九年)、坂本忠久『天保改革の法と政策』(創文社、一九九七年)。
(2) 清水光明『近世日本の政治改革と知識人』(東京大学出版会、二〇二〇年)、同「尊王思想と出版統制・編纂事業」(『史学雑誌』一二九(一〇)、二〇二〇年)。
(3) 本多辰二郎「学習院創建及其沿革」(『史学雑誌』二六(四)、一九一五年)、大久保利謙「幕末京都の学習院」(大久保『明治維新と教育(大久保利謙歴史著作集4)』吉川弘文館、一九八七年)。
(4) 東京大学史料編纂所蔵。全二冊。各々の表題は「資善卿日記　天保三年」「資善卿日記　天保十三年」である。資善の日記としては、これとは別に宮内庁書陵部所蔵図書寮文庫「資善卿記」全五冊も伝来する。編纂所・書陵部所蔵本のいずれも資善の自筆とみられ、日記の体裁は概ね同様であるが、記事の年代は重なっていない。したがって、同じ日記が何らかの経緯で分散したものと思われる。
(5) 本書第四章を参照。
(6) 宮内省図書寮編『仁孝天皇実録』一一二七―一一三一頁、および本書第六章。
(7) 「資善卿記」第五冊、弘化三年二月九日。
(8) 池尻暉房は文政二年―天保六年の議奏。勘解由小路資善は天保三―一〇年の議奏。近世の武家伝奏・議奏の補任については、「武家伝奏・議奏一覧」(児玉幸多ほか監『日本史総覧補巻Ⅱ　通史』新人物往来社、一九八六年)による。
(9) 原文では「意見」の「意」の右側に「異」の字が併記されており、最初は「意見」と書いていたものを、同じ発音の「異見」に訂正していることがわかる。「異見」の表記は、同じ日記内の後続の記事でも繰り返し用いられている。この案件について資善が意識的に使用した表記といえる。
(10) 「資善卿日記」天保十三年。
(11) 「資善卿日記」天保十三年。
(12) 「資善卿日記」天保十三年。
(13) この構想について、詳細は本書第三章を参照。
(14) 辻本雅史・沖田行司編『教育社会史(新体系日本史16)』(山川出版社、二〇〇二年)第六章。
(15) 宮内庁書陵部所蔵図書寮文庫「東坊城聡長日記」第三九冊。
(16) 本書第四章を参照。
(17) 本多「学習院創建及其沿革」四〇二―四〇六頁、大貫大樹『竹内式部と宝暦事件』(錦正社、二〇二三年)四八七頁。

(18)　北小路寵は地下官人であり、朝廷での所属は典薬寮であった（地下家伝芳賀人名辞典データベースによる。検索日：二〇二三年一月二八日）。

(19)　教諭所の設立に際し、北小路寵は養子三郎の名義で設立申請を出していた（京都府教育会編『京都府教育史（上）』京都府教育会、一九四〇年、一七五頁）。聡長の日記と照合すると、地下官人としてではなく、町人として町奉行所に請願するために町人の身分である養子の名義を用いたということになる。近世朝廷の地下官人の一部は、もともと町人・百姓の身分で別の生業をもっていたことが知られている（西村慎太郎『近世朝廷社会と地下官人』吉川弘文館、二〇〇八年）。普段は町人か百姓の身分で、一時的に地下官人の名義をもって朝廷に出仕する者もいれば、専業の地下官人身分でありながら、町人・百姓身分をもつ家族の名義を使って町人・百姓として活動する場合もあった。ひいては、地下官人が町人・百姓の同居者の名義を偽造してその身分として活動する場合もあった。近世の京都でしばしばみられることであった（尾脇秀和『壱人両名』ＮＨＫ出版、二〇一九年、第二章・第六章）。

(20)　教諭所は天保三年（一八三二）に設立申請がなされ、その翌年に許可を受けて開設されたが、経営上の問題で天保六年に一旦閉校した。再度町奉行の許可を受けて開講したのが天保一一年八月二一日である（京都府教育会編『京都府教育史（上）』一七五—一七八頁）。

(21)　「東坊城聡長日記」第三九冊。

(22)　「東坊城聡長日記」第三九冊。

(23)　「東坊城聡長日記」第三九冊。

(24)　この引用部分は大久保「幕末京都の学習院」二五頁で、「学習院」名称の由来を考察する文脈のなかで一部参照されているが、これに関わる聡長と政通の動きについて具体的な分析はなされていない。

(25)　勘解由小路家は藤原氏日野流烏丸家出身の勘解由小路資忠により開かれた新家である。資忠を継いだ勘解由小路韶光は伊藤仁斎と学問的な交流が活発で（石田一良『伊藤仁斎』吉川弘文館、一九八九年、八九—九一頁）、天和元年（一六八一）には学問料として米一〇〇俵を永久に拝領することになった（東京大学史料編纂所蔵「勘解由小路家譜」）。勘解由小路家の来歴について［史料四］で言及される内容は、主に韶光の事績が念頭におかれたものと思われる。

(26)　韶光の事績については注(25)を参照。

(27)　「資善卿記」第二冊、文政一一年五月四日・七日。

(28)　「東坊城聡長日記」第三二冊、天保六年一二月二日。

(29)　国立公文書館所蔵内閣文庫本「公武御用日記（日野資愛卿記）」第一一冊。

(30)「東坊城聡長日記」第三九冊。
(31)「東坊城聡長日記」第三九冊。
(32)「東坊城聡長日記」第三九冊。
(33)「公武御用日記（日野資愛卿記）」第一二冊。
(34) 大久保「幕末京都の学習院」二一一―二一三頁。
(35)「東坊城聡長日記」第三九冊。
(36)「公武御用日記（日野資愛卿記）」第一二冊。
(37) 大久保「幕末京都の学習院」二二一―二二三頁。
(38)「弘化元年カ三月三日　鷹司公答書　歴代院号改正等ノ件」（東京大学史料編纂所蔵『徳川圀順家文書1　聿脩叢書（王室上）一ノ上』（写真帳）二八―三二丁）。
(39) 大久保「幕末京都の学習院」二五頁。
(40) 荒木裕行「京都町奉行所における朝廷風聞調査について」（松澤克行研究代表『近世の摂家・武家伝奏日記の蒐集・統合化と史料学的研究』科研報告書（平成二二―二五年度）、二〇一四年）一〇一頁。
(41) 佐藤一希「文政・弘化期の朝廷における新清和院の地位」（『史林』一〇五、二〇二二年）四七頁。
(42) 遠山茂樹『明治維新と天皇』（岩波書店、一九九一年）一一頁、家近良樹『幕末の朝廷』（中央公論新社、二〇〇七年）一〇四頁、一一六―一一七頁、二六〇―二六一頁。
(43) 東京大学史料編纂所蔵「三条実万公記」第三冊。この第三冊には実万が天保一三年に書いた数種の日記が合冊されている。ここで参照した記事は「愚記　天保十三年　嫡孫承祖父母喪ノ事」所収のものである。
(44)「東坊城聡長日記」第二九冊、天保三年一〇月二八日。
(45)「東坊城聡長日記」第三一冊、天保五年二月二〇日、第三五冊、天保九年四月一六日、六月二五日、第四二冊、天保一五年月一五日。
(46)「東坊城聡長日記」第三七冊。
(47) 天保一三年六月当時の武家伝奏・議奏在役者、および当時存命中の在役経歴者を以下に示す（「武家伝奏・議奏一覧」による）。
・武家伝奏：徳大寺実堅・日野資愛
・議奏：三条実万・坊城俊明・広橋光成・橋本実久・飛鳥井雅久

・両役経歴者：日野西延光・万里小路建房・池尻暉房・鷲尾隆純
(48) 政通の「異見」提出要望を資善に伝達した実万の日記についていえば、現在の「三条実万公記」の天保一三年分は六・七月の記事を欠いている。一方、政通の天保一三年の日記は現存しない。
(49) 北島『水野忠邦』二五三―二九一頁。
(50) 「公武御用日記（日野資愛卿記）」第一〇冊。
(51) 「公武御用日記（日野資愛卿記）」第二冊、天保八年六月六日・一七日、第三冊、天保八年七月二三日・一〇月二九日・一一月一一日・一二月八日、第九冊、天保一二年四月一一日等。
(52) 「三条実万公記」第三冊「愚記　天保十三年　嫡孫承祖父母喪ノ事」。
(53) 「公武御用日記（日野資愛卿記）」第一一冊。
(54) 「資善卿日記　天保十三年」、宮内庁書陵部所蔵図書寮文庫「菅葉」第一二冊。
(55) 北島『水野忠邦』二八八―二九一頁。
(56) 同右。
(57) 大久保「幕末京都の学習院」二二一―二二二頁。
(58) 「東坊城聡長日記」第三九冊。
(59) 注(57)と同じ。
(60) 「東坊城聡長日記」第三九冊。
(61) 「三条実万公記」第三冊「愚記　天保十三年　嫡孫承祖父母喪ノ事」四月二一日。
(62) 「東坊城聡長日記」第三二冊。
(63) 「公武御用日記（日野資愛卿記）」第一一冊。
(64) 「東坊城聡長日記」第三九冊、天保一三年八月六日・一〇日。
(65) 松澤克行「近世の公家社会」（大津透ほか編『岩波講座日本歴史12　近世3』岩波書店、二〇一四年）六〇―六一頁。
(66) 大久保「幕末京都の学習院」二二一頁。

終章　朝廷運営と鷹司政通の役割

本書では、一九世紀前半における朝幕関係の展開、そして朝廷運営にみられる学問・思想面の変化を検討した。全体にわたり、当時の関白鷹司政通が果たした役割に留意して分析を行った。ここでは、各章で明らかにしたことを本書全体の論点に即してまとめ、若干の課題を示しつつ議論を結びたい。

第一節　関白鷹司政通の役割と「鷹司家の朝廷支配」の真相

井上勝生氏は、寛政以降の朝廷運営が「鷹司家の朝廷支配」として展開していったと論じる。鷹司政通と孝明天皇が対立するなかで天皇が政治的に浮上する幕末期朝廷の政局展開を理解する前提として提起された歴史像である(1)。しかし、かかる立論を近世後期朝廷の実態から検証する作業は不十分である。肝心の鷹司家の動向を具体的に踏まえた説得的な分析は、未だ提示されていない。当該期に長く関白を務めた政通の思考と行動に関する検討が進んでいないことがその重要な理由である。

以上のような問題意識に基づき、本書では朝廷内の意思決定過程および江戸幕府との交渉過程における政通の動きを検討し、以下のことを明らかにした。

（二）朝廷の意思決定を主導した鷹司政通の役割と天皇・上皇

関白在職期の鷹司政通は、幕府・武家社会との儀礼的な交際の面における朝廷の位相の強化（第一章）、公家・地下官人らに対する恒久的な支援の枠組みを新たに創出することによる朝廷内部の統制強化（第三章）、朝廷の内外に示される天皇権威の荘厳化（第六章）、制度化された機関を通じた教育による公家の意識改善（第八章）など、朝廷のあり方、あるいは朝廷の位相に変化をもたらす、さまざまな新規の構想に関わる主導的な役割を果たした。

かかる構想が進むなかで、政通は自身の意志を貫徹させることに積極的であった。律令封禄の再興構想による封禄支給計画案「朱墨井蛙」は、政通が自ら執筆して手元におき、他人にみせることがあまりなかったといわれる。政通は一〇年以上にわたって関連資料の調査・考証と計画案の修正を続けていた（第三章）。天皇号・漢風諡号の再興にあたり、漢風諡号の考案を天皇から表向きに命じられた東坊城聡長ら菅原氏は、政通の内命を受けて諡号案の修正を繰り返さなければならなかった。これは、すでに諡号再興について幕府の内諾が得られた時点での出来事である（第六章）。政通は、再興自体の実現にとどまらず、再興される漢風諡号についても本人の望みを反映させるべく、意欲をもって動いたのである。政通は、学習院の開設につながる教育機関の設立計画についても、ただ単に天皇の意向を受けて機械的に動くのではなく、構想の初期段階から自らが主導して計画を推し進めている（第八章）。

以上のような案件の処理過程において政通は、自身が主導権をもちながらも、ほかの朝廷関係者を軽視して独断的に動いているという印象を与えないように心掛けた。実際には政通自身が主導的に立案した律令封禄の再興計画について、建前上は天皇・上皇の意向を受けて行動することを強調していた（第三章）。光格・仁孝天皇の漢風諡号選定にあたっては、表向きには紀伝道の菅原氏が重要な役割を果たす形になるように配慮し、聡長については特に気を遣う姿勢を示した（第六章）。

もっとも、ほかの朝廷構成員たちが政通をどう思っていたかは別問題である。仁孝天皇からその学問の能力を評価されて経書の御前講義を担当し、「翰林之生」としての自負があった聡長は（第四章）、本人ら菅原氏が天皇から表向きに命じられた漢風諡号の考案について政通が内々に口出しすること（第六章）をどのように思っていたのか。しかも、その口出しが、町儒者であった伊藤東峯の意見を踏まえたものであったこと（第六章）を聡長が察知できたのならば、聡長の目には政通の行動がどのように映ったのであろうか。政通には、幕府から求められた家斉の太政大臣昇進に一定の抵抗感があったようだが（第一章）、先例をこじつけて幕府の要望を受け入れさせた主役が政通であったことは変わらない(2)。当時の勘解由小路資善は、家斉の太政大臣昇進を批判的に捉える言説を日記に書き留めているが（第一章）、かかる批判意識は、その昇進を可能にした政通への批判と結びつく可能性も排除できない。家斉没後の院号選定にあたり、近衛忠煕が院号案として朝廷に提出した「文恭」をみた政通は、これは摂家の誰かが提出したものと推測できたにもかかわらず、これを父鷹司政煕の院号に流用した。忠煕が政通に反感を抱いたとしてもおかしくない状況であった（第七章）。序章で述べた通り、佐藤雄介氏は、徳川家基の追贈など幕府の無理な要望に応えたうえで何らかの見返りを得ようとする政通の姿勢が、朝廷内の反発を生じさせた可能性を指摘する(3)。これらの事例は、条約勅許問題をめぐって「鷹司家の朝廷支配」への抵抗が本格化する重要な端緒を提供しているといえる。

つまり、朝廷運営に臨む政通の姿勢からは、天皇・公家らの立場に配慮した側面と、逆に反感を招来した側面がともに見出される。が、ここで注意すべきなのは、朝廷のさまざまな案件の処理過程を掌握していた政通と、天皇・上皇や他の公家たちとの対立が表面化して政治問題化した事例が、一九世紀前半の段階では、管見の限り確認できないことである。

家斉の太政大臣昇進による御礼使者の派遣要望や律令封禄の再興構想など、朝廷が幕府に対して先例の範囲を超える新規の要望を提起する際に、政通と光格上皇は頻りに、緊密に意思疎通を行っていた（第一章・第三章）。政通と光格との関係に対する村和明氏の指摘に通じるところである(4)。光格の死去後、政通が古義堂の伊藤東峯に光格諡号の考案を依頼する場面では、政通が光格の事績を非常に高く評価しており、かなり尊敬の念をもっていたことが窺われる（第六章）。

近世の天皇と関白・摂家との関係が、常にこのように良好であったわけではない。個性の強い天皇は、関白・摂家らと衝突することがしばしばあった。一七世紀後半、霊元天皇（貞享四年（一六八七）からは上皇）は近衛基熙と対立を続けていた。(5)霊元は幕府が重用した関白・摂家を軽視して朝議を運営し、近臣・院参衆の組織を再編して親政・院政を進め、朝廷に従来にない強硬な主従制支配を展開したと評価される。基熙は霊元に批判的であり、延宝八年（一六八〇）、関白の職が「尸位之様」にみえると老中への内報を試みたこともある。特に霊元上皇の院政第一期（貞享四年（一六八七）―元禄六年（一六九三））(6)には、朝議運営をめぐる霊元と基熙・幕府側との確執が絶えなかった。霊元は公家に対する勅勘・院勘を頻発し、彼らの忠誠を質すため誓詞血判をしばしば取り立てたが、元禄四年（一六九一）には関白の基熙からも誓詞血判を徴収した。これについて基熙は、「朝廷においては古今未曽有のことでは（於朝家古今未曽有歟）」とし、「仰天而已」「いまが朝廷の零落するときか（朝廷零落此日歟）」と嘆いている。朝儀再興に積極的だった霊元が譲位後最初の年頭に、後小松院（永享五年（一四三三）没）以降初めて仙洞御所の四方拝を挙行したことについても、基熙は「無益之儀歟」「君主が二人いるような有様（如有二主）」と批判した。

もっとも、院政第二期（宝永六年（一七〇九）以降）の霊元は、宝永七年（一七一〇）の摂政近衛家熙の太政大臣任官、そして正徳二年（一七一二）の家熙女尚子の入内を治定するなど近衛家との融和を図り、天皇家と近衛家との結びつきが強まったと評価される。しかし、近衛家の失脚と「朝廷復古」を祈願する有名な願文もまた、通説によれば宝永七年（一七一〇）のものである。(7)

霊元上皇は、元禄一五年（一七〇二）以降の著作とされる「乙夜随筆」において、「武蔵野は根本魔所也、太田道灌始テ城を築たる時さま〴〵の恠異どもありて」と、幕府の本拠地である武蔵野と江戸城が本来怪異に満ちた魔界の地であったとする一方、摂家と家礼との関係や、禁中並公家中諸法度において親王が摂家の下とされた経緯について批判的な見解を述べている[8]。霊元には、近衛家の当主個人への反感を越える、近世の摂家がもつ権勢とその後ろ盾となる幕府への反感があったといえる。

霊元の没後も、天皇と摂家の意思の不統一によるトラブルは続いた。桜町天皇は一条兼香・道香父子の協力を得て堂上・地下官人と僧侶・社家官位制度の改革を計画したが、これは桜町没後の寛延三年（一七五〇）、摂政一条道香により桜町の遺詔として仰出された。ところが、ほかの摂家と武家伝奏・議奏に予め相談されることはなかった。これは朝幕間で大きな波紋を呼び、一部は撤回されるにいたる[9]。宝暦八年（一七五八）の宝暦事件では、『日本書紀』神代巻の講義をめぐって桃園天皇と近習公家衆が摂家の反対にぶつかり、公家衆の大量処分につながった[10]。寛政三年（一七九一）一二月、光格天皇が数十人の公卿に下した尊号宣下可否の勅問には摂家の鷹司輔平・鷹司政熙のみが賛成しなかった[11]。これらの事件には、時の天皇・摂家当主らの個性や個人的状況に起因する側面もある。しかし、自身の信念を貫きたい意向の強い個性的な天皇と、幕府との協調をめざす摂家の対立を触発する構造的側面が全くなかったとは言い難いであろう。

しかし、先述の通り、三〇年を超える政通の関白在職期には、天皇・上皇と関白との間でこれといった対立がみられない。ほかの摂家、そして武家伝奏・議奏など朝廷運営に関わった公家たちと政通との間でも、管見の限り、深刻なトラブルは発生していない。この場合、ほかの朝廷構成員たちの心情の面で政通への反感があったか否かというよりも、その反感が朝廷運営のなかで表向きに問題になったか否かが重要であろう。反感が生じる可能性自体を遮断したというよりも、むしろ、反感を呼ぶ恐れがある行動をしながら、葛藤が表沙汰になることを回避できた点で政通の周到さが認められる。

もっとも、かかる周到さを発揮できた近世朝廷内の権力者が政通に限られるといいたいわけではない。しかし、天皇・上皇と関白・摂家が対立した一七世紀末から一八世紀末までのさまざまな事例に照らしてみると、政通の周到さは、彼が関白に長期在職した一九世紀前半の朝廷運営を考えるにあたって留意すべき要素であることは間違いないであろう。

次に考えるべきことは、朝廷内部の統制にあたってかかる周到さを発揮した政通が、幕府に対してはどのような姿勢で臨んでいたかということである。

（二）鷹司政通と幕府との関係

関白在職期の鷹司政通には、幕府との関係でも、相手の立場に配慮して対立を周到に避ける様相がみられる。政通は、徳川家斉の太政大臣昇進に伴う幕府御礼使者の派遣（第一章）、朝廷構成員への支援拡大要望と律令封禄の再興構想（第三章）など、幕府に新規の要望を提起する過程で、武家伝奏という表向きの交渉ルートより先に、まずは自ら所司代を通じて幕閣と内々に協議していた。天皇号・漢風諡号の再興にあたっても、政通が所司代を通じて幕閣と内々に相談して承認が得られた後に、仁孝天皇からの勅問で再興の意思が公表された（第六章）。教育機関の設立構想を具体化するなかでも、政通はまず自身が幕府側と内々に協議した後にその事実を武家伝奏に知らせ、正式な要請を行うようにしている（第八章）。

家斉昇進の御礼使者について、政通は、幕府が御三家や越前福井家を選定することが難しいなら老中を別段の使者として派遣することを提案した。結局、使者派遣はこの提案通りの形となった（第一章）。幕府に教育機関の設立許可を要望する際には、簡素な規模の構想という印象を与えるべく、機関の名称を改め続けた（第八章）。幕府が受け入れやすいように朝廷の要望内容を柔軟に改変したといえる。

藤田覚氏は、ある事柄について当事者たちが事前に内々で何回かやりとりして、概ね合意してから事案が表の場に持ち出され、あまり混乱もなく一種の儀式のように決まっていく「根回し」が常識であったことが、近世の泰平を可能にした政治と社会の重要な特質であると指摘した[12]。対幕交渉に臨む政通の姿勢は、かかる指摘にも通じている。寛政年間の光格天皇が幕府の了解を得ずに神嘉殿の復古を断行したことや、実父への尊号宣下のため幕府に強硬な姿勢をとって対立が激化したことを踏まえてみると[13]、政通が幕府との内々の交渉で発揮した手腕が一九世紀前半の比較的良好な朝幕関係に寄与したことは一層明らかとなる。

かかる政通の行動は、結果として朝廷が近世的朝幕関係の枠組みから逸脱する事態の防止に寄与したもので、したがって政通は幕府の朝廷統制の要という近世摂関像の典型にあたる、いかにも近世的な関白に過ぎないという見方があるかもしれない。幕末の政通は幕府を後ろ盾にしていると揶揄され、批判されていたことも知られる[14]。しかし、評判の面はともかく、実態としての政通の行動をすべて〈親幕府的〉なものと一括りでまとめることは難しいという点に留意する必要がある。

家斉の昇進要望を受け、武家官位を与えられる者の在京・参内経験の問題を提起し、幕府に「身柄」御礼使者の派遣を促す論理として発展させた主役は政通である（第一章）。律令封禄の再興構想について政通が残した言説においては、古代朝廷の歴史と制度、そして古代天皇の仁徳を繰り返し賛美しながら、構想が実現した際に実質的な支援の母体となる幕府の功績を評価することには消極的である。幕府を嫌がるほかの朝廷関係者の気分などに配慮する必要のない、手元の随想文においてもかかる姿勢が現れている（第三章）。幕府が天保の改革方針を掲げて朝廷に支出抑制と倹約を求めてくると、政通は、逆に支出の拡大を伴いながらも、なお天保の改革における学芸奨励の方針に適う教育機関の設立構想を積極的に進めるという対応に出た（第八章）。政通が、専ら幕府の意向に追従することを朝廷運営方針の旨としていたのであれば、敢えてこの時点に公家教育機関の設立を推し進める必要はない。

本書で明らかにした政通の動向を、〈反幕府的〉なものと評価するつもりはない。しかし、関白在職期の政通が果たした役割が、近世的朝幕関係の枠組みにおいて幕府が期待した関白の役割、言い換えれば、〈幕府が容認している朝廷運営秩序の現状を天皇・上皇や公家たちが崩さないように統制する役割〉に徹しているとまとめることも難しい。

ここで、政通の行動の背景となる彼の思考に迫る必要性が浮かび上がってくる。政通は、朝廷の〈あるべき姿〉と朝廷構成員たちの進むべき道についてどのような考えをもって行動したのであろうか。政通の思考に迫る重要な手がかりとなるのが、政通の学問の営みとそれをめぐる人的ネットワークである。このような問題意識に関連する本書の成果を、次節においてまとめたい。

第二節　朝廷の新たな模索を支えた学問・思想の往来と鷹司政通

松澤克行氏は、近世前期には摂家による知の管理が厳格であったが、後期になると摂家権威の動揺と沈下が起こると論じた(15)。朝廷の文化史を概括する松澤氏の立論を、寛政以降の朝廷運営が「鷹司家の朝廷支配」として展開していったという視角や、光格天皇の復古・再興への努力を強調する視角との関係でどのように評価すべきであろうか。近世後期朝廷の学問・思想に関する研究史で、この点は突き詰めて検討されていない。本書は、政通の学問の営みと思想の形成過程、その朝廷運営への影響をみることで、上記の課題を解決することを図った。

(一)　身分と格式を越えた学問・思想の往来と鷹司政通

一九世紀前半の朝廷における学問・思想の動向は、朝廷外部の学問・思想動向からさまざまな影響を受けたものであった。仁孝天皇の和御会においては、幕府和学講談所の人々が関わった『延喜式』雲州本が読まれ、経書の御前講義では伊藤仁斎の注釈書が用いられている（第四章）。多くの公家は伊藤仁斎を継承した古義堂の五代目伊藤東峯と交流関係があり、儒書の学習や漢文の作文・添削など、主に漢学の知識を必要とするさまざまなことについて伊藤家に頼っていた。彼らに対する伊藤家の寄与は、中国の書物における日本関係記述など、日本の歴史に関わる事柄にも及ぶものであった。東峯が推薦する伊藤家関係の若年者に子弟の教育を任せるほど東峯を信頼する公家もいた。仁孝天皇の御会読に参加した公家たちのなかには、テキストとなる書物を東峯から借りて予習する者もいた。公家たちは、改元など朝廷運営の案件についても東峯に相談していた（第五章）。

鷹司政通の動きもかかる傾向から外れるものではなかった。政通が律令封禄の再興構想に関連して行った資料調査・考証作業では、荻生徂徠の『南留別志』や伊藤東涯の『制度通』に加え、天保年間に調査が始まったばかりであった正倉院文書までも参照されていた（第三章）。政通は、同時代の朝廷外部で出されていた最新の研究成果を貪欲に吸収し、それを朝廷運営に関わる新規の構想に活かそうとしたのである。

そのために政通は、平公家との家礼関係に限定されない、ひいては朝廷構成員に限定されない多様な人々の学問的能力を積極的に活用した。

政通は律令封禄の再興構想を具体化するにあたり、朝廷の有職故実に詳しい竹屋光棣に関連資料の調査・考証を依頼した（第三章）。竹屋家は鷹司家ではなく、近衛家の家礼であるが(16)、その点を理由に政通が光棣の能力を利用することを躊躇ったとはみられない。家斉の昇進要望に対応する過程でも、政通が光棣の意見を踏まえて動いた形跡がある（第一章）。再興された漢風諡号の考案について政通は、菅原氏、特に東坊城聡長と緊密に意思疎通して本人の考えを内々に反映させるが（第六章）、東坊城家を含む菅原氏の家も、家礼関係の面では一条家あるいは九条家に分属していた（第七章）。

政通は天保の改革への対応を模索するなかで、議奏の三条実万を内々に動かして勘解由小路資善らの意見を集め、封禄再興構想などに関する情報を彼らと共有した。教育機関の設立構想を具体化するため、聡長・資善の二人と協議を重ねながらことを進めた（第八章）。嘉永年間に京都町奉行所で作成された「官家風聞書」では、政通が当時の武家伝奏のうち、学問の能力に優れた実万に頼っていたことが特記されている[17]（第四章）。彼らはいずれも、鷹司家の家礼にはあたらない[18]。

政通は古義堂伊藤家とも密接な関係をもった。すでに鷹司輔平と鷹司政熙の時代から、鷹司家は古義堂と交流を続けた（第五章）。若き政通の思想形成過程では、古義堂四代目の伊藤東里から受けた教育がかなり大きな意味をもっていた（第六章）。政通が古義堂五代目の伊藤東峯を家来に準じて待遇しようとした形跡もある（第五章）。ほかの公家たちには滅多に打ち明けることのなかった律令封禄の再興計画についても（第三章・第八章）、計画立案の段階から東峯とは詳細に相談していたようである（第五章）。東峯は、学習院設立についても政通にアドバイスを提供したとみられる（第五章）。そして政通は、天皇号・漢風諡号の再興と徳川家斉の院号考案、そして父政熙の院号選定について東峯にアドバイスを求めた。政通は東峯の学問的能力を信頼するのみならず、人間的に親しみをもって待遇していた。京都町方の儒学者である伊藤家は、朝廷の実力者のブレインのような役割を果たすことで、結果的に朝廷自体に対しても一定の影響を与えていた（第六章・第七章）。

天皇号の再興に関する鷹司家諸大夫と東峯との相談では、当時から約半世紀前に執筆された中井竹山「草茅危言」の天皇号・漢風諡号再興論が重要な参考資料となった。天皇号・漢風諡号の再興に関連し、東峯は「草茅危言」の意義を大きく評価した。すでに死去している竹山に再興の実現を伝えたいと考えるほどであった（第六章）。近世朝廷の各御所と公家町は禁裏付など幕府の在京役人から監視・統制されていたが[19]、摂家の家臣が公家町の外にある町儒者の家に出向き、朝廷の懸案をめぐる込み入った相談をすることに、さして大きな支障はなかったようである。

鷹司家と古義堂伊藤家との関係は、本書で実証した限りにおいていえば反体制的・反幕府的な動向といえるものではない。しかし、天皇・朝廷の〈あるべき姿〉をめぐる新しい模索を支えた外部の思想が公家社会に往来する様相を実証的に示すという点で、これが非常に興味深い事例であり、検討を続ける価値があることは間違いない。

幕府在京役人の風聞書によると、政通については、家礼の公家だけを引き立てているという評判があった[20]。ただ、松澤克行氏の研究によると、鷹司家に分属された家礼の公家は、二条家以外の摂家に比べて圧倒的に少ない規模であった。摂家家礼の分属状況は時代によって差があるが、遅くとも享保年間から幕末にいたるまで、鷹司家の家礼が少ない状況は変わらない[21]。佐竹朋子氏の研究で明らかにされた通り、摂家の家礼関係においては家礼が主家の知的力量に頼るばかりではなく、主家の状況次第では、主家が教育・学問の面で家礼に頼らざるを得ないときもあった[22]。つまり、公家社会のなかで鷹司家が学問的に頼られる人材プールは、少なくとも家礼関係の面でいえば、ほかの摂家より狭かったのである。鷹司家が五摂家のなかで家として抱えている相対的な弱点は、政通が家礼関係や公家身分の枠組みを越えた積極的な人的ネットワークの構築と活用を図るようになった動機の一つなのかもしれない。

（二）朝廷復古・再興への志向と鷹司政通

家近良樹氏は、朝廷内での長期政権を可能にした鷹司政通の合理性と柔軟性に関連し、次のような事例を取り上げる。幕末には、政通の後任の関白となった九条尚忠の家風は堅苦しく古風であり、とかく「先規先格・本体」を守ろうとするので、政通のように万事世慣れた行動ができないとの評判があったという[23]。

ただし、本書の検討によると、政通が朝廷の「先規先格・本体」を蔑ろにし、あるいはそれを打ち破ることをめざしたとは言い難い。政通は、朝廷官位制度の歴史と先例を詳しく踏まえたうえで朝廷の意思決定に臨み、幕府を説得する論理として活用しようとした（第一章）。朝廷の新しい構想を実現するため幕府側との交渉に粘り強く臨んだ政通の行動は、正倉院文書のように当時としては最新の研究成果を含む古代資料と先例の綿密な調査・考証に支えられたものであった（第三章）。

いかに近世日本が先例を重んじる社会だったとはいえ、朝廷・朝廷構成員たちが直面している問題点の解決策として、必ずしも復古・再興をめざさなければならなかったわけではない。たとえば、朝廷構成員に対する経済的支援の方策として、一千年前の位田や職田などを持ち出さなければならない必然的な理由はない。大老・所司代など幕府の中枢部は律令封禄再興構想の趣旨を十分に理解できておらず、朝廷側に再三説明を求めていたようである。鷹司家の諸大夫でさえ、「政通本人と直接話してみないと封禄再興構想の趣旨は正確に理解できない」としていた。より正確にいえば、政通本人が了解したうえでそうした建前となっていた（第三章）。政通は、幕府に対する説明が難しくなることをわかったうえで、なお公家・地下官人への救済策として律令封禄再興の形による支援構想にこだわりをもっていたのである。政通の封禄支給計画では、当時の朝廷の役職者数を遥かに上回る規模の支給対象が設定されており、その主な算出根拠は『延喜式』であったとみられる（第三章）。政通が当座の朝廷構成員たちの救済だけに焦点をあてていたとしたら、計画をこのように立てる理由はない。政通は、ただの手段・方法として復古・再興を認識したのではなく、復古・再興自体について、かなりの意義を設定したうえで動いていたとみるのが妥当である。

したがって、復古・再興への志向で知られている光格天皇についても、文化一四年（一八一七）譲位後の上皇時代における事績は、同時期に関白を務めた政通の意志と能力に支えられた側面が大きいと考えなければならない。天皇・上皇の了承ないしはバックアップのもとで、復古・再興の趣旨を含む新しい構想を続々と提起して朝廷の変化を模索した政通の動向は、一九世紀前半の朝廷運営を特徴づける重要な要素と評価することができる。

ここで問題とすべきは、政通らがめざしていた復古・再興の中身、つまり、彼らが追求した朝廷の〈あるべき姿〉の中身である。

（三）摂関期以前への回帰志向と鷹司政通

政治史・思想史の先行研究では、天皇・朝廷に対する近世人のイメージがその権威上昇につながった側面が強調されてきた。しかし、朝廷外部社会における天皇・朝廷への関心が一面的な朝廷権威上昇へとつながったわけではない。朝廷の歴史に対する賛美は、近世当時の朝廷の現実に対する否定と表裏一体の関係にある場合もあった。古代朝廷の律令制を賛美する有職故実家松岡行義は、朝廷が摂関政治の時代から衰微してその弊風が残っているのが近世当時の朝廷文化だとして、公家たちがもっていた文化的権威を相対化している。徳川家斉の太政大臣昇進に伴う儀礼の開催を契機として朝廷・公家文化への関心が高まったことは、武家の知識人たちにとって、朝廷に対する批判意識を先鋭化させる契機としても働いた（第二章）。

ところで、弊風から脱却していないと外部から批判されていた当の朝廷では、その弊風以前への回帰をめざす学問・思想面の動向が現れていた。封禄再興構想の根拠となったのは『令義解』『延喜式』などから考証できる律令の税制のあり方である。この構想に関連して残された鷹司政通の言説は、大化の改新と奈良時代の君子国意識・正倉院文書などを根拠とするものであった（第三章）。仁孝天皇の和御会でも、六国史と『令義解』『延喜式』『儀式』（貞観儀式）などが読まれた。和御会では『西宮記』を読むことが取り止められて『日本書紀』に変更され、かつ、神代巻は除外されるという出来事もあった（第四章）。いずれも、律令国家体制の形成―確立から摂関期以前までの朝廷の歴史に関連する遺産を、ほかの歴史の遺産より重視する志向が読み取れる事例である。中世以来の公家社会で延喜（九〇一―九二三）・天暦（九四七―九五七）年間が理想の時代と評価される一方、仁和（八八五―八八九）以前の時代は参照できる先例の少ない遠き昔という認識があったこと（第三章）を踏まえると、摂関期以前、六国史時代の歴史と制度に関心が寄せられる現象は、留意して考察すべき特徴であるといえる。

摂関期以前への回帰志向が、すなわち体制への抵抗、幕府への抵抗を意味するものではない。しかし、少なくとも朝廷内の秩序についていえば、これはラディカルな変革志向としての側面を一定程度はもっている。たとえば、律令封禄再興の構想は、幕府からの支援を前提に成り立つものではあるが、専ら武家政権の知行制度に包摂された形で編制されていた近世朝廷構成員の給与体系に、かなりの変化をもたらす内容となっている（第三章）。学習院の開設で結実する教育機関の設立構想も、特定の家や個人の力量に帰属しない常時的・恒久的な公的機関による人材育成の場が誕生するという点で、中世以来の公家社会の歴史で画期的な意義をもつものであり、律令制本来の朝廷の教育制度の形が取り戻される意味をもっている（第八章）。

当時の朝廷と幕府・武家の関係は、朝廷の復古・再興志向を幕府・武家が弾圧するという一面的な構図としては展開しなかった。むしろ、武家社会の人が摂関期以前の朝廷の姿を理想化し、近世当時の朝廷・公家の姿がその理想像から離れていることを批判する構図が生まれていた。ひいては、武家社会のなかで、摂関期以前の姿への回帰を朝廷の人々に促そうとする言説まで生まれていた（第二章）。摂関期以前の朝廷の姿を取り戻すべきことを幕府周辺の人間が促したという点では、天皇号・漢風諡号の再興や京都の教育機関設立を主張した中井竹山「草茅危言」も同様であった。老中松平定信に提出された「草茅危言」は、一介の学者による異色の主張として終わらず、天皇号・漢風諡号の再興が図られる半世紀後の朝廷周辺で重要な参考資料となっていた（第六章）。

寛政以降、幕府は和学講談所の運営と「史料」の編纂を支援することで、六国史時代の官撰事業を継承する態度をとっていた。和学講談所の人々が関わった編纂事業の成果が、禁裏御所の御会読でも参照されていた（第四章）。宮地の拡張に対する朝廷の要望が「大内裏」復古の意図によるものではないかという意見が幕府内で提起され、慶長以前の「井田・位田の事」を持ち出すことは良くないと禁裏付が武家伝奏側にアドバイスするなど(24)、幕府側で朝廷の復古・再興志向に対する警戒が全くなかったわけではない。しかし、幕府側でこれを表向きの政治問題にすることは、ともすれば幕府自らの文教政策の正当性を否定することになりかねないような文化的環境が形成されていたのである。

以上のような環境のもと、摂関期以前の歴史像を天皇・朝廷の〈あるべき姿〉、かつ、日本の歴史と制度の理想とする認識が、公家・武家社会を問わず、ある程度共有されていたといえる。

幕府の役人たちは、確かに朝廷からの絶えぬ支援要望に呆れていた（第一章）。これは、視点を変えてみれば、復古・再興志向に基づく朝廷側の要望も、思想面で警戒すべき事案というよりは、財政面で常態化した厄介事として受け止められていたことを物語っているといえる。これも、朝廷の復古・再興志向が幕府から歓迎はされずとも、逆に抑圧を受けることや、表だった朝幕対立を招来することが回避できた理由の一つではないか。

さて、ここで鷹司政通の役割に対する評価に議論を絞りたい。

政通は、天皇号と漢風諡号、つまり、天皇の尊貴性を表す摂関期以前の没後称号の形式を復活させることに向けて幕府側と内々に協議を進めた。漢風諡号の考案にも積極的で、自身の意向を反映する諡号を朝廷内の審議に付するべく、極秘裏に町儒者のアドバイスまで受けていた（第六章）。律令制下の大学寮が意識されたもので、摂家の統制を離れた文化的空間の登場と評価される学習院の設立過程でも、政通は初期構想の段階から主導的な役割を果たしている（第八章）。

摂関期以前の歴史と制度への関心、およびその復古・再興への願望という点で、政通と光格上皇・仁孝天皇との間では共通の志向がみられる。政通は、律令封禄の再興構想に関わる計画の作成を主導的に行い、そのための資料調査・考証に熱心であった。この構想の推進については、光格上皇が大変関心を寄せていたようである（第三章）。仁孝天皇の和御会では、摂関期以前の歴史・制度と宮中文化を知る材料となる六国史・『令義解』・『儀式』などが読まれるが、政通はこの和御会のテキスト校合作業に関与し、そのために自家の所蔵本が出納されることも了承した（第四章）。前節で述べた通り、政通と天皇・上皇との対立があまりみられないことは、朝廷の歴史と〈あるべき姿〉をめぐる彼らの認識が、互いに大きく離れていなかったことにもよるのではないかと思われる。

政通は、上記のような新規の構想を進めるため家礼関係や身分の別に縛られない人材活用を図る一方で、自身以外の四摂家と緊密に連携した例はみられない。天皇号・漢風諡号再興の実現過程に関する検討の結果からすると、政通がほかの摂家に形式的に配慮した形跡はみられるものの、重要で実質的な意思決定にあたって摂家の意向を真摯に踏まえたとはみられない。室町以来の天皇の追号選定の先例に比べてみると、摂家の役割が縮小されているのは明らかである（第七章）。幕府在京役人の風聞書では、政通が九条尚忠と不仲で、尚忠が後任の関白となることを望んでいないといわれており、五摂家のなかでは系譜がつながっている鷹司家と近衛家の二家、そして九条・一条・二条家の三家がそれぞれ睦まじい関係とされている(25)。ペリー来航の情報が届いた頃の政通が、ほかの四摂家、特に忠熙以外の三摂家を低く評価しており、彼らとの協力に消極的であったことも知られる(26)。

政通の時代における五摂家の関係が、互いが緊密に連携して朝廷統制のために力を合わせるような状況ではなかったことは明らかである。摂関期以前の朝廷の姿への学問・思想的な関心が朝廷内外で高まり、天皇・上皇の意向を踏まえた政通が摂関期以前への回帰の性格をもつ種々の構想を進めるなかで、政通以外の四摂家は、概ね疎外されていたのである。

摂家の文化的権威が沈下するといわれる近世後期、なお関白であった政通は朝廷運営上の意思決定過程を掌握していた。政通は、さまざまな新規の構想を主導的に打ち出し、それらを朝廷運営のなかで具体化していった。その構想のなかには、明らかに摂関期以前の朝廷の姿を取り戻す性格をもつか、少なくとも、結果として摂家権威の相対化につながる可能性の高いものが多い。天皇・上皇やその側近くの近習公家などではなく、ほかでもない時の関白である政通が、ほかの四摂家を疎外させるのとは裏腹に学問に優れた平公家や町儒者らと緊密に連携しつつ、摂家の権威と権力維持のため有利に働くとは限らない方向へ朝廷運営を導いていたのである。

第三節　むすびと課題

一九世紀前半の朝廷運営では、宝暦事件のような朝廷内部の全面対立や尊号一件のような幕府との全面対立は回避された。天皇が朝廷の変革に向けた強い志向を表して朝廷内部や朝幕関係に波紋が生じることはなかった。しかし、かかる時代においてもなお、朝廷構成員たちは復古・再興への志向が盛り込まれた朝廷の〈あるべき姿〉を模索し続けた。

当時の朝廷内でめざされた〈あるべき姿〉とは何か。律令封禄の再興構想、天皇号・漢風諡号の再興、六国史など官撰書の学習に重点がおかれた天皇の和御会、公的な教育機関の再興などからわかるように、摂関期以前の朝廷の姿への関心と回帰という要素を多分に含むものであった。かかる朝廷の模索を主導したのは、長期にわたって朝廷内の意思決定過程を掌握していた関白鷹司政通であった。

当該期における朝廷運営は、幕末政局について描かれてきたような、〈変革をめざして「アンシャンレジーム」に挑戦する天皇・平公家〉と、〈親幕府的な「アンシャンレジーム」としての鷹司家〉との対立という構図には展開していない。朝廷の〈あるべき姿〉をめぐる天皇・上皇の新しい模索を鷹司家の関白が補佐し、時には関白の方がイニシアティブをもって、朝廷のあり方に大きな変化を伴う構想を自ら推し進めたという把握が、より事実に近い。

近世後期―幕末維新史に対する近年の研究では、列島内外の情勢変化、そして学問・知識の普及により触発された人々の世論（あるいは公論）が政治的に組織化され、それまで政治から疎外されてきた階層の政治参画が拡大し、変革の原動力となることが注目される傾向にある(27)。学問に優れた朝廷内外の人材を積極的に活用し、彼らの意見を取り入れつつ朝廷の変革を模索したという点で、政通の行動は近年の研究で描かれる政治変革過程に似た側面がある。

ただし、本書の検討結果からは、どちらかというと「アンシャンレジーム」側に立つ権力者によって変革が演出される側面に留意する必要性が浮かび上がってくる。政通が朝廷内の変革願望を先制的に汲み取り、思想・学問的に頼れるブレインを見出し、彼らを利用して変革の形を演出することを図ったという側面である。

分析をさらに進めるとしたら、本書で検討した政通の動向は、〈隠蔽された変革志向〉という視点から把握できると考えられる。

ここでいう変革志向の隠蔽とは、二つの要素がある。

第一は、政治過程における意図的な隠蔽である。一九世紀前半の朝廷において、朝廷の〈あるべき姿〉をめぐる新しい模索は、政通に主導された場合が多い。しかし、表向きには天皇・上皇の意思が重んじられたことはもちろん、公卿全体の意思表示、そして菅原氏など学問の伝統をもつ公家の意見が重視される形がとられた。さまざまな新規の構想をめぐる朝廷の表向きの意思決定過程において、関白の政通に特殊な役割や権限が与えられるような場面はあまりみられない。そして、政通以外の四摂家は、形式の面でも実質の面でも注目すべき役割をほとんど果たしていない。たまたま一部の特殊な先例に従ったわけでもなく、複数の先例が折衷されたものと判断できる。以上のことを踏まえれば、従来の先例と比較可能な案件から分析してみると、摂家の役割が以前より縮小されていることは明らかである。この隠蔽は意図的な演出の結果とみるのが妥当である。藤田覚氏が「泰平のしくみ」と称したような[28]、内々と表向きの意思決定過程がかなり体系的に分化していた近世政治体制の特質が、こうした演出に活用されたといえる。

つまり、政通は、朝廷の新しい模索をめぐる意思決定過程を演出するにあたり、ほかの摂家を排除するのみならず、自身の主導性すらも隠蔽していた。幕府側においては、政通が権力や金銭について素直に欲深い人間というイメージの方が強く、同時に、朝廷内を統制する政通の能力は評価されていた[29]。そのため、朝廷の〈あるべき姿〉をめぐる画期的な模索、しかも従来の朝廷体制や幕府のために有利とは限らない模索の主役としての印象が薄れるようになったといえる。

第二は、当時の学問・思想的環境による結果的な隠蔽である。摂関期以前の朝廷の姿への関心は、六国史や『令義解』など律令国家の官撰書を主な根拠とする。そして近世後期において、六国史・律令などの研究は穏健で実証的な学問、体制内の学問という立ち位置を確保していた。

一点目には、六国史や律令などが、すでに幕府公認の和学講談所における主要な研究分野になっていたという経緯があった。二点目に、そのラディカルさがより鮮やかな思想の存在があった。同時代の政治的秩序をめぐる議論が活発であった後期水戸学や、古道論を唱えて「漢意」を排斥する本居宣長らの国学がこれに該当する。記紀神話の重視や廃仏の主張を実証的な国書研究の立場から批判しながら、なお賢き前皇の礼制を理想化する松岡行義の事例が端的に示すように、摂関期以前の歴史・制度を重視する側には、よりラディカルな思想との対比を通じて自らの穏健さをアピールする余地があった。三点目には、平安文化を継承する朝廷・公家という根強いイメージがある。肯定的にみれば雅で、否定的にみれば退嬰的な集団ということである。朝廷外部の人が朝廷・公家のことを語る際にこのイメージが先入観となり、摂関期以前への回帰をめざす同時代朝廷の変革志向が看過された。この点を意識しての行動かどうかはわからないが、朝廷の〈あるべき姿〉をめぐる新規の構想に関わる情報の流布に、政通が極めて慎重であったことが四点目の理由としていえる。以上のような状況下では、朝廷の模索が摂関期以前の遺産に傾斜するとしても、それを思想的に問題視する主張は説得力が落ちる。むしろ、朝廷側が朝廷外部の人から、かかる方向への変革を促される構図が現出していた。

一九世紀前半の朝廷における〈あるべき姿〉の模索は、その主役の役割、そしてその中身のラディカルな性格が隠蔽されたまま進展していった。「鷹司家の朝廷支配」への対抗を通じて朝廷の政治的浮上をもたらした孝明天皇・平公家らの変革志向は、結果として、「鷹司家の朝廷支配」による隠蔽のもとで育てられた側面がある。

摂関期以前への回帰をめざす朝廷の新しい模索は、関白と摂家に有利には働かない可能性をもつものであり、結果としても有利に働かなかったといえる。政通はどのような考えから、かかる方向性をもつ朝廷の構想を主導したのであろうか。

現段階において、摂関期以前への回帰をめざすことの意味をめぐる政通の思惑について、明確な解答は容易ではない。いくつかの仮説を立ててみると、まずは、ある個人の信念や志向が、本人が自覚しない間にその利害関係から離れたという見方ができる。集団内部の新しい志向を先制的に掌握することで、これを本人の利益と衝突しない範囲内に馴致させた側面を読み取ることもできる。さらには、現今の秩序下における損得の問題を超越し、全く新しい役割と権利が本人に与えられる秩序の到来が念頭におかれていた可能性も出てくる。

そもそも摂家の祖先たちは、摂関政治以前の時代においても朝廷の政治を主導した歴史をもっている。現に政通は、藤原不比等が律令の制定に果たした役割を賛美する荻生徂徠の言説に共鳴していた（第三章）。政通が執筆した律令封禄支給計画案「朱墨井蛙」[30]では、内大臣・中納言など令外官の存在に配慮し、その職の補任者たちに律令封禄を支給するための工夫がみられながら、当の本人が務めている令外官の職、つまり関白職は、どの封禄の支給対象としても設定されていない。関白職が支給対象から抜けたことが偶然や不注意の結果とはみられない。政通の備忘「万機井蛙」のなかには、竹屋光棣から提出された封禄支給計画案が収められており、その職田の頁の筆頭では、執柄、つまり関白職が普通に支給対象として記載されている[31]。光棣の計画案が「朱墨井蛙」の執筆過程で参照されたことはほぼ間違いないが、関白を職田の支給対象とした部分は踏襲されなかったのである。

近世朝廷の給与体系にかなり大きな変化を伴う律令封禄支給計画について、その立案者である政通は、これが旧儀の一つ二つを便宜的にとってきて立てられた計画に過ぎないと自評した。朝廷の「官省以下」は未だ再興していないことを喚起したうえで、「事物が悉く再興」する将来の日を政通は思い描いていた[32]（第三章）。政通は、古代の制度を名目として復古・再興するにとどまらず、古代朝廷の組織、機構としての実態が回復されることを視野に入れていたのかもしれない。

長期にわたって朝廷に君臨した政通の思惑については、更なる史料の発掘と分析を含めて検討を進展できる可能性があり、その学問的意義も大きいと考えられる。意思決定上の実質的な決定権の所在を周到に隠蔽すること、変革理念のラディカルさが政治・社会・文化の諸条件によって隠蔽されること、そして「アンシャンレジーム」側の者が意識的・無意識的にラディカルな理念に共感することによって変革が容易に演出され、ときには現実が演出を超えて変革が加速化していく。かかる視点を適用して把握できる歴史上の時空間は、近世―幕末維新期の日本に限られるものではないのであろう。

以下、ほかの検討課題について若干の意見を示したい。

一点目は、鷹司政通が条約勅許反対に転じた経緯の検討である。安政五年（一八五八）の政通は、家臣小林良典らの説得によって条約勅許反対に転じ、攘夷派の立場になったといわれる。そして安政の大獄では落飾の処分を受ける(33)。この間の経緯については、戦前・戦後の研究いずれもそれほど詳しい検討を行っておらず、政通が条約容認を主張した局面のみが強調されてきた嫌いがある。政通の全体像を把握するにあたり、彼が条約反対に転じる頃からの動向とその意味をしっかりと検討する必要がある。

二点目に、鷹司政通は明治まで生きた人である。安政の大獄後、政通は明治改元の翌月に死去するまで約一〇年間存命し、倒幕・王政復古と新政府の樹立を見届けた。この一〇年間の目まぐるしい政局に関わる政通の動向や認識を史料から実証することができるとしたら、幕末維新史を捉えなおすという点で一定の意義があると思われる。

三点目に、朝廷と水戸との関係という論点がある。水戸の徳川斉昭が政通との連絡でさまざまな意見を提起し、情報提供を行ったこと、その背景として両者の縁戚関係があったことはよく知られている。しかし、摂家と御三家が保ってきた伝統的な交際関係にとどまらないレベルの、政通・斉昭の特殊な関係性が具体的にどのような過程を通じて構築されたか、そして、特に政通側が斉昭をどのように認識し、斉昭の意見が政通にどのような影響を与えたかについては、必ずしも検討が十分とはいえない。古義堂に入門した在京水戸藩士の存在（第六章）など、水戸と朝廷との間に存在したさまざまなアクターの動きについて実証的検討を進める必要がある。

近世天皇・朝廷とその周辺の人々、幕府在京役人と在京藩士たち、江戸の幕閣と武家の人々などが織りなす政治と思想の複雑なネットワークについては未だ解明が進んでいないことが多い。そこには、近世から幕末維新期にいたる日本と東アジアの歴史像を更新できる豊富な可能性が残っている。新たな可能性に満ちた歴史の大海原で舵を取り続けることへの抱負と期待を寄せつつ、本書を擱筆したい。

（1）井上勝生「幕末政治史のなかの天皇」（井上『幕末維新政治史の研究』塙書房、一九九四年、初出は一九九三年）。
（2）藤田覚「天保期の朝廷と幕府——徳川家斉太政大臣昇進をめぐって」（藤田『近世天皇論』清文堂出版、二〇一一年、初出は一九九九年）。
（3）佐藤雄介「嘉永期の朝幕関係」（藤田覚編『幕藩制国家の政治構造』吉川弘文館、二〇一六年）。
（4）村和明「光格上皇御所における堂上公家の機構」（村『近世の朝廷制度と朝幕関係』東京大学出版会、二〇一三年）二一九—二二〇頁。
（5）本段落の記述は、高埜利彦「江戸幕府の朝廷支配」（高埜『近世の朝廷と宗教』吉川弘文館、二〇一四年、初出は一九八九年）、久保貴子『近世の朝廷運営』（岩田書院、一九九八年）第二・三章、山口和夫『近世日本政治史と朝廷』（吉川弘文館、二〇一七年）第二部第二—四章、第三部第五章による。
（6）霊元は、朝廷に二度院政を敷いた。第一期の院政は貞享四年（一六八七）、東山天皇への譲位に始まり、元禄六年（一六九三）の政務委譲に終わる。第二期は、中御門天皇に譲位した東山上皇が死去した宝永六年（一七〇九）から享保初年までである。山口和夫「霊元院政について」（山口『近世日本政治史と朝廷』）二〇八頁。
（7）山口「霊元院政について」。

（8）佐佐木信綱編『乙夜随筆　解説』（大八洲出版、一九四六年）三八頁、四〇頁、五四―五五頁。
（9）橋本政宣「寛延三年の「官位御定」をめぐって」、同「桜町天皇の官位制度改革と朝威の覚醒」（橋本『近世公家社会の研究』吉川弘文館、二〇〇二年、初出はそれぞれ一九九一年・二〇〇〇年）。
（10）徳富猪一郎『近世日本国民史22　宝暦明和篇』（民友社、一九二六年）。
（11）藤田覚『光格天皇』（ミネルヴァ書房、二〇一八年）一五一―一五四頁。
（12）藤田覚『泰平のしくみ』（岩波書店、二〇一二年）特に第四章。
（13）藤田『光格天皇』一二九―一三二頁、一四七―一六四頁。
（14）家近良樹『幕末の朝廷』（中央公論新社、二〇〇七年）一七八頁、二〇二頁、二三一―二三四頁。
（15）松澤克行「近世の公家社会」（大津透ほか編『岩波講座日本歴史12　近世3』岩波書店、二〇一四年）六〇―六一頁。
（16）李元雨『幕末の公家社会』（吉川弘文館、二〇〇五年）一九〇頁（表9）。
（17）「官家風聞書」（荒木裕行「京都町奉行所における朝廷風聞調査について」松澤克行研究代表『近世の摂家・武家伝奏日記の蒐集・統合化と史料学的研究』科学研究費報告書（平成二二―二五年度）、二〇一四年、一〇一頁）。
（18）家礼の分属状況については、松澤克行「近世の家礼について」（『日本史研究』三八七、一九九四年）三〇―三二頁。
（19）石川和外「禁裏付武家」（高埜利彦編『朝廷をとりまく人びと』吉川弘文館、二〇〇七年）一五〇―一五二頁。
（20）「官家風聞書」（荒木「京都町奉行所における朝廷風聞調査について」九五頁）。
（21）注(18)と同じ。
（22）佐竹朋子『近世公家社会と学問』（吉川弘文館、二〇二四年）第三章・第五章。
（23）家近『幕末の朝廷』一六二―一六三頁。
（24）「三条実万公記」第七冊別記「公用密事」、嘉永二年四月二八日・二九日条。
（25）「官家風聞書」（荒木「京都町奉行所における朝廷風聞調査について」九五―九六頁）。
（26）家近『幕末の朝廷』一一二―一一三頁。
（27）三谷博「「公論」慣習の形成――幕末から明治へ」（三谷『日本史のなかの「普遍」』東京大学出版会、二〇二〇年、初出は二〇〇四年）、前田勉『江戸の読書会』（平凡社、二〇一八年、初版は二〇一二年）、朴薫「東アジア政治史における幕末維新政治史と「士大夫的政治文化」の挑戦」（清水光明編『「近世化」論と日本（アジア遊学185）』勉誠出版、二〇一五年）、平川新『世論政治としての江戸時代』（東京大学出版会、二〇二二年）等。
（28）藤田『泰平のしくみ』。

(29)「官家風聞書」(荒木「京都町奉行所における朝廷風聞調査について」九五―九六頁)。
(30) 宮内庁書陵部所蔵図書寮文庫「朱墨井蛙」(鷹司本、二六五‐六四六)。
(31) 宮内庁書陵部所蔵図書寮文庫「万機井蛙」(鷹司本、鷹‐七一九) 第六六冊「田禄之事」のうち「口分田　職分田　季禄」。
(32) 宮内庁書陵部所蔵図書寮文庫「万機井蛙」第九六冊、季禄の条。
(33) 維新史料編纂事務局編『維新史2』(維新史料編纂事務局、一九四〇年) 三三八頁、六〇八―六二一頁。

初出一覧

序　章　新稿

第Ⅰ部

第一章　新稿　（「一九世紀初の日本政治史における朝廷－幕府関係」『東洋史学研究』一五七、二〇二一年一二月（韓国語）をもとに書き下ろし）

第二章　「近世後期の有職故実論と朝廷観」『論集きんせい』四一、二〇二〇年九月

第三章　「近世後期の朝廷運営と再興理念」『歴史学研究』一〇〇四、二〇二一年一月

第Ⅱ部

第四章　「近世後期の朝廷運営と学問」『日本歴史』八七八、二〇二一年七月

第五章　新稿　（「一九世紀前半の公家社会と古義堂伊藤東峯の交流」『日本学（東国大学校日本学研究所）』五七、二〇二二年八月（韓国語）、および「江戸時代後期における公家社会の学問と古義堂五代目伊藤東峯」『日本研究（韓国外国語大学校日本研究所）』九九、二〇二四年三月（韓国語）をもとに、大幅に加筆して書き下ろし）

第六章　「近世後期の天皇号・漢風諡号再興と古義堂伊藤家」『史学雑誌』一三二（八）、二〇二三年八月

第七章　新稿　（「江戸時代後期における朝廷の変化と天皇号・漢風諡号再興」『歴史学報』二五六、二〇二二年一二月（韓国語）、および「徳川家斉院号の選定と朝廷」『翰林日本学』四二、二〇二三年五月（韓国語）をもとに、大幅に加筆して書き下ろし）

第八章　新稿　（「江戸時代後期の政治改革と朝廷の対応」『東洋史学研究』一六二、二〇二三年三月（韓国語）をもとに書き下ろし）

終　章　新稿

あとがき

やっと、単著のあとがきを書いている。

本書は、著者が東京大学大学院人文社会系研究科に提出した博士学位論文に基づいており、二〇二四年度東京大学学術成果刊行助成（第五回東京大学而立賞）を受けて刊行にいたった。学位論文の審査では、審査委員の村和明先生（主査）・牧原成征先生（副査）・小野将先生・佐藤雄介先生、そして藤田覚先生から貴重なご意見をいただき、単著の刊行に向けて研究を補完することができた。高埜利彦先生を始めとする朝幕研究会の方々、保谷徹先生と東京大学大学院ゼミの方々からも、本書のもととなる研究報告について何度も貴重なご意見を賜った。東京大学史料編纂所の荒木裕行先生には日本学術振興会ＰＤの受入教員になっていただき、これまでの研究を単著にまとめるなかで沢山のサポートを受けた。出版にあたっては、東京大学出版会の山本徹さんに大変お世話になった。

東京大学日本史学研究室の先生方、とりわけ村和明先生と牧原成征先生には、数え切れないほどの学恩を受けた。牧原先生は、ご自身の専門とは離れている天皇・朝廷研究をめざす留学生の進学を快く受け入れて下さり、知らないことばかりの環境のなかで自信をもって研究室生活に慣れていけるよう、多方面でご配慮を惜しまなかった。博士後期課程に上がってから指導教員になられた村先生は、自分の研究について詳しく知らない人（つまり、ほぼ全人類）に対する研究内容の伝え方、史料や先行研究との向き合い方、そして、未熟さ満ち溢れる弟子との向き合い方など、研究者・教育者として生きていくための大切なことをきちんと教え、そして自らお手本を示して下さった。村先生のご指導がなければ、おそらく自分の漠然とした研究目標が形になることはなかった。

院ゼミやボランティア活動、そして学会などでお会いできた研究仲間の方々にも感謝したい。学位論文や単著原稿の日本語の添削を始め、沢山のことでお世話になった後輩の菊地智博さん・山本一夫さん・小林優里さん、研究室同期の立石了さん、そして、朴炳道さんには特に感謝申し上げたい。自分を支えてくれたすべての方々のお名前を挙げることが到底できないことを、何卒お許しいただきたい。

東京の街で、九年三ヶ月の時を過ごした。母国を離れての生活、特に人との付き合い方は、いい意味でも悪い意味でも戸惑いの連続である。いま振り返ってみれば、自分が知っていた種類の優しさとは違う種類の優しさがあるということに気づくための時間となってくれた気がする。そのすべての優しさがなければ、この本は、このあとがきは多分書けなかった。

日本を研究対象にし、そこに住むことができたのは大きな幸運であった。北の大草原から南の透明な海にいたる列島の秀麗な風景は、研究に行き詰った際の癒やしと刺激になってくれた。たまには切なくなるくらい美しい東京の街で、大人になってから最も長い時間を過ごした。ひらがな・カタカナすらまともに読めない頃から憧れていた二次元の画面の向こうの風景が、いつの間にか何気ない日常のものになっていた。いまこの世界のほかの誰かも、昨日の憧れを今日の夢に、そして未来の日常にしたい気持ちを抱いて自分の国、自分の住む街に降り立っているはずだ。今日の何気ないすべての瞬間は、誰かが夢見て憧れる、素敵なものなのだ。日本で過ごした時間がそれを教えてくれた。

研究者の道を歩み始めた頃からお世話になっているソウル大学校東洋史学科の先生方にも感謝申し上げたい。外国史として日本史をみる大きな問題意識を失わず、なお実証作業の精緻さを譲らない研究の姿勢を、東洋史学科の朴秀哲先生と朴薫先生からは教わった。特に、いつも自分の可能性を評価し、励ましてくれる朴薫先生に支えられてきたからこそ、ここまで来ることができた。

本書の最後に、母・李潤任に感謝を捧げたい。自分のなかの優しさや温もりは、多分、間違いなく、ほとんどが母からの授かりものなのだ。

二〇二四年八月　ソウル・冠岳山のふもと、入道雲のかかった夏空の下で

金 炯 辰

村　和明著　近世の朝廷制度と朝幕関係　A5　六五〇〇円
佐藤雄介著　近世の朝廷財政と江戸幕府　A5　六八〇〇円
荒木裕行著　近世中後期の藩と幕府　A5　六四〇〇円
清水光明著　近世日本の政治改革と知識人　A5　九二〇〇円
高山大毅著　近世日本の「礼楽」と「修辞」　A5　六四〇〇円
彭　浩著　近世日清通商関係史　A5　六〇〇〇円
三谷　博著　日本史のなかの「普遍」　A5　五〇〇〇円

ここに表示された価格は本体価格です．御購入の際には消費税が加算されますので御了承下さい．

著者略歴
金炯辰（キム・ヒョンジン）
1987年　韓国釜山生まれ．済州で育つ
2012年　高麗大学校文科大学韓国史学科卒業
2015年　ソウル大学校人文大学東洋史学科修士課程修了
2021年　東京大学大学院人文社会系研究科博士後期課程修了．博士（文学）
東京国立博物館アソシエイトフェロー，日本学術振興会外国人特別研究員などを経て
現　在　ソウル大学校人文学研究院先任研究員

近世後期の朝廷運営と朝幕関係
——関白鷹司政通と学問のネットワーク

2025年3月17日　初　版

［検印廃止］

著　者　金《キム》 炯《ヒョン》 辰《ジン》

発行所　一般財団法人　東京大学出版会
代表者　中島隆博
153-0041 東京都目黒区駒場4-5-29
https://www.utp.or.jp/
電話 03-6407-1069　Fax 03-6407-1991
振替 00160-6-59964

組　版　有限会社プログレス
印刷所　株式会社ヒライ
製本所　牧製本印刷株式会社

ISBN 978-4-13-026615-4　Printed in Japan

索　　引

人名・家名索引

あ　行

か　行

事項索引

さ　行

た　行

な　行

は　行

ま行・や行

ら　行

わ　行

史料・書物索引